기독교문서선교회 (Christian Literature Center: 약칭 CLC)는 1941년 영국 콜체스터에서 켄 아담스에 의해 시작되었으며 국제 본부는 미국 필라델피아에 있습니다.
국제 CLC는 59개 나라에서 180개의 본부를 두고, 약 650여 명의 선교사들이 이동도서차량 40대를 이용하여 문서 보급에 힘쓰고 있으며 이메일 주문을 통해 130여 국으로 책을 공급하고 있습니다. 한국 CLC는 청교도적 복음주의 신학과 신앙 서적을 출판하는 문서선교기관으로서, 한 영혼이라도 구원되길 소망하면서 주님이 오시는 그날까지 최선을 다할 것입니다.

고대 근동 역사와 예수님의 구원 섭리

Metatheology
Written by Paul Kukwon Chang
All rights reserved.
Korean Edition Copyright ⓒ 2020 by Christian Literature Center, Seoul, Korea

고대 근동 역사와 예수님의 구원 섭리

2020년 9월 30일 초판 발행

지 은 이	장국원
편 집	곽진수
디 자 인	노수경, 박성준, 김현진
펴 낸 곳	(사)기독교문서선교회
등 록	제16-25호(1980.1.18.)
주 소	서울특별시 서초구 방배로 68
전 화	02-586-8761~3(본사) 031-942-8761(영업부)
팩 스	02-523-0131(본사) 031-942-8763(영업부)
이 메 일	clckor@gmail.com
홈페이지	www.clcbook.com
송금계좌	기업은행 073-000308-04-020 (사)기독교문서선교회

ISBN 978-89-341-2182-4(94230)
ISBN 978-89-341-1768-1(세트)

이 도서의 국립중앙도서관 출판예정도서목록(CIP)은 서지정보유통지원시스템 홈페이지 (http://seoji.nl.go.kr)와 국가자료공동목록시스템(http://www.nl.go.kr/kolisnet)에서 이용하실 수 있습니다.(CIP제어번호: CIP2020029965)
이 책의 저작권은 저자와 (사)기독교문서선교회가 소유합니다. 신저작권법에 의하여 한국 내에서보호 받는 저작물이므로 무단 전재와 무단 복제를 금합니다.

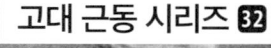

고대 근동 역사와
예수님의 구원 섭리

장 국 원 지음

CLC

고대 근동 시리즈는 홍수 이후의 수메르 문명에서부터 페르시아가 멸망하는 기원전 331년까지를 주로 다루며, 기원전 27년 아우구스투스에 의해 로마제국이 시작되고 로마의 통치 아래 이스라엘 땅에서 예수님이 탄생한 내용까지 포함한다.

목차

저자 서문	6
제1장 서론	9
제2장 신학은 자아 성찰로 출발한다	13
제3장 예수님께서 내 영혼과 함께 하시는 신학(1)	20
제4장 예수님께서 내 영혼과 함께 하시는 신학(2)	24
제5장 신전(神戰): 다신론과 유일신 사상의 전개	45
제6장 고대 근동의 만신전과 성경	54
제7장 역사의 기적 그리고 삶과 영원의 지표	136
제8장 선악: 선악과와 세계사, 실락원 그리고 득락원의 성취	151
제9장 운명과 신앙	226

저자 서문

장 국 원 박사

Paul Kukwon Chang, Dr. Habil.

    필자는 나이 82세에 이 책을 출판할 수 있게 되어 매우 기쁘게 생각하며, 하나님께 영광을 돌리고자 한다.

    2001년에 도미하여 수년간 미국 듀크대학교의 교환교수로 있으면서 *Metatheology*(AuthorHouse, Indiana, USA, 2005; 예수님께서 내 영혼과 함께 하시는 신학)를 집필, 출판하였다. 또한, 이 내용을 간추려 재미 교민들을 위해 수년간 「NC 한국인뉴스」에 한국어 컬럼으로 게재하기도 하였다. 이번에 기독교문서선교회에서 그간 쓴 글들을 엮어서 『고대 근동 역사와 예수님의 구원 섭리』라는 제명으로 출판하게 된 것이다.

    역사는 문자 발명과 그 기록으로부터 출발한다. 다행이 필자는 하나님의 섭리 가운데 서울대학교, 미국 듀크대학교와 시카고대학교, 독일 하이델베르그대학교와 뮌스터대학교에서 세계사상 가장 오래된 문자 문헌 기록 역사인 메소포타미아를 비롯한 고대 근동의 문자와 언어와 문학과 사상을 연구하여 왔다. 또한, 구약성경과 신약성경을 체계적으로 연구하여 왔다. 결론적으로 문자 문헌의 역사적 기록의 핵심은 인간이 피동적으로 운명의 지배를 받고 있다는 것이며, 이 우주적인 죄악 상황을 극복하고 탈피하기 위한 노력은 신전(神殿)에서 집대성되고 있다.

신전 문화는 제사와 규범과 법전으로 집약되며, 고대인들은 이 거대한 신전 문화와 신들의 전쟁 밑에서 고통을 겪으며 질식 상태에 놓여 있었다. 이 상황은 고대 근동의 상황에만 국한된 것이 아니고 오대양 육대주의 문화 양상이 모두 본질적으로 동일한 것이었다.

필자는 연구를 통해 이 처절한 인간의 운명 상황에서 새로운 역사의 효시를 보았다. 이는 다신교적 운명 결정의 중압 상태와 다르게 한 분 하나님의 유일하신 선택, 곧 아브라함의 선택이 바로 메소포타미아의 우르에서 시작하여 새로운 역사의 섭리가 전개되었다는 사실이다.

이것은 성경적 차원의 역사이며, 예수 그리스도의 십자가로 말미암아 성소의 휘장이 갈라지고, 그의 부활하심으로써 완전한 운명 극복이 이루어지고, 신전/성전 문화가 지양(止揚)되어 역사의 클라이막스를 형성한다. 문자 역사와 운명론과 신전/성전 문화가 비옥한 초생달 지역인 고대 근동에서 출발했지만, 그것의 극복, 지양, 완성도 바로 고대 근동에서 예수 그리스도를 통하여 이루어졌음은 실증된 사실이다. 이것이 세계사와 세계 신학의 핵심이다.

요즈음 코로나바이러스감염증-19(COVID-19)가 출몰하여 온통 세상이 혼돈 가운데 무너지고 있는 세계적 현실 상황에는 여러 가지 이유를 들 수 있겠으나, 근본적으로는 인간의 오만과 욕심, 즉 죄악과 반역으로 인하여 하나님으로부터 소외되고 있음에 기인한 것이다. 이제 이 문제들은 오직 우리 구세주 예수 그리스도만이 해결 능력을 가지고 계시며, 먼저 나를 비우고 회개하고 기도하며 성령의 감동과 함께 "내 영혼과 함께 하시는 예수님" 안에 머물고, 그분을 기쁨과 감사와 순종과 충성과 헌신으로 받들고 모실 때만이 세계의 모습은 달라질 것이다.

현재와 영원에 걸쳐 역사하시는 "세계의 완성자 예수님"만이 우주 만물과 인간의 모든 문제의 해결자이심을 믿고, 성경 말씀을 가치 척도의 지표로 삼아 쉬지 말고 기도해야 할 것이다.

이 책은 신학자, 성경학자, 목회자, 선교사, 신학도뿐만 아니라 세계사적 구세주 예수님의 구원 섭리를 깊이 이해하고자 하는 신앙인들 모두가 그들의 모든 사역에 지침서로 이용하길 바란다.

먼저 경건-복음주의적이고 해박하고 심오하며, 감동적인 신학 사상과 세계의 완성자 예수님의 구원 섭리를 독자들께 전할 수 있도록 물심양면으로 지원을 아끼지 않으신 평생의 반려자, 필자의 아내 이연숙 서울대학교 명예교수께 감은의 정을 표한다. 이 책이 밝게 빛을 볼 수 있도록 "고대 근동 시리즈" 32권으로 출판해 주신 기독교문서선교회(CLC) 박영호 목사님과 편집에 애써 주신 곽진수 목사님과 직원분들께도 깊은 감사의 뜻을 표한다.

2020년 7월

제1장

서론

　세계사의 유물과 전통을 살펴볼 때 고대 근동(近東)과 극동(極東) 및 남동(南東) 지역들 사이에는 괄목할 만한 문화적 역점(力點)의 차이가 있는 것을 깨닫게 된다. 인간주의적 영웅 사상이 고대 인도와 중국 그리고 그 인근 주변 지역들에서는 팽배했다.

　한편 고대 근동은 다채로운 신(神)들의 전쟁터로 나타난다. 불교의 오계(五誡, the Pentalogue)는 "살상(殺傷)하지 말라"로 시작하는 반면, 기독교의 성경 십계명(十誡命, the Decalogue)은 "나 외에 다른 신을 네게 두지 말라"(출 20:3)로 서두(序頭)를 이루면서 신들과의 무서운 격전을 대전제로 내세우고 있다.

　이 사상은 기독교 구약성경의 전면에 걸쳐 넘쳐 흐르고 있다. 공맹(孔孟) 사상은 삼강오륜(三綱五倫)과 인의(仁義) 사상에 기초를 두고 왕과 신하, 남편과 아내, 부모와 자녀 간의 관계성을 중시한 나머지 도덕을 영웅주의적 순교 가치로까지 높여 숭상하기에 이른다. 도교나 노장 사상(老莊思想)은 자연에의 복귀와 무위(無爲) 사상을 제창하며 이것은 일면 인도 사상과 맥을 같이하고 있다.

그런데 성경의 유일신 사상은 아주 독특하게 질투하시는 하나님(출 20:5 등)의 정열, 열정, 포부로 충일하여 있다. 고대 근동에서 신들의 싸움(theomachia, 神戰)은 결국 유일신 사상으로 대치되고 이제는 신약성경에서 유일무이한 구세주 사상(monosoterianism, 행 4:12)으로 승화하여 전 세계 선교를 지향하고 있다. 세계사는 인간의 독무대이기보다 하나님의 통치 아래 있다. 그 이유를 여기 서론에서 간단하게 살펴보고, 본론에서 '예수님께서 내 영혼과 함께 하시는 신학'을 상술하고자 한다.

서방(西方) 유럽의 인간 본위 사고방식과 다신론은 유일신 사상과 유일무이한 구세주 사상(행 4:12)으로 변모된 듯했다.

그러나 근대에 접어들어 식민지 개척과 제국주의적 영토 확장은 무력 영웅주의와 이성 영웅주의가 합작하여 작업됐으며 그 저변에는 중세의 교회가 짓누르는 종교적 압제와 학정과 질곡으로부터 자유와 해방에 대한 강렬한 의지와 욕구도 사무쳐 있었다. 이성 만능주의가 인간 본위의 오만한 기치를 펄럭이면서, 보이지 않는다고 배척한 하나님의 영역이 퇴각하는 듯한 사이, 과학과 기술 문명의 보이는 발전과 진보가 지구촌을 풍미하며 이상향의 건설을 선포하고 싶은 듯한 자세를 취하기도 했다.

현대 철학자들과 지성인들은 많은 경우 줄기차게 하나님을 동경하고 찾기는커녕 그 이름을 부르고 따르기를 수줍어하며, 우회적으로 하나님을 피하여 인류의 위대한 성취에 대한 자부심을 가꾸어 인간의 과학 허영심을 고취하며 앙양하고 있다. 한편으로는 하나님의 존재와 통치를 전면 부정하지 못하면서(칸트, 헤겔, 쉘링), 또 다른 한편으로는 하나님의 서거(逝去)를 담대하게 외친다(포이에르바하, 마르크스, 니체 등). 하나님에 대한 전적인 확신은 서방 세계의 지적 풍토에서 자취를 감춘 것같이 보인다.

지성과 철학은 앞에서 말한 대로 항상 우월감과 자부심을 지니고 있다.

그들이 역사와 문화, 문명을 지배하여 왔다고 생각한다. 선사 시대를 넘어서 역사 시대의 특징은 문자의 발명이다. 문자는 기실 원래 인간 상호 간의 신뢰와 통신 교역을 위한 일상생활의 필요에 부응하여 창안되고 발명됐다.

그러나 문자 사용의 전담 계층인 서기관들(scribal class)은 사회의 최고 지성인들로서 고대 메소포타미아, 이집트, 중국에서 특권층이 되고 평민과 서민 대중이 자기들의 특권을 침해하지 못하도록 제도적인 장치를 조성하기도 했다. 서기관 계층은 서민 대중과 동포 전체를 위해서 의욕을 가지고 창안하고자 하면 쉽게 만들 수 있었던 알파벳을 고안하여 시도하지 않고, 그 복잡하고 어려운 설형(楔形) 문자, 상형(象形) 문자 등의 사용을 뒤늦게까지 고집했다. 문자 사용의 용이성은 특권층의 신분 위협을 의미하는 것이었다. 철학의 탄생도 이러한 맥락에서 고려해 볼 수 있다.

이러한 역사의 정황에서 살펴볼 때 고대 근동의 페니키아 문자 알파벳 22자의 발명 사용은 세계사에서 유일신 숭배와 더불어 가장 위대한 문화 혁명이라 할 수 있다. 이와 같은 계열의 셈족어 문자로 기독교의 구약성경이 기록된 것은 하나님 앞에서 세계사에 민주주의적 인권 평등이 선포된 것이나 마찬가지다. 이 알파벳은 지극히 간편하고 효율적인 통신 교역의 수단으로 서방 세계에 보급됐다. 그리스와 로마의 문명은 이 알파벳의 활용 위에서 꽃을 피웠다.

이 알파벳은 쓰고 익히기에 아주 쉽고 간편한데, 그것을 또 다른 지성적 문화의 난해한 도구로 만든 계층이 있다. 그리스의 철학자들은 범인이 감당하기 어려운 난삽한 어휘와 논리로 서구 역사에 걸쳐 새로운 문화적 특권층을 조성한 것이다.

서구 역사에서 이 철학적 특권층은 역사 지배의 사조(思潮) 창안과 그 전개 발전의 주축을 이루었으며 많은 경우 하나님을 외면하거나, 하나님을 평가하고 판단하는 인간 이성의 영웅과 지혜의 현인으로 자처했다. 하나님을 받들고 섬기며 복음의 능력을 선포한다고 사명을 부여받은 신학과 목회의 인물들이 이 철학의 사조에 휩쓸려 복음의 뜻을 왜곡시키므로 순진무구하고 갈 바를 몰라 방황하는 숱한 영혼들이 미혹당하여 교회의 본질을 퇴색시킨 경우가 허다하다.

로마의 역사는 성경과 철학의 엄청난 혼합과 절충을 제시한다. 현대 지성 문화계는 철학을 넘어서서 컴퓨터 기법과 그 다양한 용어로 세계를 휩쓸고 있다. 컴퓨터의 영웅들이 지성 문화계와 세계 판도를 풍미하면서 이에 무지한 자들을 우롱하고 하나님의 존재와 통치를 어둡게 하거나 희석하려 든다.

그런데도 아주 새로운 한 "말씀(Logos)이 성육신하셨다"(요 1:14). 이 언어는 문화 지성적 특권층에 전혀 결부됨이 없이 만인의 인격적 자아와 영혼 속에서, 곧 마음과 심장과 의지와 만나시고 대화하시는 것이다. 이 만남과 대화는 어떠한 특권층도 용인하지 않으며 또 어떠한 신분적 구분 없이 시간과 장소를 초월하여 이루어지고 그 누구도 궁극적 차원에서 회피할 수도 없다.

이제 말씀(Logos)이신 예수님과 함께 만나는 대화의 본론으로 이동하자.

제2장

신학은 자아 성찰로 출발한다

본서의 영문명은 *Metatheology*이다. 이것은 필자가 만든 조어(造語)로서 어떤 영어 사전에도 나오지 않는다. 서구 언어와 학문의 주요 술어는 대체로 헬라어(Greek, 그리스어, 희랍어)로 조립된다. 영어 사전에 등재되지 않았다 해도 Metatheology를 헬라어 구성 요소로 분석하여 설명하면 쉽게 이해할 수 있다. 두 개의 구성 요소로 조립되어 있다고 볼 수 있는데 'meta-'와 theology로 나누인다.

처음의 'meta-'는 전치사로서 두 가지 의미와 용법이 있다. 'meta-'에 소유격 명사가 뒤따르면 '~와 함께,' '~와 더불어'의 뜻이 되고, 대격이나 목적격 명사가 뒤따르면 '~ 다음에,' '~ 후에'를 뜻하는 전치사가 된다. 우리가 잘 아는 형이상학(*metaphysica*, metaphysics)은 물리학 곧 형이하학(*physica*) 다음에 오는 것 또는 그 배후를 고찰하기 때문에 형이상학이며 우리 눈으로 보지 못하는 더 고차원적인 차원을 다루는 철학 영역이다.

철학은 얼마나 심오하고 고차원적인가?

또 철학은 세계 문제를 다 다루고 해결하는가?

철학의 능력은 무한하고 인간의 존재와 운명에 새 지평을 열어 주고 있는가?

이러한 의문들은 다시금 더욱더 궁극적인 Metatheology(예수님께서 내 영혼과 함께 하시는 신학)의 필연성을 제기한다.

그래서 이 용어의 분석은 '함께,' '더불어'를 뜻하는 헬라어 전치사 'meta-'와 신학을 말하는 theology가 합하여 Metatheology로 조합된 것이라 할 수 있으며 참 하나님과 참 구세주는 오로지 예수님 한 분 밖에 계시지 않다는 성경의 확언(행 4:12)에 근거하여 Metatheology는 '예수님께서 내 영혼과 함께 하시는 신학'이 된다.

왜 '내 영혼'이라는 말이 포함되는가?

이것은 바로 본론의 출발점이며 문제의식이다. 먼저 전제적으로 성경 전체에 걸쳐 하나님께서 그리고 예수님께서 성경 인물과 함께 또 더불어 하신다는 언급 내용은 압도적으로 지배적이다. 히브리어 구약성경에서 '임'($'im$, עִם), '에트'($'eth$, אֵת), '베토크'($bethokh$, בְּתוֹךְ, in the midst)가 '함께,' '더불어'의 어휘이며 신약성경에서 전치사 '쉰'(syn, σύν)이 'meta-'와 같은 문맥에서 쓰이기도 했다는 것을 알아 둘 필요가 있다.

현대 과학과 기술 문명이 세계 곳곳을 휩쓸면서 종교와 신학과 신(神) 문제와 신앙은 많은 영역과 분야에서 그 진지함을 상실하고 무시되거나 백안시되고 소홀히 여겨지고 있다. 삶은 윤택하고 풍요로우며 이전에 비하여 엄청나게 편리해졌고 미지의 세계와 신비의 현상들이 밝혀지며 설명되기에 이르렀으나 여전히 인간의 죄 문제는 형이상학에서 해결되지 못하고, 사회는 부조리에서 벗어나지 못했으며, 세계 평화는 정착하지 않았고, 불안과 미래에 대한 우려는 불식되지 않고 있다.

그러므로 우리는 또다시 세계와 지구촌의 문제를 재고하며 과학과 기술 문명을 근본적으로 재검토해야 할 당위성 앞에 서게 된다.

오늘의 모든 지성인이 하나도 빠짐없이 생각해야 할 문제는 도대체 학문과 과학과 문명과 문화의 대상이 무엇이냐는 물음이다. 포괄적으로 답하여 그것은 현실(現實, Wirklichkeit, Reality)이다. 그러면 이제 첫째 현실은 무엇인가 물을 수 있다. 예수님께서는 이렇게 질문하신다.

τί γὰρ ὠφελεῖ ἄνθρωπον, κερδῆσαι τὸν κόσμον ὅλον, καὶ ζημιωθῆναι τὴν ψυχὴν αὐτοῦ;

사람이 온 세상을 얻고도 제 목숨(영혼)을 잃으면 무슨 이득이 있겠느냐?
(막 8:36)

예수님의 이 질문에서 우리는 곧장 천하와 세계보다 우선적인 것은 내 영혼 곧 자아(自我)라는 것을 인지할 수 있다. 철학자 피히테(Fichte)는 그의 학문론(Wissenschaftslehre)에서 학문의 제일 중요한 명제는 자아(das Ich)라고 했다. 자아의 현실 없이 다른 현실은 인지될 수 없고 의미가 있을 수 없다. 그래서 만유의 제1현실은 내 영혼 곧 내 자아가 된다.

그렇다면 자아는 무엇인가?

이것은 가장 간단하고 삶의 가장 본질적인 물음이면서도 만족스러운 답변을 손쉽게 얻을 수 없는 것이 이 물음이다. 이 세계의 가장 난해하고 아쉬운 수수께끼가 바로 이 자아가 무엇이냐는 문제 제기이다. 엄청난 분량의 세계 문학이 문자의 발명 이후 자아의 서술과 그 담론을 위하여 쓰였건만 우리의 지성과 이성에 자아는 여전히 불가사의한 의문으로 엄존하고 있다. 인류학은 바로 이 자아의 문제 자체를 다루는 학문 분야지만 자아를 해명하기는커녕 어두운 미궁 속에서 헤매고 있다.

철학자 피히테는 자기의 학문론에서 심층적으로 자아의 분석과 성찰을 기도하는 데 최대의 인식 역량을 경주했다. 그 결과 자아(das Ich) 속에는 자아가 아닌 비자아(非自我, das Nicht Ich)가 존재하고 또 이 비자아와 자아가 대결하고 있음을 지각(知覺)하게 된다. 이 비자아는 둘째 현실이며 신의 존재이다(칼 하임[Karl Heim]).

이러한 자아 성찰은 피히테만 기도한 것이 아니다. 불교의 인간 통찰에서는 소아(小我)와 대아(大我)를 제기한다. 불교사(佛敎史)를 살펴볼 때 그 기록된 경전은 엄청난 분량이다. 한국의 합천 해인사 팔만대장경을 그 예로 들 수 있다. 그러나 이 어마어마한 불교 경전의 내용은 자아에 대한 성찰에서 시작하여 자아에 대한 성찰로 끝나고 있다. 현대 심리학은 자아(自我, Ego)와 초자아(超自我, Superego)가 인간 존재 안에 함께 존재하고 있음을 인식하고 있다.

철학적 인격주의에서는 인간 존재 속에 1인칭 나(我, Ich, I)와 2인칭 당신(當身, Du, Thou)의 두 인격이 해후하며 대화하고 있다고 인식하고 있다. 그러므로 인간은 하나님을 부인하거나 거부하기 전에 벌써 엄연히 하나님과 만나고 있고 하나님과 대화하고 있는 것이다.

철학자 임마누엘 칸트가 말하는 순수 이성과 실천 이성의 구분은 피히테의 자아와 비자아 또는 타아(他我)의 구분, 심리학에서 자아와 초자아의 구분, 불교에서의 소아(小我)와 대아(大我)의 구분, 쉘링(Schelling)에서의 주관과 객관의 구분, 인격주의에서 나와 당신의 구분과 서로 일맥 상통한다고 볼 수 있을 것 같다.

칸트는 인간의 순수 이성으로 타아, 비자아, 초자아의 존재에 대해서 불가지론적인 입장을 취했다. 사색과 명상과 논리적 성찰의 순수 이성 기능에서 신의 존재에 관한 탐구를 인간 불능의 것으로 저버리고, 윤리와 도덕의 범주에 실천 이성의 기능이 작용하면서 신의 현실과 필연적으로 맞부딪히게 된다. 여기에서 비자아, 타아, 초자아, 대아, 객관, 당신은 양심(良心)의 엄연한 사실로 종합적으로 인지되고 파악된다.

양심은 인간 자아의 내부와 의식 속에 두 인격적 존재가 서로 만나고 대화하는 것을 넌지시 암시한다. 그러나 기실 인간은 자아 내부의 인격적 대화 과정 가운데 타아, 비자아, 초자아의 존재 앞에서 무엇인가 그릇된 일을 하다가 들키고 발각되면, 불안하고 불편하며 수치스러운 가책을 받는다.

이것이 양심 기능의 총화라고 볼 수 있는데, 우리말과 한문자의 양심은 '어진/좋은 마음'의 뜻으로서 자아와 타아/비자아/초자아/대아/당신과의 만남과 대화를 생생하게 일러 주기보다 오히려 인간의 마음이 본래 선한 듯 낙관론적인 세계관에 근거한 용어같이 보인다.

헬라어로 '쉰에이데시스'(συνείδησις)와 그 라틴어 번역이 '콘스키엔티아'(conscientia)인데 이 말들이 양심에 대한 서구 원어들이고 그 동사의 뜻은 '함께 알다'(συν-[together with] + οἶδα εἰδέναι[to know, understand, perceive])이며 라틴어로는 '콘스키레'(conscire = 'com-'[together with] + scire[to know])이다.

그리하여 헬라어 '쉰에이데시스'와 라틴어 '콘스키엔티아'는 다시 말하지만 한문을 쓰고 있는 동양권에서 양심으로 번역되고 있으나 내용은 기실 인간 자아의 내부와 의식 속에 두 인격적 존재가 서로 만나는 현실에서 양자(兩者) 인지, 양자 인식 그리고 양자 상호 대화를 뜻하고 있다.

하지만, 인간은 다시 말하지만, 이 자아 내부의 인격적 대화 과정 가운데 타아, 비자아, 초자아인 당신(當身)의 존재 앞에서 무엇인가 그릇된 일을 하다가 들키고 발각되어 불안하고, 불편하며 수치스러운 가책을 받고 있다고 말하는 것이 더 타당하고 온당하다고 볼 수 있을 것이다.

결국, '예수님께서 내 영혼과 함께 하시는 신학'(Metatheology)은 엄숙한 긴장과 숨을 죽이는 자기 회한과 반성으로 가득 찬 양심인 '쉰에이데시스'와 라틴어 '콘스키엔티아'의 신학이라고 말할 수도 있을 것이다. 여기에서는 마음의 다채로운 모양과 행동 양상이 문제학(問題學)의 요목(要目)이 된다. 이 문제학의 요목을 '카르디오모르펌'(cardiomorphemes[motional behavior and shape of heart])이라고 우리의 신학에서는 부른다.

마음의 다채로운 모양과 행동 양상이 문제학의 요목이 되는 '카르디오모르펌'은 필자의 조어이며 필자가 고대 근동(the Ancient Near East) 문헌 연구에서 세계에서 가장 오래된 수메르어(Sumerian) 설형 문자(cuneiform) 기록을 샅샅이 또 낱낱이 살펴 체계화한 연구 논문 "수메르어 마음과 심장 기호 '샤₃'(Šà)의 심장형태론적 기능"(The Cardiomorphological Functions of the Sumerian Šà for Heart)에 기인한 것이다.

근동 학계에서 필자가 운명(NAM.TAR/NAM.KU₅) 사상과 함께 학계 최초로 착안한 연구이고 메마른 학적 풍토를 자탄하고 있는 시절 AOS(American Oriental Society, 미국동양학회)에서 1987년 3월 발표했을 때 우뢰 같은 박수갈채를 받았으며 1998년 9월 중순 고대 근동 메소포타미아 설형 문자 문헌 연구의 본거지인 이라크 바그다드에서 발표했을 때에도 전 세계 학자들과 UN에서 온 요원들로부터 찬사와 높은 평가를 받았다. 이내 이 논문은 러시아의 국립과학원(Nauk) 학술지에 게재됐다.

우리 신학에서 이 '카르디오모르펌'은 선과 악, 사랑과 증오, 순종과 불순종, 충성과 배반, 성실과 무성의, 관심과 무관심, 회개와 강퍅(완팍, 완고), 인식과 무지의 갈림길에서 움직이고 자태를 짓는 **마음의 모양새**를 말한다고 이해하면 될 것이며, 또한 낙관론적 의미의 양심을 이렇게 보강하여 파악해야 할 것이다.

따라서 자아론(自我論)에 다시 복귀하여, 인간 자아는 결코 단독적인 존재가 아니며 이중적인 성격을 지니고 있다. 사람은 홀로 또 스스로 자의적으로 움직이고 행동한다고 생각하고 그렇게 여기고 있지만, 이것은 크나큰 착각이며 그는 언제나 바로 자기 안에서 도피와 회피와 은폐도 불가능하게 자기 아닌 어떤 분의 감시를 받는 것이다(시 139편; 롬 2:14-16).

임마누엘 칸트에서 요구되는 실천 이성(die praktische Vernunft)의 기능은 곧 내 자아 속에 존재하며 나의 사고 방향과 처신과 행동을 명령하고 지시하는 타아/비자아/초자아/대아/당신의 역할이라고 말할 수 있다.

칸트의 도덕적 당위론은 인간이 이 실천 이성의 명령에 마땅히 순응해야 한다는 것이나 인간 내부에 심각한 악이 도사리고 있음을 부인하지 않았다. 그러나 대체로 철학자들은 인간의 이성과 그 역량에 낙관론을 피력하고 있으며 역사 발전론을 주창하고 있다.

제3장

예수님께서 내 영혼과 함께 하시는 신학(1)

    독일에서 신학을 전공하다가 철학으로 전향한 임마누엘 칸트는 고대 철학은 물론 근대 유럽 대륙 사상가들과 영국의 철학자들을 섭렵했을 뿐만 아니라 구약성경 이외에는 가르치지 않은 것이 없을 정도로 해박한 인물이었다. 그는 오래 여러 가지 많은 것을 가르쳤으며 그의 저서는 세계 철학사에 불멸의 업적으로 남길 대작으로 칭송하여 평가한다. 그러나 신학에서 철학으로 전향한 칸트가 어떠한 반란을 하는지 우리는 알아 둘 필요가 있다.

    칸트의 여러 저서 중에 『순수 이성 비판』(*Kritik der reinen Vernunft*)과 『실천 이성 비판』(*Kritik der praktischen Vernunft*) 그리고 『이성 한계 내의 종교』(*Die Religion innerhalb der Vernunft*)는 잘 알려져 있다. 그가 나이 80대 중반에 자기 생애의 노작(勞作)을 정리하는 물음을 네 가지로 요약하여 친구에게 보내는 편지에 표현했다.

① Was kann ich wissen?(What can I know?: 내가 무엇을 알 수 있는가?)
② Was soll ich tun?(What ought I to do?: 내가 무엇을 해야 하는가?)
③ Was darf ich hoffen?(What may I hope for?: 내가 무엇을 희망할 것인가?)
④ Was ist der Mensch?(What is man?: 인간은 무엇인가?)

위 네 가지 질문은 극히 단순하면서도 인간 활동의 전면을 요약하여 압축한 것 같다. ①의 질문에서 학문과 과학이 계발됐다. ②의 물음에서 도덕과 윤리가 논의됐다. ③의 문제 제기에서 종교에 기울어진다. ④의 문항은 바로 우리가 지금까지 논의해 온 인간 자아에 대한 물음이다.

인간 존재와 자아에 대해서 칸트는 체계적으로 기술하지 않았는데 20세기 마르틴 하이데거(Martin Heidegger)가 칸트의 빈 구석을 맡아 존재와 시간(Sein und Zeit)을 다루었다. 칸트는 ①에서 ③의 모든 것이 인간 이성의 몫이며 이의 실현을 위해서 신(神)이 필요(Postulat)하다고 했다. 하나님을 내 영혼의 영원한 주(主), 인도자, 창조자, 피난처로 받들며 경배하지 않고, 인간 도덕과 윤리 실천의 수단으로서 하나님과 종교를 이용하는 자세였다.

따라서 칸트는 말하기를 기도할 필요가 없으며 약자가 기도하지 강자인 철학자는 명상한다고 했다. 그러나 칸트 자신이 인정한 인간 이성의 한계 까닭에 결국 철학자의 명상도 한계에 이르러 절망(desespoir)과 허무(nihilism)에 전락하든지 위선과 허세의 자아 모순을 안고 늪 속에 헤매든지 할 수밖에 없게 됐다.

철학자 피히테(Fichte)는 자기(ich) 내부에 있는 비자아(非自我, das Nicht-Ich)/타아(他我)를 자기 자아(自我, das Ich)로 진압하고 억누를(unterdruecken) 수 있다고 주장했다. 여기에서 분명 철학의 반란이 시작되고 있다. 이것이 바로 창조자 하나님께 대한 철학의 반란이며 자신의 양심과 자신 안에 있는 타아/비자아/초자아(超自我)/대아(大我)/당신(當身)에 대한 반란이다.

그래서 대체로 철학자들은 하나님 앞에서 무릎 꿇고 경배하지 않는다. 하나님 숭배와 예배의 항목은 철학에 없다. 철학자들은 자아와 대치되고 있는 존재를 자아의 울타리 속에 모두 제한시키고 이성(理性, Vernunft: reason)을 구가하고 신격화하며 막연하고 애매모호한 담론을 전개해 나가는 것 같다.

순수 이성 비판의 한계선인 하나님의 존재나 사물의 본원(本源) 곧 물자체(Ding an sich)에 대한 열정적 탐구를 포기하고 인류의 경험 과학 발전을 위하여 현상만을 다루자고 제창한 에드문드 후설(Edmund Husserl)도 물론 자아에 정직하지 못하고 모순당착에 빠진 철학의 미아이다.

피히테가 비자아/타아(das Nicht-Ich)를 억누르고 배척하며 인류 동포애와 민족애를 고취한 것이나 주관과 객관의 신비적 조화를 설파한 쉘링(Schelling)의 사상, 정제(These)와 반제(Antithese)의 교묘한 합제(Synthese)를 이루어 나가는 역사 발전론적 변증법을 수립하고 이성의 간지(奸智)(Die List der Vernunft)를 표방한 헤겔의 관념론적 이상(理想) 등은 모두 제1차 세계대전과 함께 산산조각으로 분쇄되고 말았다.

헤겔의 관념론과 그 범신론적 태도와는 과격하게 노선을 바꾸어 신학은 인간학(Anthropologie)이라고 호언장담하며 하나님은 인간 의식의 투영이라고 절규한 포이에르바하, 하나님의 암살과 죽음을 외치고 초인(超人)을 주장하면서 자긍하고 자부하며, 힘과 권력에의 의지(der Wille zur Macht)를 부르짖어 필경 나치 히틀러의 정치 이데올로기를 낳게 한 니체는 숙명의 신(amor fati)에 귀의했다.

기독교를 아편이라고 몰아붙이며 무산 계급의 혁명을 주창하여 네로보다 더 지독한 기독교 박해와 학살을 감행하게 한 칼 마르크스의 사회주의적 자본론과 공산주의는 구소련의 해체와 더불어 20세기 최대의 악몽으로 범인(凡人)을 전율하게 한다. 그러나 히틀러도, 마르크스도 무너지고 말았다. 이는 모두 바로 자기 자아 안에 내재하는 비자아이시며 당신이신, 내 자아의 창조주 되시는 하나님께 반역한 결과이다.

이러한 철학적 사조는 직접, 간접으로 신학에 영향을 끼쳐 겉모습은 신학부(divinity school: theologische Fakultaet)이지만, 실상은 인문학부(humanity school: philosophische Fakultaet)의 행습과 진배 없고, 신학대학원(theological seminary)은 인류학대학원(anthropological seminary)으로 보이는 경향과 모습이 자주 눈에 뜨인다. 그러나 르네 데카르트(René Descartes)의 귀결을 보자.

르네 데카르트(René Descartes)는 당초 학문에 방법론적 회의를 제기하여 자기 사고와 의식에 뚜렷하고 선명하게(with clearness and distinctness) 인지되지 않는 것은 모두 그 존재를 부인했다. 그의 유명한 명제 "나는 생각한다. 그러므로 나는 존재한다"(Cogito, ergo sum)는 사유 과정과 존재 양식에 부합하지 않은 요소들은 모두 배제 불식하기를 전혀 서슴지 않았다.

그러나 나중에 데카르트는 자기의 후기 저서 『명상록』(Meditationes)에서는 하나님께서 자기 사유와 명상의 구조 전체를 점유하고 계신다고 고백하고 기독교에 복귀했다. 하나님의 창조와 편재 의식에 완전히 압도되어 회의를 방기하기에 이른 것이다. 데카르트는 이렇게 말하고 있다.

> 하나님께서는 내 창조자시다. … 고매하시고 완전하신 품격을 지니신 분이시나 나의 마음은 그분을 추후도 지각할 수 없다. … 나는 불완전하고 의존적인 존재이지만 하나님께서는 완전하시고 독립적인 존재시라는 생각이 내 마음에 그토록이나 선명하고 뚜렷하게 솟아오르고 있다. … 하나님께서 존재하시고 … 그분께서는 참 하나님이시며 이분 안에 과학과 지혜의 모든 보물이 담겨 있다는 결론에 나는 도달하고 말았다(참조. Anchor Books, *The Rationalists: Descartes: Discourse on Method & Meditations; Spinoza: Ethics; Leibniz: Monadology & Discourse on Metaphysics* [Leibniz:Garden City, New York:Doubleday & Company, Inc. 1974], 142-144).

제4장

예수님께서 내 영혼과 함께 하시는 신학(2)

철학은 간헐(間歇) 없이 부단하게 자연과 사회, 인간 정신의 내부에 있는 존재의 법칙을 탐구하고자 노력을 기울인다. 서구 철학은 동양 사상과 달리 독자적인 노선에 서 있다고 주장할지 모른다. 그러나 불교 철학은 소크라테스를 비롯한 서구 철학 전통에 못지않게 자아 탐구에 진력했다. 불교 철학은 소아와 대아를 위에서 말했듯이 탐구한다. 불교에서 제기한 인간 자아의 이분법은 또 근대에 이르러 피히테의 자아와 타아/비자아, 심리학에서 말하는 자아와 초자아의 이중 구조와 대응한다고 볼 수 있다.

석가모니는 '천상천하유아독존'(天上天下唯我獨尊)이라고 주장했다. 이 말은 자아는 독립적이며 자아는 어떤 타율적 간섭이나 지배에 굴종하지 않고 오로지 자아 내부에 존재하는 대아의 존엄성과 위대함과 장엄, 그리하여 그 위임과 지시와 명령과 의도에만 따른다는 뜻일 것이다. 그러나 소아는 대아 앞에서 오만과 탐욕으로 가득 찬 비극적인 존재임을 깨닫는다.

불교에서 이 깨달음을 불각(佛覺)이라고 선언하고 세속적인 모든 인연을 다 끊고 입산수도(入山修道) 하기도 하고 시주(施主) 그릇을 들고 구걸 동냥에 나선다. 자아의 의식 관념을 완전히 공백화시킨다는 것이다. 그래서 자아의 적멸(寂滅) 경지인 열반(涅槃, Nirvana)에 이르고자 온갖 난행(難行)과 고행의 수련을 닦는다. 열반에서는 자아 관념도 개성(個性)도 모두 사멸되어 버린 신비의 죽음 상태에 있다고 한다.

그러나 사도 바울은 '자아는 매일 죽지만'(고전 15:31) '자아 안에 내 자아를 위해 사랑으로 희생하신 하나님의 아들 그리스도께서 살아 계시며 그분에 대한 신앙으로 영위하는 자아의 창조적 삶'을 성령 안에서 확신하며 고백하고 있다(갈 2:19-20).

자아의 죽음이나 사멸이 중요한 것이 아니라 자아의 창조적 구원과 삶이 절대 중요성을 지니고 있다. 개성을 죽이는 것이 능사가 아니라 개성의 방향이 잘못되고 악했던 길에서 선으로 전향하여 생산적이고 건설적이고 창조적인 인물이 된다는 데에 영원의 가치가 있다(롬 6:12-22).

인간은 물론 결코 단순 존재가 아니다. 인간 자아는 그 자체가 문제의 원천이 된다. 사람은 스스로 제한되어 있으면서도 그 제한된 한계의 피안을 생각할 수 있다. 그래서 자아는 제한됐으면서도 그 제한된 사선(死線)과 사점(死點)을 초월하고자 무진 애를 쓰며 최대의 역량을 경주하여 가시적인 과학의 금자탑을 쌓았다고 뽐내면서 오만방자한 반항과 배신, 배반의 길을 서슴없이 행보하기도 한다.

바로 자기 자아 내부에서 지배하는 존재는 항상 볼 수 없고 감추어 있으나 기실은 이 존재가 우주와 인간 개인을 지배하고 계심을 추후라도 잊어서는 안 된다. 즉, 하나님께서는 보이지 않고 감추어 계신다(*Deus absconditus*, *The Hidden God*). 감추어 계시는 하나님께서는 엄연한 존재를 확신시키시면서도 우리의 시각으로는 볼 수 없으며, 앞에 말한 비자아(非自我)/타아(他我)/초자아(超自我)/대아(大我)/당신(當身)과 우리 양심의 주인공으로서 자아는 그분 앞에서 무엇인가 잘못했다는 가책을 느끼며 인간과 우주에 부조리와 불협화음이 있다는 것을 자각하게 된다.

바로 근대, 현대, 20세기에 반역하고 실패한 사생아들과 그 사상들에 하나님께서 가공할 진노와 분노를 품고 계셨다는 사실을 의식하면서 인간은 자아가 자기모순인 죄에 사로잡힌 죄인의 존재라는 사실을, 새삼 소스라쳐 깨어나며 의식하게 되고 아직도 삶을 연명하게 하시는 하나님의 은혜에 형언할 수 없는 감은(感恩)의 정을 가져야 할 것이다. 여기에 과학적이고 철학적인 인식론 그리고 르네 데카르트를 넘어서서 신학적 자아 인식과 신(神) 인식의 오묘한 우주적 의식 공간이 있다.

감추어 계시는 하나님께서는, 사실 엄밀하게 사유하여 볼 때, 나와 세계에 진노하고 계신다. 우리가 고독과 고향 상실, 자아 모순과 자기 소외, 자아가 방기(放棄)된 상황에 부닥쳐 있을 때 그리고 이상과 현실의 괴리를 자각하게 될 때 하나님의 진노를 의식하게 된다.

자아 내부에서 진노하신 모습으로 엄존하시는 하나님과 대면하기를 회피하고자 철학은 불가시적이며 감추어 계시는 비자아와 타아를, 앞에서 이미 말했듯이, 억누르거나 신의 필요를 악용하려고 시도했다. 진노하신 하나님과 맞서기보다 인간은 자아에 대한 과대망상과 맹신을 가꾸었으며 자아의 비극적 현실을 은폐하고자 낙관론적 진화론과 역사 발전론을 고안했다. 여기에 인간 위선의 반란과 모반의 극치가 정점에 이르고 있다. 하나님의 창조 세계를 인간은 바로 자기 것인 양 착각하고 있다.

여태껏 유감스럽게도 철학적 인간론은 인간의 처절하고 허무한 비극적 삶과 운명과 죽음을 조금도 해명하지 못했으며 인간 실존의 을씨년스러운 자화상을 개선하지도 못했다. 인간의 본질과 운명은 불행히도 개량된 바 없고 통분하게 더 악화하기만 해 왔다. 인간 본위 사상은 내 자아에 당신이신 하나님의 성나신 얼굴을 회피하는 데 급급했을 뿐만 아니라 오히려 더 나아가 사람을 내 자아 안에 계시는 비자아/타아/초자아/대아/당신, 곧 하나님보다 더 높은 위치에 격상시켜 인간 신격화를 도모했다. 실상 나와 당신(I and Thou: Ich und Du), 그리고 자아와 타아, 하나님과 인간 간의 진정한 대화는 못내 폐쇄된 상태로 머무르고 말았다.

현대 인본주의는 계시가 된 하나님(Deus revelatus, the Revealed God, 요 1:14 이하)을 만나 대화하는 것을 기피하여 진노하신 하나님(Deus absconditus, The Hidden God: the Angry God)을 박차고 자아 만능을 실현하는 데 진력해 왔으며 이것이 크나큰 착오가 된 것이다. 그 결과 합리주의적 이성 영웅 사상은 무모하게 인간 심리 속에 회의와 불신, 불안과 걱정, 고뇌와 번민, 위선과 오만의 잡초를 심었다.

이러한 잡초들은 인간 상상을 압도하는 소위 초대형 문화와 문명의 현대 황무지에서 무성하게 자라며 내 자아 안에 진노하시는 비자아/타아/초자아/대아/당신, 곧 하나님과 양심으로부터 들려 오는 음성을 조롱하고 질식시킨다.

오늘날의 정예 엘리트들은 새롭고 창조적인 씨앗(마 13:7, 22, 25-30)을 파종하고 가꾸기는커녕 위에서 말한 인간 위선과 오만의 잡초를 가꾸는 데 촌음을 아끼지 않고 바삐 동분서주하고 있다. 현대 무신론적 과학사상에서는 양심 그 자체의 존재마저 무시해 버리는 경향이 있다.

그러나 인간의 위선과 오만이 가꾸는 거대한 문명의 사막 위에서 목이 말라 갈급한 심령에 생수처럼 다가오는 예언자적 통신 메시지도 간헐(間歇)이 없다. 인격적 해후의 신학(die persoenliche Begegnungstheologie)은 통신이 끊겨 답답하고 울화가 치미는 황량한 사막 가운데 나와 당신(Ich und Du)의 뜻깊은 우주적 대화로 말문을 연다(Deus dixit/locutus est/dicit, 히 1:1-7). 나와 당신 사이에서는 언어를 통해 비로소 폐쇄된 차원적 두 공간이 열린다.

나와 당신(Ich und Du)은 한편은 말을 거는 화자이고 또 한편은 말을 듣는 청취자(聽取者)며 그 역(逆)도 진(眞)이다. 화자와 청취자는 동시에 서로가 같은 시간과 공간에서 만난다. 양쪽이 만난다고 하여 의사소통이 있지는 않다. 양쪽 사이에는 어마어마하고 살벌한 차원적 장벽이 있다. 언어가 이 장벽을 부수는 것이다.

당신(當身)은 누구인가?

언어의 교환 없이는 당신은 나에게 영원히 낯선 미지의 이방인(das ewig fremde Du)이다.

철학자 피히테는 이 비자아인 당신의 존재를 억눌러 무시할 수 있다고 생각했다. 그는 결코 비자아인 당신의 존재와 만남을 부인하지 않았다. 또 그가 이 존재를 억누르고 부인한다 하여 전 세계와 내 위에 맺혀 계시는 당신의 진노를 제거할 수도 없다.

따라서 억누르고 부인하는 것은 기실 하나님 당신께 대한 철학의 반란임과 동시에 오히려 자아 모순이고 자기 소외이며 죄이다. 하나님께서는 인간의 부인과 반역으로 타격을 입지 않으신다.

하지만 진노하심과 노여우심이 가공(可恐)의 극(極)에 이르러 계시지 않는다고, 즉 성내고 계시지 않다고 누가 호언장담할 수 있을까?

우리는 부인과 반역의 계열에서 태도와 자세의 변화를 여미지 않으면 안 된다. 나는 진정으로 정직하게 '오로지 당신을 통해서만 내가 존재한다' (ich bin nur durch dich: I am only through Thou)는 존재론적으로 새로운 공리를 터득하지 않으면 안 된다.

그러나 당신(Du/Thou)께서 공간적으로는 추호의 간격 없이 가까우나 '영원히 나에게 낯선 이방인'(das ewig fremde Du)으로 서 계시고 나는 그분과 소외되어 있다는 데에 문제가 있다. 즉, 차원적 한계(dimensionale Grenze)의 이색(異色) 지대에 대립되고 고립되어 있다. 그래서 나는 고향을 상실하고 방기당하여 불안한 상태에서 방향을 잃은 채 헤매고 있다.

여기에서 나와 당신의 관계는 평화와 화해 속에 맺어지는 것이 아니라 살벌한 긴장과 불안, 고뇌, 번민, 공포 속에 처하여 있는 것이 된다. 일련의 대결과 알력, 배반과 충성, 불화와 합의, 불순종과 순종, 부정과 긍정, 증오와 사랑, 분노와 호의, 비극과 희극, 거부와 찬성, 슬픔과 기쁨, 투쟁과 화친의 안타까운 사연들만이 연쇄적으로 벌어질 수 있다.

나와 당신의 동시적인 공존(共存)은 다시금 양극 간의 끝없는 긴장이며 세계 중심을 차지하고 지배하려는 무시무시한 투우장이 된다. 이러한 모습으로 이원론과 양극의 역학과 함수 관계가 발전했다.

그러나 이러한 상황에서 말이 오고 갈 때, 언어가 교환될 때 양극 사이에 만남의 전류가 통하게 된다. 차원적 한계의 이색 지대에서 대립과 고립의 쇠사슬이 풀린다. 말은 여기에서 절대적으로 중요한 역할을 한다. 말하고 듣는 것은 언제나 나와 듣는 상대방 당신 사이에서 이루어진다. 말만 하지 듣는 쪽이 없으면 그 말은 단순히 하나의 잡음으로 머무르고 만다. 어떠한 인격적 대화나 해후가 성립되지 못하기 때문이다.

두 편이 서로 살기 등등하여 투쟁할 때 말이 오고 가게 되면 화친 또는 결전의 관계 형성과 해후의 계기가 조성된다. 말로 맺어지는 관계 형성과 해후는 긍정 또는 부정의 모습으로 마음에 반향을 일으키며 우리는 이것을 앞에 이미 말했듯이 마음의 모양새(cardiomorpheme)라고 부른다. 이 마음의 모양새가 어떻게 자세를 취하느냐에 따라 세계의 모습이 형성된다. 우선 아래에 고대 수메르어 심장(šà) 형태론을 극히 간략하게 소개한다.

수메르어 마음의 기호 šà(샤₃)의 형이상학적 그리고 심장형태론적 기능은 인간 존재와 삶의 수직적 그리고 수평적 관계성을 전제한다. 다른 말로, 사람은 존재 기간, 자연적 대상 세계와 사회적 인간 개인 또는 집단들을 수평적으로 대하는 동안 수직적으로 신의 존재와 직면하고 있다. 이 모든 복잡다단하고 다양한 관계 형태는 수메르어 마음의 기호 šà에서 알을 낳고 모양을 이루고 반사되고 있다.

남자의 양기(陽氣)를 뜻하는 수메르어 복합 단어 '샤.지.가'(šà.zi.ga)는 인간 생식과 출산의 가장 기본적인 생리적 자극 충동이다. 바로 이 생리적 충동이 마음을 뜻하는 šà에서 일어난다는 수메르 문헌의 고증은 정말로 흥미롭고 의미심장한 것이다. šà는 남 녀 양성이 서로 만나게 자력(磁力)의 기능 역할을 하고 정자를 수용하는 태(胎)가 되며, 신들의 인간에 대한 운명결정의 자리로 수메르 문헌에 고증되고 있다.

생리학상으로는 이렇게 해서 태아가 잉태하게 된다. šà가 마음의 뜻과 연계하여 인간 출생을 위한 태(胎)를 뜻함과 동시에 이것은 신학적으로 신들의 운명결정과 선택의 터임을 수메르 문헌에서 살펴볼 수 있다. 태(胎)와 마음인 šà에서 인간과 메소포타미아 신들 간에 그리고 신들 상호 간에 또 왕과 그가 받드는 신들 간에 관계가 형성된다. 태(胎)에서 인간 출생의 정자를 수용함과 동시에 신들은 바로 이 수태(受胎)되는 인간의 운명과 숙명을 결정짓는 것으로 문헌에 고증되고 있다.

šà의 복합적인 기능과 역할을 거쳐 태어난 인간은 시간적 공간적 또 사회적 맥락에서 세계와 접촉하게 된다. šà는 또 수메르 문헌에서 문법적으로 장소와 시간을 지시하는 처격(處格, locative) 전치사와 후치사로도 아주 많이 쓰였다. 참고로 한국어는 후치사를 사용하는 언어이다.

수메르어 šà는 의미론적으로 뜻이 다양하게 적용되어 사용됐다. 물질적으로, 정신적으로 šà는 다양한 존재의 한가운데, 정곡(正鵠), 핵의 은유적(隱喩的, metaphoric) 의미가 있다. 밭과 전답을 뜻하는 아샤와 같은 기상천외의 수메르어 합성어들이 이루어지기도 했다. 마음과 중심과 관심이라는 본디 šà의 의미를 연상시키고 결부시켜 이러한 의미나 합성어 형성을 설명할 수 있을 것이고, 본서에서는 그것을 다루고자 한다.

고대 근동과 성경 원문에서 '영혼,' '이성,' '양심'과 같은 단어가 없기에 수메르어 šà가 이 모든 형이상학적 개념 범주의 기능 역할을 대신한다고 볼 수도 있을 것이며 바로 자아 인식과 의식이 여기에서 이루어진다고 볼 수 있다. šà는 인간에 대한 메소포타미아 신들의 태도가 자리 잡히는 모태요, 의식이 있는 생명체에 신비와 비밀의 원천이 되고 있는 것을 문헌상에서 다각도로 살펴볼 수 있다.

인간 존재들에 대한 신들의 노여움과 분노가 그들의 šà에서 일어나고 있으며 이것을 의식하는 인간 자아는 그들을 달래고 그들과 화해하기 위하여 제물과 신전을 비롯한 모든 인간적 수단과 방법을 강구하게 된다. 이것이 넓은 의미에서 고대의 모든 문화와 문명을 이룩하게 한 배경이고 종교의 발생 원인이라고 해도 과언이 아닐 것이다.

성경의 마음 문제는 종교 신앙과 관련해서 유일하신 아버지 하나님과 독생자 예수 그리스도의 성육신과 성령의 내적 교제를 주축으로 하고 있다는 것이 고대 근동과 판이한 점이며 독특성이라고 할 수 있을 것이다. 자아와 비자아/타아/초자아/대아/당신 곧 하나님과 양심과의 긴장에 서린 관계는 고대 근동과 관련해서는 수메르어 šà의 심장형태론적 고찰에서 대충 밝혀졌다고 보겠으며 근대의 임마누엘 칸트에서 다시 그 사상 구조와 인간 문제를 고찰하여 보기로 한다.

20세기에 들어 마르틴 하이데거(Martin Heidegger)는 인간 문제를 자기의 저서 『형이상학은 무엇인가?』(*Was ist Metaphysik?*)와 『존재와 시간』(*Sein und Zeit*)에서 논급했는데, 특히 후자에서 주로 그리했다. 하이데거에게 있어 인간은 지구촌의 이방인이며 버려진 가련한 고아이고 무(無, Nichts)의 산물이며 고향을 잃고 숙명에 끌려다니는 방랑자이다. 하이데거를 비롯하여 많은 무신론적 실존주의 글 속에는 불가지론적인 사유 양식이 팽배하여 있다.

하이데거와 같은 맥락에서 관조하건대 인간은 자연의 한 측은한 고아라고 말할 수 있다. 짐승들이나 새들은 생태학적으로 계절따라 서식(捿息) 환경의 변화에 본능적으로 잘 적응한다. 제비와 같은 철새들은 자유로이 남쪽에서 북쪽으로 공중에서 바다 건너, 산 넘어 대양 위로 거침없이 훨훨 날라 이동하고, 계절이 바뀌면 그 역순으로 이동한다. 그러나 사람은 새들처럼 자유롭지도 못하고 재치가 있지도 못해서, 예를 들어 미국의 동부 해안 지대에서 오늘날에도 폭풍과 강풍이 휘몰아치면 많은 경우 대처를 잘 하지 못하여 큰 피해를 본다.

문화 문명이 발달하고 그 시설들이 엄청나게 잘 되어 있어도 그것들은 짐승들과 새들의 본능적 자연 적응력과 비견되지 않는다(마 6:26-29). 생물학적 인류학의 입장에서 볼 때 인간은 짐승들과 새들보다 자연 적응력에 있어서 우월하기보다는 훨씬 열등하다고 할 것이다.

인류는 분명 서로 평등하지도 않고 공평한 대우와 분배를 받지도 못한다. 세계사적으로 전제 군주들과 군왕과 통치자는 항상 다반사적으로 백성들을 착취하고 그들의 사람 된 권리 곧 인권을 무참히 짓밟았고, 사람들은 군왕을 노예처럼 섬겼다. 군왕과 통치자는 호의호식하고 부귀와 영달을 누렸으나 백성은 못 먹고 굶주리고 학대받고 총검과 술수로 위협받고 기만당했다.

엄청난 양의 문자 서판들과 기록 문헌에는 수많은 궁중 음모와 모략, 암살, 왕위 찬탈 사건들이 적혀 있으며 여기에는 인권이 짓밟히고 사람의 목숨이 단두대의 희생 객으로 사라진 일들이 자랑처럼 기록 간직되어 있다.

서민과 평민은 언제나 우롱당하고 착취받고 학대당했다. 하나님으로부터의 자아 소외는 결국 인간 상호 간의 소외로 이어지고 악의와 증오와 혐오 그리고 남을 해코지하려는 나쁜 의도가 인간의 마음 모양새(cardiomorphemes)를 짓궂게 꾸며 놓고 있다.

  착취와 학대를 받지 않는다 해도 인간은 불안과 고뇌 가운데 있다. 인간은 자부심과 자긍심으로 한창 뽐내고 있을 때도 공포와 우려와 기우(杞憂)에서 벗어나지 못하고 있다. 하나님을 거부하고 이성에 대한 자부심을 느끼고 인간 본위로 나갈 때 인간 한계 상황 의식이 엄습하면 미래에 대한 염려와 과거의 행위에 대한 자책과 회한이 사무친다.

  고향 상실과 불안의 마음 가운데 인간 자신은 창조주가 아니고 피조물이라는 감정(das Kreaturgefuehl)이 싹트고 그 한구석에서는 불가사의하고 초자연적이며 초월적인 창조자에 대한 동경과 경외심이 우러나오게 된다. 이 초월적인 분께서는 우리가 감각적으로 접촉할 수도 없고, 불합리하게 보이시며, 불가해하여 공포와 전율을 느끼게 하시면서도 또 동시에 경외심을 자아내게 하고 매력적이며 인자(仁慈)와 관용이 넘쳐 매혹적이고 장엄하신 분으로 여겨지시기도 한다.

  인간은 창조와 존재의 근본 질서로부터 소외되고 분리된 이래 하염없이 불안과 의구(疑懼)와 무상(無常)의 방황 속에 있다. 이미 태곳적부터 고향에 대한 그리움과 동경으로 사로잡혀 있다. 그리하여 초월적인 존재와 화해하기 위해서 경배와 숭배의 영상들을 투영하고자 하는 쪽에, 곧 우상들을 만들어 받들고 섬기는 쪽에 매달리게 됐다. 그들을 시간으로부터 영원까지 자기 안위와 삶의 희망과 반려로서 받들고자 했다. 그러나 극히 유감스럽게도 정성 들여 만들어 모신 우상들은 웅장한 신전(神殿)과 사원에서 엄청난 제물과 헌물을 받았건만 시종 침묵 일관으로 아무런 응답도 반응도 보이지 않을 때 애처로울 뿐이다.

사람들은 자기들이 고안해 낸 우상들에게 특별히 정성 들여 제물을 마련해 헌납하고 기도와 간구와 찬양으로써 받들고 섬겨 왔다. 그런데도 응답은 없고 우상들이 말했다고 언급한 것은 인간의 제작 우상인 까닭에 결국 인간 독백(獨白, soliloquy: das Selbstgespraech)에 불과하지 인격적 해후와 대화가 아니다. 그러므로 인류는 숱한 남신과 여신들로 가득 찬 우상의 숲속에서 참 하나님에 대한 동경과 예감하고 있다.

이 불가사의의 참 하나님을 고대 헬라인들(the Greek)은 "알지 못하는 신에게"('Αγνώστῳ Θεῷ, to an unknown God, 행 17:23)로 막연히 표현했다.

사도 바울은 이 헬라인들이 알지 못하는 신이 우리 존재의 창조자시고 우리의 구세주이심을 선포했다(행 17:24-32). 이 하나님께서는 성령을 통해 '나'의 영혼과 마음속에 '나'를 '너'라고 부르시며 '나'의 공명과 공감 그리고 감사의 반응을 불러일으키시고 대화를 개시하시며 '나'를 살아 있는 인격으로 만나시고 인격적인 계약 관계를 맺으신다.

이 하나님께서는 일찍이 모세와 만나시고 내 자아에 대한 물음에 내 초자아(超自我, Superego)의 성명을 "나는 (영원부터 영원히) 존재하는(존재의 근원) 존재(존재의 창조자)다"(에흐예 아쉐르 에흐예, אהיה אשר אהיה, 출 3:14)라고 선포하셨다. '나는 존재하며 존재를 안배(按排)한다'는 하나님께서 출애굽기 3:14의 하나님이시라고 할 수 있다.

하나님께서는 모세의 시선과 관심을 모세 자신과 자기의 환경과 존재 배경으로부터 하나님 자신의 존재와 동행하고 함께 공존하는 역사의 서막에 전향시키시는 것을 우리는 엿보고 깨달을 수 있다. 곧 하나님께서 모세 자신과 함께 하시는 신학이 전개되는 것이다.

이런 의미에서 아브라함과 모세의 생애는 하나님을 체험하고 하나님과 함께 가는 삶을 이루어 나가는 데 서로 본질적인 유사성을 안고 있다. 하나님께서는 아브라함과 모세를 당신과 동행하도록 부르신 후 당신께서 영존하시며 전대미문(前代未聞)의 참신하고 경이롭고 오묘한 역사를 성취하시는 것을 깨닫고 은총과 감사에 넘치는 체험을 하도록 인도하신다. 하나님께서는 무(無)를 유(有)로 부르시며 죽음을 삶으로 바꾸시는 또 죽은 자들을 살리시는 기적을 성취하신다(롬 4:17-21).

인간의 역사가 아니라 하나님의 역사이기 때문에 창세기에 일어난 사건과 출애굽기에 일어나는 사건 간에는 내재적인 유사성이 보인다. 하나님께서 함께 하시는 신학이 세계사 한가운데 전개되기 시작했다.

모세는 자기 동포 부족들을 이끌고 이집트의 신들과 종교와 문화 문명으로부터 탈출하여 온다. 이것은 아브라함이 자기 집안 식구들과 함께 메소포타미아의 신들과 종교와 문화 문명으로부터 나와 하나님과 직접 동행한 것과 본질에서 같다. 그들은 고대 근동과 전 세계에서 한 분 하나님과 함께 새로운 삶과 역사 양식을 창출했고 이것은 결국 말씀의 성육신으로 이어진다.

말씀이 육신이 되는 성육신의 신비(요 1:14)는 인간의 상상을 초월하는 기적이며 인간의 어떤 희망으로 이루어진 것이 아니라 죄인인 우리와 나에 대한 하나님의 사랑과 은혜로 이루어진 신비의 기적이다.

또한, 아브라함과 모세가 하나님의 부르심을 받고 하나님 앞에 서게 된 것도 스스로 자청하거나 희망해서가 아니라 하나님께서 사랑과 은혜로 겸비하게 내려오셔서 그들과 만나 대화하신 것이다. 아브라함과 모세는 자기들의 능력으로는 도저히 할 수 없는 약속과 임무와 사명을 부여받았다. 인간 불능의 의식은 자기반성과 자아 성찰로의 길을 열고 인간 자기 안에 타아(他我)와 초자아(超自我)의 통치 영역을 감사한 마음으로 마련하게 된다.

타아와 초자아의 인격적 당신(Thou: Du)께서 내 자아 안에 통치 영역을 확보하시고 사람이 그분을 모시고 경배하며 받들고 따를 때 당신을 진압하여 억누르려는 철학의 반란과 오만불손 그리고 마음의 강퍅은 정리된 것이다. 언감생심(焉敢生心), 고개도 쳐들 수 없는 나 죄인에게 전지전능하신 만유의 창조자 하나님께서 은혜와 계약의 대화를 개시하신다는 상념(想念)과 감은의 정(情)은 고향 상실과 허무 속에 헤매는 내 자아가 내 자아의 주인 되신 하나님 아버지의 집에 회개한 탕자처럼 귀향한 것이 된다.

자아는 이제 그 치욕과 백치의 자기모순을 극복한 것이다. 자기모순을 극복하고 위로부터 방향 지시에 인간 존재 전체가 개방되어 있을 때 그는 지금부터 동포 인류와 하나님 사이에서 예언자와 중개자의 역할을 할 수 있다.

하나님과 인간 사이에 벌리는 자기모순과 소외 또 이질감의 광활한 격리는 절대적으로 한 중개자를 필요로 하게 한다. 다시 말해 사막에서 길을 잃고 방황하는 자는 자기를 아버지 집에 데려다줄 수 있는 한 안내인을 애타게 갈망한다. 성경의 역할은 바로 그러한 안내자들을 알려 주고 두 손 벌려 기다리시는 아버지의 모습을 보여 주어 잡초와 가시덤불로 질식당하고 있는 세계에서 길 잃고 헤매는 방랑자가 고향으로 돌아가는 길을 발견하게 하는 것이다.

'예수님께서 내 영혼과 함께 하시는 신학'(Metatheology)은 사람이 나 자아(Ich: Self and Ego)의 제1현실(the first reality)로부터 성경에서 삼위일체(三位一體, Trinity)로 역사하시는 유일신 하나님의 제2현실(the second reality) 곧 내 영혼의 안내자와 통치자를 뵈러 나아가게 하고 그 하나님께서 이 사람의 자아와 함께 하시는 신학이 바로 여기 소개되고 있는, '예수님께서 내 영혼과 함께 하시는 신학'임을 선명하게 밝히고 있다.

기독교 구약성경에 하나님께서는 내 자아와 상관관계를 맺으실 때 무척 격렬하시고 맹렬하시며 격정적이시면서도 관용과 자비와 은혜가 넘치시며 심원하시고 인후하신 성품으로 나타나신다. 하나님께서는 내 마음의 모습과 자태(cardiomorphemes)를 주목하시고 나의 행동반경과 인격을 안배하시고 관리하신다.

하나님께서는 광대무변(廣大無邊)한 우주의 창조주이시면서 내 마음의 움직이는 모양새 하나하나를 추호도 소홀하심이 없이 예리하게 관찰하시면서 내 인격을 관리하시고 다스리신다. 이것이 부질없고 허위이며 가상적인 자연신들과의 엄격하고 현저한 차이이다.

하나님께서는 내 마음의 현실, 내 마음의 모양새(my cardiomorphological reality and cardiomorphemes)를 엄격하시면서도 곰살갑게 보살피시고 다스리신다. 하나님께서는 정열과 질투심을 가지고 자신을 그 사랑하는 인간에게 정겨운 애인과 사랑의 반려로서 계시하시는가 하면 배은망덕하며 거스르는 인간에게는 무자비하고 증오에 찬 원수로서, 분노와 진노 가운데 소름이 끼치도록 냉담하고 무섭고 살벌하게 나타내시기도 하신다. 하나님의 시선은 내 자아의 지극히 미세한 마음의 움직이는 자태와 모양새를 샅샅이 그리고 낱낱이 투시하신다.

나의 존재 전체가 그분의 예리하신 투시를 받고 숨김없이 발각되어 뚜렷이 드러난다. 지구촌의 그 어떠한 인간 자아도 나를 응시하시는 하나님 당신의 예리하신 관찰과 투시와 검열과 심판을 회피하거나 피하거나 도망치거나 숨거나 대적하거나 부인하거나 무시할 수 없다(시 139편 참조).

정열과 질투로 하나님께서는 고대 근동의 판도와 문명권에서 발호하는 다양하고 잡다한 신들을 정복하시고 진압하셨다. 그들은 짝을 짓고 쌍쌍이 떼를 지어 대결하고 경쟁하고 싸웠다. 정처 없는 방랑의 인간 신화와 불안한 사고 속에서 예측할 수 없는 자연 현상 뒤에 숨어 발호하는 신들은 기실 그 신전 한가운데에서 말도 못 하고 생명도 없고 호흡도 없고 동작도 없고 귀는 먹고 입은 벙어리인 나무나 흙으로 만든 조각, 아니면 석상과 동상의 우상들이며 그림이고, 인간 상상과 자기 안위, 헛된 희망과 자아 독백의 투영에 불과한 것이었다.

구약성경에서 계시하시는 하나님께서는 당신 사람을 관찰하시고 망보시며 지키시고 정밀 검사하시고 신속 대응하시며 살피시고 다스리시는데 이 경탄스러우시고 정열적이시고 질투하시는 하나님의 계시와 인간 자아가 해후할 때 전혀 새로운 정신 풍토가 조성되며 참신한 영적 분위기가 정착하고 현재와 미래와 영원에 대한 박력 있는 전망과 희망에 찬 세계상이 전개됐다.

이 위대하신 창조자 하나님의 은혜로우신 인격적 계시와 사람이 만나서 대화하기를 회피하고 멀리할 때 그의 시선은 전도(顚倒)되고 감각은 균형을 잃고 영적 방향은 암울해져서 삶의 노선은 영어(囹圄)와 절망의 나락에 추락하며, 저주와 파괴로 질주한다. 정의에 대한 도전, 진리에 대한 회의(懷疑)와 혐오, 영원자와 양심의 권위에 대한 저항과 반란이 우주적 모반(謀反)과 적의(敵意)의 오랜 신비인 사탄(Satan)의 사주(使嗾)와 교사(敎唆)를 받고 일어난다.

인간 숭배의 대상들인 신들이 치루는 전쟁인 신전(神戰, θεομαχία, theomachia, battle of gods)은 결국 최종적으로 두 큰 적대 세력 간의 일대 결전 곧 고발하고 참소하는 공격수와 방어하며 정복하는 투사 사이의 숨이 막히는 최후 결투를 언급한다(계 12장). 최후 전쟁은 위로부터 계시 언어의 말씀이 성육신하심(Incarnation)으로 본(本) 세계 무대 제1장 서막과 함께 아주 의미심장하게 펼쳐지게 된다.

καὶ ὁ λόγος σὰρξ ἐγένετο, καὶ ἐσκήνωσεν ἐν ἡμῖν, καὶ ἐθεασάμεθα τὴν δόξαν αὐτοῦ, δόξαν ὡς μονογενοῦς παρὰ πατρός, πλήρης χάριτος καὶ ἀληθείας:

말씀이 육신이 되어 우리 가운데 거하시매 우리가 그분의 영광을 보니 아버지의 독생자 영광이요 은혜와 진리가 충만하더라(요 1:14).

타아와 초자아와 인격적 당신(Thou: Du)의 말씀 언어가 위로부터 그리고 하늘과 아버지로부터 공포와 불안 속에 길 잃고 방황하는 내 자아와 어두운 증오와 기만과 비극의 세계에 기적처럼 승리와 희망을 안고 계시하신 것이다. 전대미문의 기적으로 절대타자(絶對他者)의 계시가 성취되신 것이다. 이에 대해서는 물론 본론에서 더 상세하게 논급한다.

절대타자는 실상 내 자아로부터 먼 거리에 계시는 것이 아니고 공간적 근거리에도 불구하고 나의 반역과 죄 까닭에 내 자아로부터 완전히 소외되어 계셨다. 이 절대타자께서 겸비하심으로 은혜와 호의 또 사랑과 진리로 내 곁에 그리고 내 마음속에 위로부터 수직적으로 성육신하셔서 만나시고 대화하신다는 사실은 유교의 수평적 인간관계론과는 전혀 대조적인 것이다.

유교는 임금과 신하, 부모와 자녀, 남편과 아내, 위와 아래, 친구 상호 간의 윤리도덕을 강조하는 인본주의 사상이다.

노자(老子)사상은 자연의 도(道)를 중시하여 자연에의 복귀와 순응을 강조하고 자기 체념과 함께 무위(無爲)의 미덕을 제창한다. 무위자연(無爲自然)은 인위적인 가식과 오염을 떠나서 순수무구한 자연 상태로 복귀한다는 이상론이겠으나 궁극적인 방향감각과 인격성이 결여하고 있어 신비적인 고향 상실의 소요(逍遙)에 그치고 마는 것 같다. 여기에서는 진정한 의미의 내 자아와 창조자 간의 인격적 대화가 이루어지지 못하고 있다.

불교는 힌두교에서 떨어져 나왔으나 시간이 감에 따라 차츰 후자에 흡수됐다. 물론 불교는 자아의 반역과 배도와 탐욕에 대한 문제의식을 알고 자아에 그 마지막 나머지 기력조차 박탈하고 자아가 반역 봉기하려는 의욕까지 제거하여 필경 자아를 절름발이로 만들고 또 암살하는 데 나아간다. 자아는 신비적인 죽음을 향유하고 그 죽은 상태를 인간 존재의 최고 경지 곧 열반(涅槃, Nirvana)의 이상(理想, 범신론: Identitaetsphilosophie)으로 자족한다.

유교, 노자의 도교, 불교처럼 모든 종교 사상과 행위는 하늘을 지향하지 못하고 하늘 아래 있으며 스스로를 신장(伸長)하여 위로 뻗을 잠재력도 없고 기력이 쇠잔하여 허우적거리며 절망에 빠지고 만다.

이슬람교는 삼위일체의 구분 없이 타아와 초자아와 인격적 당신(Thou: Du)의 절대 유일신 사상으로 정열적 응집력을 지닌 것처럼 보인다. 이슬람교가 발생하기 전 당시의 기독교 세계는 삼위일체론이나 특히 성자(聖子) 예수 그리스도의 인성론과 신성론에 대한 교리적 논쟁을 일삼았던 모양이다.

이슬람교의 주창자들은 교리적 논쟁을 건설적이지도 못하고 비창조적인 것으로 보고 이러한 사변적 유희로부터 떠나 유일한 신 알라와 그의 선지자들만을 따른다는 방향으로 자세를 여민 것으로 보인다. 예수님께서는 하늘과 땅의 중개자시며 자기모순과 소외 상태에 있는 내 자아와 내 위에서 초월적으로 지배하시는 하나님과의 사이에 화해의 가교를 구축하신 구세주 하나님이시다.

예수님께서 아버지 하나님 품 안으로부터 독생하신 하나님(요 1:18)으로 태어나셨기 때문에 그리고 이 지상에서 바로 내 자아의 모순인 죄를 짊어지셨기 때문에 하나님으로부터 또 하늘로부터의 소외로 인한 영원한 내 자아의 비극이 해결된 것이다. 예수님께서는 지금도 성령과 교회를 통해 내 자아와 세계를 구원하여 하늘로 지향하게 하시는 일을 끊임없이 밤낮으로 돌보시며 살피시고 계신다. 이슬람교가 이것을 이해하고 받아들인다면 세계는 우리의 영원하신 구세주 예수 그리스도 안에서 참 평화를 누릴 것이다.

기독교 교회사는 여러 가지 철학 사상과 종교의 영향을 반향하는 듯이 다양한 신 관념을 제시하기도 한다.

또 방법론적 차이에 따라 성경 해석에 대한 접근도 합리주의적 인간 본위 태도나 하나님과 예수 그리스도 중심의 신앙 본위 태도의 갈래가 있다.

교회사는 성경 해석사라고 말하기도 한다. 성경 해석의 다양성을 언급하는 말이라고 볼 수 있다. 엄청난 회의와 의심, 반대, 공격, 가해 공작에도 불구하고 성경이 종교 경전으로서 가장 높이 평가 받는 이유는 그 내재적 가치와 기능에 있다. 성경은 지면(紙面)의 글자에만 그 가치 척도가 있지 않고 성령 안에서 이루어지는 위대한 인격과 그 능력에 있다(고후 3:6).

감추어 계시는 하나님의 성난 진노가 우리 구세주 독생자 예수 그리스도께서 십자가에 달려 죽으심으로 화해되어 부활의 능력이 현재와 영원에 걸쳐 작용하신다는 것을 성경은 선포한다.

성령의 감동과 함께 내가 하나님 안에 머물고 그분께 즐거움과 순종함과 충성으로 헌신하여 그분을 받들고 모실 때 동시에 은혜와 총애, 사랑과 선택, 계약과 구속(救贖), 구원의 경탄스러운 복과 특전이 하사된다.

성경을 읽을 때 비로소 위로부터 수직으로 하강해서 내려 비취는 영원한 빛의 조명 아래 내 자아의 참 본질과 기원이 밝혀진다. 인간 세계의 수평선 위에서는 아무리 탐색해도 내 자아와 세계와 사회 그리고 국가 민족의 얽히고설킨 부조리와 모순 또 비극의 실마리가 궁극적으로 밝혀지지도 않고 해결되지도 않는다.

　죄와 반역으로 하나님으로부터 소외된 세계 현실은 오로지 평면적 관찰만으로는 그 문제의 진폭이 뚜렷하게 해명되지 않는다. 그러므로 이 세계에는 숱하게 많은 사상과 서로 다른 의견과 견해 또 이론과 논점과 철학과 종교들이 있어 서로 대립하고 경쟁하며 각축전을 벌이고 있으면서 기실은 어두움 속에서 암중모색(暗中摸索)하고 있다.

　위로부터 곧 하나님으로부터 성령을 통해 하사되고, 성령의 감동을 통해 기록된 성경의 조명과 깨우쳐 줌과 밝혀 줌이야말로 그 형언할 수 없이 크고 심원한 가치를 인간의 필설로 이루 다 표현할 수마저 없다.

　십자가와 부활로 확인되고 사도들과 성령을 통해 믿고 따르며 향유할 수 있도록 성경 기록으로 섭리하신 길(道)과 진리와 생명 되시는 예수 그리스도께 대해서 시간과 공간을 초월하여 작용하는 현실적 성령의 내적 증언(*testimonium internum spiritus sancti*) 앞에 우리의 감사와 찬양은 억누를 수 없도록 사무치고 복받쳐 터져 나오게 된다.

　성경에 기록되어 있는 것은 시간과 공간의 범주를 넘어서 바로 지금 여기(*hic et nunc*) 이 세계 공간의 내 자아에 적용되며 내 마음과 의식과 양심의 모양새와 자태와 그 태도에 반영, 반사, 인식된다.

　이것이 성경의 통시적(通時的) 내지 역사적 그리고 공시적(共時的) 내지 현실적 가치 기능의 요체(要諦)다. 따라서 여태껏 성경학에 투신하여 수립한 논리와 반론, 추론, 사변과 소위 심층 연구들은 그 수가 부지기수이고 그 축적된 양이 엄청나다 하더라도 총괄 검토하고 줄여서 간략하게 효과적 전략 체계로 요약하여 진전시키고자 할 때, 내 자아의 운명 해결과 창조적인 목양 발전으로 방향 조정이 될 것이다.

바야흐로 우리의 방법론적 효시는 예수님의 올바른 방향 인식에 대한 지적과 더불어 우리의 세계관 수립에 있다. 무엇보다도 첫 번째로 예수님께서는 인간 자아의 가치를 우주와 세계보다도 더 소중하게 여기신다.

^{36} τί γὰρ ὠφελεῖ ἄνθρωπον, κερδῆσαι τὸν κόσμον ὅλον, καὶ ζημιωθῆναι τὴν ψυχὴν αὐτοῦ;

^{37} τί γὰρ δοῖ ἄνθρωπος ἀντάλλαγμα τῆς ψυχῆς αὐτοῦ;

^{36} What good is it for a man to gain the whole world, yet forfeit his soul?

^{37} Or what can a man give in exchange for his soul?

^{36} 사람이 온 세계를 얻고도 제 목숨을 잃으면, 무슨 이득이 있겠느냐?

^{37} 사람이 무엇을 주고 제 목숨과 바꾸겠느냐?(막 8:36-37)

학문론의 제1명제인 나(我, das Ich)와 학문 연구의 대상으로서의 자아(自我, Ego)에 대해서 우리는 비교적 심도 있게 살펴보았다. 기실 나와 자아에 대해서 논의하면 할수록 자아의 실체는 진정 수수께끼마냥 모호하여 갈피 잡기가 힘들었다. 다각적인 심층 연구 후 결국은 바로 내 자아 안에 다른 자아 곧 비자아(非自我)/타아(他我)/초자아(超自我)/대아(大我)/당신(當身)이 엄숙한 제2현실(第二現實, the solemn second reality)인 하나님으로 내 자아에 대립하고 계시다는 것을 궁극적으로 고백하게 됐다.

다시 말해서 자아와 인간에 대한 논의는 필연적 귀결로 하나님과 만나고 하나님을 인정하고 따르거나 그분을 거역하며 무시하고 배신한다는 양중택일(兩中擇一)의 자명한 사실로 판명됐다.

문제의 요건은 우리와 세계와 내 영혼에 은총을 베푸신 하나님을 깨닫고 만나 대화하며 함께 존재 영위하고 동행하는 삶이다. 우리가 추구하는 앞으로의 신학 구도(構圖)도 참 하나님을 깨닫고 이 하나님께서 나 개인과 세계에 대해서 과거, 현재, 미래에 어떻게 계시로 함께 하셨고 또 함께 하시고 계시며 어떻게 함께 하실 것인가를 세계사와 고대 근동 문헌과 성경에서 광범위하게 펼쳐 밝히 알아보는 데 둔다.

우리 기독교 성도들이 믿고 섬기는 하나님을 재확인하고 또 선교를 위해 다음 장(章)에서 우리는 우선 다신론(多神論, Polytheism)과 유일신 사상(唯一神思想, Monotheism)의 발전 전개를 살펴보고 다음으로 신들의 격전장인 고대 근동 쪽으로 신학적 탐구의 시선을 돌린다.

제5장

신전(神戰): 다신론과 유일신 사상의 전개

옛날 사람들은 세계가 자아 모순과 죄에 빠졌다는 것을 분명히 인식한 것 같다. 죄는 사람의 육체적, 정신적, 영적 에너지를 마비시킨다는 사실도 깨달은 듯하다. 따라서 그들은 이 자아 모순과 죄의 문제학에 대하여 고심하고 번민했을 것이다. 그래서 인간과 자연과 세계와 우주의 기원에 대한 상상과 신화의 조작에 늘 착안했다.

인간의 오관(五官)과 육감(六感)이 관여하고 접촉하는 외계 현상과 내적 경험은 언제나 인간 정신 속에 사유의 밭을 경작한다. 인간은 사유하고 행동한다.

인간의 사유는 과거를 회고하는 과정을 통해서 할 수 있는 한 최고(最古)로 지구와 인류의 지난 역사를 지향한다. 하지만 지난날에 대한 회고로 인간은 아직도 우주의 기원이나 사물의 시초를 완벽하게 밝히지 못하고 있다. 과거에 대한 회고의 추리는 인과율(因果律, Kausalitaet: Ursache und Wirkung)의 논리 방법을 채택한다.

이 인과율의 추리 행로를 집요하게 따라가면 불가사의한 X의 사점(死點)에 당도한다. 이 X의 배후를 침투하러 무진 애를 써도 여기에는 더 뚫으려야 뚫을 수 없는 장벽이 설치되어 있다.

또 다른 한편 인간은 행동하는 존재이다. 행동하는 존재로서 인간은 움직이고 만나고 처신한다.

그런데 인간의 처신 행동이 궁극적으로 어떤 근거 위에 그리고 누구의 권위 아래 있는가?

이 물음들은 결국 논리적인 추리를 수행하는 인간 자신이 역시 불가사의한 X의 사점(死點) 앞에 서게 한다. 이 X의 궁극적 배후를 조명하는 어떤 논리적 그리고 윤리적 조명도 내가 속한 인간 세계에는 유감이나마 없다.

우주론과 윤리학의 인과율적 근거 해명을 신화적 추론과 환상을 통해 수행하다가 그 옛날 고대인(古代人)들도 역시 현대 사상가들처럼 사색과 윤리 권위의 궁극 진원에 대한 불가사의의 사점(死點) X 앞에 당도하게 된 듯하다. 그들은 항용(恒用) 철부지하고 우둔한 신화와 전설의 빽빽한 숲속에서 헤맬 수밖에 없었던 것 같다. 그들이 신화적으로 설정한 우주의 기원과 태초(太初)는 의문과 논쟁의 소지를 가소(可笑)롭게 담고 있으며 논리적으로 어불성설이다.

신화는 안타깝게도 지성인을 설복시키고 설득시킬 신빙성이 없다. 또 신화는 외견(外見)상으로 모순당착에 빠져 있는 사물과 사리(事理)의 부분상(部分像)만을 말해 주고 있을 뿐이다.

오늘날 우리와 같이 그 옛날 고대인들도 위로 하늘과 태양과 달과 별들을 쳐다보았다. 그들은 인간의 오관과 육감으로 파악할 수 없는 이 천체들이 어떻게 생겨났으며 무엇으로 구성됐는지를 알거나 설명할 도리가 없었다. 우주의 움직임을 실험과학적으로 관찰 파악할 어떤 정밀 도구인 망원경도 아직 그들에게는 없었다.

천체는 고대인들의 정밀 검사와 연구의 소재가 되기에는 피안의 보물섬이었으나 환상과 상상의 대상은 될 수 있었다. 그리고 고대인들의 일상 생활에서 늘 천재지변(天災地變), 자연재해, 인간 사회의 대격변들이 발생했다.

따라서 천체의 여러 운행 현상들은 인간의 행운과 불행, 삶의 형통과 비극에 인과율적으로 물론 당연히 연관되고 있다고 그 옛날 고대인들은 추론한 것이다. 그들은 예를 들어 하늘에 구름이 끼면 우울하고 불안해하며 이것을 흉조로 여겼을 것이고 햇볕이 나고 날이 밝으면 기뻐하고 행복해하며 이것을 상서로운 조짐으로 여겼을 것이다.

천체의 모습과 위치와 운행은 점성술의 발달과 함께 인간의 사고에 엄청난 영향을 끼쳤다. 그것을 개인과 사회의 행복과 불행, 발전과 퇴보 그리고 국가와 왕조의 존망지추(存亡之秋) 또 천재(天災)와 인재(人災)의 원인에 늘 관련하여 생각했다.

이와 같은 인간의 연상 성향은 공중의 대기권과 지구, 동물, 새, 파충류와 해저(海底) 생물에도 연관하여 생각했다. 또 이것들을 신격화하고 숭배하기에 이르렀다. 이들의 모습과 자태, 동작은 인간의 길흉과 화복, 운명과 저주에 직접적으로 관계되고 있다고 여겼다. 긍정적이고 좋은 운명(吉運)은 덧없고 오래 가지 못하며 영원을 기대하지 못하는 듯하고 오히려 부정적이고 나쁜 운명(惡運)과 저주는 오래 가고 치명적인 것 같아 애달파 했다.

그래서 전 세계는 심각한 번민과 고민 가운데 이러한 현 우주의 공통 정황인 하나님의 보이시지 않는 진노(deus absconditus, der verborgene, zornige Gott)를 두려워하고 그 앞에서 전율하고 있다.

전통적인 조직신학에서 말하는 자연계시나 일반계시는 결국 감추어 계시고 진노하신 하나님을 실상 지칭하고 있다. 옛날 사람들은 이 하나님을 생각하고 의식(意識)하기는 했겠지만 바로 찾아서 섬기지를 못하고 여러 자연 구조와 현상을 신격화하여 거대한 만신전(萬神殿, pantheon)을 가꾸었다. 신들의 이름은 지역과 언어에 따라 다르겠지만 여러 신의 자연계 구조와 현상은 서로 다른 바 없다.

예를 들어 하늘이 신격화되어 수메르어로는 안(*AN*), 아카드어(Akkadian)로는 샤무(*ŠAMŰ*), 이집트어로는 페트(*pet*), 히브리어로는 샤마임(*ŠAMAIM*), 헬라어로는 우라노스(ΟΥΡΑΝΟΣ, *ouranos*, uranos), 영어로는 '헤븐'(heaven), 중국어로는 티엔(天)이고 한국어로는 '하늘'이다. 이들이 다 나라와 언어와 족속에서마다 신격화되고 숭배를 받았다.

한국 사람들은 대체로 하나님의 진노를 하늘의 성냄과 동일시하여 말하기도 한다. 하늘은 민간 신앙에서 보편적으로 신격화되어 있는 것이다. 비가 오랫동안 오지 않아서 너무 가물게 되면 신격화된 하늘이 노해서 그런 줄 알고 기우제를 드린다.

미국에서는 많은 교회에서 땅과 하늘을 지배하시는 창조주 하나님의 자비와 긍휼을 의지하고 은혜 베푸심을 간구하며 비를 내려 주시라고 기도회를 하기도 한다. 교회가 있기 이전 옛날에는 이렇게 해서 다양한 신들로 만신전이 구성되고 여기에서는 숱한 신화와 전설이 생기게 됐다.

신화의 언어 묘사와 신들의 활동 장면은 많은 경우 인간 무대나 인간 언어가 아닌 하늘과 신들 무대에서 신들 언어로 이루어졌다고 쓰고 있으나 실상은 인간 사이에서 일어나고 있는 것들을 남신과 여신 주인공들이 대변하고 있는 것으로 꾸며져 있고 결국은 인간 생각, 상상, 환상, 의식, 갈망, 야심, 격정, 의욕이 신화의 형식 속에서 반영되고 있다 할 것이다.

자세히 살펴 숙고해 보면 신화는 인간이 꾸며낸 이야기(벧전 1:16 참조)로 인간 사회의 모습과 의지와 정서와 갈망이 소묘되고 있고 인간 독백에 불과하지 내 인간 자아를 창조하신 하나님과의 진정한 대화는 여기에 없다.

이처럼 신화에 나오는 신들의 성격과 모습이 모순되고 치졸해도 옛날 사람들은 만신전의 우상신(偶像神)들을 찬양하고 경배하기를 줄기차게 했다. 옛날 고대인들에게 만신전의 허구성을 인식시키고 그들의 다신교적 우상 숭배와 신전 문화 또 신화의 날조(捏造) 성격을 아무리 잘 신빙성 있게 설명해 주어도 설복시키기는 어려우며 설득시키기란 거의 불가능한 일이었을 것이다.

인과율적으로 더 이상 추적할 수 없는 궁극적 X로부터 인간이 소외되어 받는 고통과 오뇌(懊惱)와 번민을 달래 보고자 분명 옛날 고대인들은 만신전을 가꾸었다. 진노하여 감추어 계신 미지의 하나님(der verborgene, zornige Gott)에 한갓 대체되는 무수한 우상신들에게 그들은 제물을 바치고 거대한 신전들을 건축하여 각종 종교 의식을 거행하므로 신의 진노와 화해하여 보고자 했다. 신전 문화(神殿文化)는 고대 역사(歷史)에 있어 문화 문명의 집대성을 의미한다.

신전 문화는 그 옛날 세계에 없는 곳이 없었다. 어느 도시, 국가, 마을, 부족, 씨족에게 반드시 신전이나 제사 문화가 필수였다. 오늘날에도 다신교가 완전히 소멸하지도 않았고 신전 문화는 계속되고 있다. 학문과 과학이 발달한 사회에서는 다른 형태로 우상 숭배가 성행하고 있다. 온갖 '~주의'(主義, ~ism)들이 고대 만신전의 신(神)들을 대치시키고 있다.

그러나 아무튼 고대 만신전과 다신교의 신들은, 살아 계셔서 내 자아와 만나시고 말씀하시며 또 들어주시고 계시하시는 창조자 하나님 앞에서 부질없고 무상하며 쓸모없고 헛된 존재들에 불과했다.

만신전은 금, 은, 구리, 돌, 나무, 흙 등 우리가 눈으로 볼 수 있는 우상들을 안치하고 있었다. 하지만 실제로 우리가 보고 만질 수 있는 감각적 우상 존재는, 창조 역학의 근원이시며 우리가 보고 만질 수 없는 영원하신 하나님 앞에서 부질없고 무기력하며 허무한 존재들이다.

예수님께서 성육신하시고 성경이 우리의 지각 인식에 아주 간편히 존재하게 된 후 어느 하나님이 참 하나님이시며 능력과 권능과 위엄이 있는 창조자 하나님이신지 자명하게 밝혀졌다. 그리고 만신전의 대부분 신들은 인간의 동경과 갈망과 소망의 투영으로서 자아 모순과 부도덕과 부조리에 휩싸여 있다는 것을 아주 쉽게 깨달을 수 있다(『엔릴과 닌릴』 및 '안주새 신화' 참조).

허망한 그 옛날의 신화는 고대인들을 부질없는 소망과 애처로운 위로의 기대로 사로잡았다. 그들은 만신전의 신들을 가련한 무지와 맹목적 신봉으로 찬양하며 숭배했다. 뜨거운 기도와 간구를 드리고 엄청난 제사와 의식을 거행했으나 응답은 없고 소원 성취는 이루어지지 않았으며 안타까운 실망과 불안한 마음은 가라앉지 않았다. 한 분 유일하신 창조자 삼위일체 하나님의 성경 계시는 지난날 고대 세계의 만신전이 얼마나 허구인지를 밝혀준 것이다.

한 분 보이시지 않는 창조자 하나님에 대한 생각은 고대 세계의 문화 문명사에서 가장 놀랍고 웅장하며 장엄한 계시 혁명이었다. 이 종교 혁명은 지금도 우렁차게 그 영향력을 세계에 메아리치고 있다. 이 하나님께서는 인간에게 솔선하여 방문하시고 담화하시며 인간을 선택하시고 택한 사람들을 증식시키시며 그들과 인격적인 대화와 계약 관계를 맺으셨다. 유일무이(唯一無二)하신 이 하나님께서는 보이지 않으시지만 어마어마하게 정열적으로 질투하셔서 어떤 시각적 우상도 용납하지 않으셨다.

고대 다신교적 문화 예술은 신전들과 궁궐들에 집중하여 발달했다. 여기에는 각종 섬세하고 정교한 그림과 조각들이 즐비하게 치장되어 있었다. 궁궐들은 사실상 사람과 신들의 공동 통치 공간으로 간주됐으며 여기에서는 신들의 이름을 부르고 신들의 요구를 알리며 축복과 저주를 선언했다.

그러나 아무 조각이나 그림도 없이 한 분 보이시지 않는 창조자 하나님과 계약 관계를 맺는다는 것은 다른 고대 세계 전체의 문화 예술 관념을 완전히 도전하고 전복시키는 혁명이었음을 우리는 이제 새삼스럽게 인식하게 된다.

현재의 중근동과 드넓은 기독교 신교권 세계에서는 고대 다신교적 신전 우상 예술 문화가 괄목하게 지양되어 있다. 기독교 성경을 펼칠 때 창세기를 비롯하여 요한계시록 끝부분까지 유일신 사상(唯一神思想)이 넘쳐 흐르고 있으며 우상 문화를 지양하는 문화 예술적 혁명이 경탄할 만하게 진작되어 있다.

기독교 성경 창세기 1장은 천지(天地) 창조를 직설법으로 서술하며 세계가 우상 숭배에서 유일하신 창조자 한 분께 돌아오기를 종용하고 있다. 엘로힘(אלהים) 하나님은 유일무이하시면서 총체적 존엄성을 지니신 절대적으로 포괄적인 하나님으로서, 하늘과 땅의 각 구조를 창조하셨다고 기독교 성경 창세기 1장은 기술(記述)하고 있다.

우주 구조, 즉 하늘과 땅과 일월성신(日月星辰), 식물과 동물과 조류와 파충류와 인간은 모두 창세기 1장에 창조된 피조물로 서술되고 있으나 성경이 기록되기 전(前) 옛날 고대인들은 이들을 이 모양 저 모양으로 신격화하여 숭배했다. 그러므로 창세기 1장 전체의 내용은 독자들의 관심과 주의를 우주와 세계의 피조물 신격화 관습으로부터 직접 창조자 하나님 당신께로 돌리고 있다.

이것은 바로 창조자 하나님께로 내 자아가 돌아가라는 직설법적 촉구이다. 창세기 1:27에서는 하나님께서 사람에게 자연을 지배하라고 하셨지 자연을 신격화하여 숭배하라고 하시지 않으셨다. 다른 신들을 숭배하는 것과 피조물 신격화(die Kreaturvergoetterung)는 동일 개념으로서, 성경 전체를 통해서 일관되게 엄중히, 각별히 예언자들이 금지하고 규탄하고 있는 사항이다.

성경 역사는 기실 인간이 보이시지 않는 한 분 하나님과의 계약 관계로부터 항용 피조물 신격화인 다신교적 우상 숭배로 타락하고 또 타락하는 것을 잘 입증해 주고 있다. 성경에서는 이것이 "다른 신들을 따르는 것" (following after other gods)으로서 하나님 앞에 탈선, 반역, 배신, 간음, 음행으로 지목되고 있다. "다른 신들을 다 버리고 한 분 하나님만"의 강조 음향이 성경 전체에 울려 퍼지고 있다.

누가 이 신들 간의 전쟁에서 승리를 쟁취했는가?

세계 역사와 내 자아 전체를 영도(領導)할 몫은 이 싸움의 승리자 것이다. "다른 신들을 다 버리고 한 분 하나님만"의 강조 음향이 기독교 구약성경의 특징이듯이 '다른 주(主)들과 인도자들을 다 버리고 오직 한 분 구세주만'의 진실이 신약성경의 핵심을 이루고 있고 편만해 있다(행 4:12; 17:22-31; 특히 고전 8:5-6).

> ⁵ καὶ γὰρ εἴπερ εἰσὶν λεγόμενοι θεοὶ, εἴτε ἐν οὐρανῷ εἴτε ἐπὶ γῆς, ὥσπερ εἰσὶν θεοὶ πολλοὶ, καὶ κύριοι πολλοί,
>
> ⁶ [ἀλλ'] ἡμῖν εἷς Θεὸς ὁ πατήρ, ἐξ οὗ τὰ πάντα, καὶ ἡμεῖς εἰς αὐτόν; καὶ εἷς Κύριος Ἰησοῦς Χριστός, δι' οὗ τὰ πάντα, καὶ ἡμεῖς δι' αὐτοῦ.

> ⁵ For even if there are so-called gods, whether in heaven or on earth as indeed there are many "gods" and many "lords,"
>
> ⁶ yet for us there is but one God, the Father, from whom all things came and for whom we live; and there is but one Lord, Jesus Christ, through whom all

things came and through whom we live.

⁵ 비록 하늘에나 땅에나 신이라 불리는 자가 있어 많은 신과 많은 주가 있으나
⁶ 그러나 우리에게는 한 하나님 곧 아버지가 계시니 만물이 그에게서 났고 우리도 그를 위하여 있고 또한 한 주 예수 그리스도께서 계시니 만물이 그로 말미암고 우리도 그로 말미암아 있느니라(고전 8:5-6).

현대에 접어들어 온갖 '~주의'(主義, ~ism)들이 현란하게 인간의 정신세계를 지배하고 있지만, 그것들은 바로 고대 만신전의 신들에 비유되는 다신교적 우상들이며 참다운 내 영혼의 인도자와 구원자는 오직 한 분 성육신하신 예수 그리스도시다. 그 이유를 우리는 알 때, 기뻐하며 감사하게 된다.

제6장

고대 근동의 만신전과 성경

고대 근동에 대한 지역 개념 설정은 물론 오늘날과 마찬가지로 유럽의 시각적 위치에서 이루어진 것이다. 그리스의 사가(史家) 헤로도토스의 근동 역사 기술은 알렉산더 대제의 아시아 정복과 함께 헬레니즘이 국제화하면서 근동의 지역 명명(命名)에 큰 역할을 한 것 같다.

그리스에서 가까운 오늘의 터키(Turkey)를 희랍인들은 아나톨리아(Anatolia, 동쪽)라는 희랍 명칭으로 불렀다. 옛날 유럽의 시각적 위치가 아닌 희랍의 시각적 위치에서 가까운 동쪽인 고대 근동은 이렇게 해서 터키 아나톨리아로부터 시작하여 페니키아(Phenicia) 가나안(Canaan)과 시리아(Syria), 팔레스타인(Palestine), 메소포타미아(Mesopotamia) 이라크(Iraq), 페르시아(Persia) 이란(Iran), 아라비아반도(Arabian Peninsula), 이집트(Egypt), 에티오피아(Ethiopia) 등을 포괄한다고 볼 수 있다.

이스라엘은 모세의 출애굽과 함께 페니키아 가나안을 차지하고 있었으나 북방 이스라엘은 B.C. 722년경 아시리아에 의해, 그리고 남방 유다는 B.C. 586년경 바빌로니아에 의해 패망했다. 고대 근동은 성경사적(聖經史的)으로 볼 때 바로 성경의 땅이라고 말할 수도 있다. 아브라함과 그 믿음의 자손은 모두 고대 메소포타미아로부터 이집트에 걸쳐 모든 지역에서 다양한 역사 경험을 했기 때문이다.

그러나 근동사(近東史)와 세계사의 견지에서 국부적인 나라나 영토는 전혀 중요하지 않고 오로지 유일하신 창조자 하나님, 그 독생자이시며 성육신하신 성자(聖子) 예수 그리스도, 믿는 성도 개인의 삶을 살피시는 성령, 그 기록된 성경 때문에 고대 근동은 '예수님께서 내 영혼과 함께 하시는 신학'(Metatheology)에 막중한 의미를 띠고 중추적인 배경이 된다.

우리의 영원하신 구세주 예수 그리스도께서 바로 고대 근동 베들레헴의 마구간에 태어나셔서 내 자아의 영원히 씻지 못할 죄를 용서하시기 십자가에 달리시고 부활하셨으며 승천하시고 지금도 성령을 통해 함께 하시니 세계사의 일대 전환이 이렇게 하여 성취됐고 또 성취되고 있다. 이 사실을 우리는 고대 근동의 역사와 언어와 문헌을 살피며 확인한다.

세계사는 선사(先史, prehistory)와 역사(歷史, history)로 구분하는데, 전자(前者)는 문자 발명 이전의 시기이고, 후자는 문자 발명으로 인간의 생각과 뜻이 문헌으로 보존될 수 있는 기록 전수의 시대를 말한다. 통상 과학자들과 지질학자들은 지구 세계의 발생 연대를 수십억 년으로 추정하지만 그것은 역사학적 관점에서 볼 때 선사 시대의 것으로 추정하는 것이고, 실제 문자 발명과 그 기록 전수 및 보존의 문헌적 증거로 볼 때 세계사는 실제로 1만 년을 상회하지 않고 6,000년 정도로 보아도 전혀 무리가 없다.

B.C. 4,000년 무렵 고대 메소포타미아의 수메르(Sumer)에서 쐐기꼴(楔形, cuneiform and wedge-shaped) 문자를 발명하여 인간의 의사(意思)를 전달할 수 있게 된 것이 문자 발명의 효시라 할 수 있다.

이 문자는 수메르뿐만 아니라 메소포타미아 아카드(Akkad: 지금의 이라크)의 바빌로니아(Babylonia)와 아시리아(Assyria)(아카드어는 바빌로니아어와 아시리아어로 분류)를 포함하여 엘람어(Elamite, 지금의 이라크에서 그 옛날 쓰던 언어),

터키 아나톨리아의 그 옛날 히타이트어(Hittite), 고대 시리아의 에블라(Ebla)에서 쓰던 에블라어(Eblaite), 호리족(the Horites)이 쓰던 허리안어(Hurrian) 등 수많은 인근 각지의 고대 근동 민족 국가들이 수메르의 설형(楔形) 쐐기꼴 문자를 빌렸다.

고고학적으로 발굴된 델-엘-아마르나 외교 서신(Tel-el-Amara Correspondence)을 볼 때 B.C. 1,500-1,200년 기간에는 이 쐐기꼴 문자의 아카드어(Akkadian)가 고대 근동의 외교 판도에서 국제공용어(lingua franca)적인 성격을 띠고 있음을 확인할 수 있다.

B.C. 800여 년경 이후 헬레니즘 시대에 이르기까지 수 세기 동안 아람어(Aramaic)가 고대 근동의 외교 판도에서 국제공용어적인 성격을 띠었고, 지역에 따라서는 지금까지도 시리아의 조그만 마을에서는 쓰고 있으며 기독교 시리아 정교(正敎)의 예배 의식에서 아람어의 일종인 시리아어(Syriac)가 현재의 근동(특히 이라크 북부)와 인도의 부분 지역 교회들에서 쓰이고 있다.

이집트에서는 메소포타미아의 설형 쐐기꼴 문자의 발명에 즈음하여 그림꼴로 된 상형 문자(象形文字, Hieroglyph)를 발명하여 썼다. 터키 아나톨리아의 그 옛날 히타이트어 문헌에는 설형 문자 기록뿐 아니라 상형 문자의 기록도 나타난다. 이집트 상형 문자는 시대를 거치며 변형이 있긴 했으나 헬레니즘 시대까지 계속하여 썼다.

그 이후에는 그리스의 간결한 헬라어 알파벳을 차용하고 몇 가지 글자를 추가하여 콥트어(Coptic) 문자를 사용했으며 기독교 콥트어 문헌은 상당수 발견되어 해독되고 있다.

메소포타미아와 이집트의 문자들은 수가 많고 복잡하여 전문 엘리트 서기관들 이외에는 다루지 못했다. 그래서 이 소수의 서기관 계급들이 특권층이었고 그들이 문화 활동의 중추 임무를 수행하여 서민과 평민은 문맹을 벗어나지 못했으며 문화 특권층의 압제와 착취를 극복할 길이 없었다.

이러는 사이 시리아, 가나안, 팔레스타인에서는 유일신 숭배에 보조를 맞추어 셈족어 알파벳 문자의 혁명을 성취했다. 고대 근동의 이 두 가지 유산 곧 유일신 종교와 알파벳은 21세기 현재에도 전 세계를 압도적으로 석권하고 있다. 이 전제하에 고대 근동의 만신전(萬神殿, pantheon) 문화 문명을 살펴보기로 한다.

고대 메소포타미아의 만신전에서는 아누(Anu) 신이 우두머리였지만 실제 신(神)들 세계의 행정 관리에는 관여하지 않았다. 그는 최고 신으로서 존경과 우대를 받기는 했지만, 오히려 공중과 대기의 신인 엔릴 신이 만신전의 조직, 운영, 관리의 총책이었다. 그런데 이 신들의 총수 격인 막강한 엔릴 신이 자가당착(自家撞着)과 모순과 추행과 약점을 보이고 있다.

함무라비 법전의 서장(序章) 전문(前文)에 엔릴 신은 아누 신 다음 가는 높은 위상을 가졌고, 나라의 운명결정자로 일컬어지고 있다. 지금의 시리아 텔-마르디흐에서 발굴된 어휘 사전류의 한 문헌을 보면 엔릴을 '일리루'(I-li-lu)로 표기하고 있다. '엘릴'(e-lil)이 '일리루'로 음성의 동화 작용을 이룬 것이다.

이 '일리루'는 발음상 히브리어(Hebrew) '엘릴'과 똑같은데 흥미롭게도 후자의 뜻이다. 아무것도 아닌 것(nothing), 헛된/부질없는(in vain), 우상(idol)인 것을 보면서 기독교 구약성경의 유일신론적 신관의 단면을 간파할 수 있다.

어떻게 기독교 구약성경의 히브리어 저자가 '엔릴'/'일리루' > '엘릴'과 같은 조소(嘲笑)적인 의미추락(意味墜落)의 경탄스러운 착상을 하게 됐을까?

물론 이 물음에 대해 시원한 답을 제공하는 통시적(通時的) 문헌 정보는 아직 없다. 의미 변천의 이 독특한 측면에 대해 아무도 언어 역사적 시도를 감행하지 못하고 있다. 다만 한 가지 가능한 추론이 있다면 기독교 구약성경의 히브리어 저자들은 보이시지는 않지만, 엄연히 살아 계시며 우주를 지배하시는 한 분 창조자 하나님과 늘 끊임없는 관계를 맺고 '다른 부질없는 신들을 따르지 않았기' 때문이라고 말할 수 있을 것이다.

기독교 히브리어 구약성경 저자의 이 신앙적이고 예언자적인 자세와 삶은 바로 성령의 내재하심과 영감이라고 볼 수 있고 이것이 바로 '엔릴'/'일리루'로부터 '엘릴'의 음성동화와 무상(無常)한 우상신(偶像神)의 의미추락을 이룩한 계기였다고 할 수 있을 것이다.

문헌상의 이러한 의미 변천 현상은 반드시 문학을 추구하는 학도와 작가의 오랜 문예 수련으로만 꼭 이루어지지 않고, 오히려 영감의 주체이신 하나님과의 교제에서 창조적인 기적으로 이루어진다고 말할 수 있다. 마음과 정신의 심장형태론적 토양 위에 전적으로 새로운 세계관이 자리 잡는 것이다. 고린도전서 2:9-10에서 사도 바울은 성령 안에서의 새로운 시각과 형안(炯眼)과 통찰력을 말하고 있다.

> ^{9} ἀλλὰ καθὼς γέγραπται, "Ἃ ὀφθαλμὸς οὐκ εἶδεν καὶ οὖς οὐκ ἤκουσεν καὶ ἐπὶ καρδίαν ἀνθρώπου οὐκ ἀνέβη, ὅσα ἡτοίμασεν ὁ Θεὸς τοῖς ἀγαπῶσιν αὐτόν.
>
> ^{10} ἡμῖν γὰρ ἀπεκάλυψεν ὁ Θεὸς διὰ τοῦ πνεύματος τὸ γὰρ πνεῦμα πάντα ἐραυνᾷ καὶ τὰ βάθη τοῦ Θεοῦ.

⁹ However, as it is written: "No eye has seen, no ear has heard, no mind has conceived what God has prepared for those who love him" —

¹⁰ but God has revealed it to us by his Spirit. The Spirit searches all things, even the deep things of God.

⁹ 기록된 바 하나님이 자기를 사랑하는 자들을 위하여 예비하신 모든 것은 눈으로 보지 못하고 귀로 듣지 못하고 사람의 마음으로 생각하지도 못하였다 함과 같으니라

¹⁰ 오직 하나님이 성령으로 이것을 우리에게 보이셨으니 성령은 모든 것 곧 하나님의 깊은 것까지도 통달하시느니라(고전 2:9-10).

신전(神戰, *theomachia*, warfare of gods)에서 다른 신들을 이겼다는 확신은 만유의 창조자 하나님께서 유리한 고지를 점령하셨다는 보장이 된다. 즉 귀머거리이고 벙어리이고 표정도 없고 침묵하는 석상의 신들과 자연신들, 그들은 한갓 인간의 소욕과 욕망과 운명의 강박관념으로 투영된 죽음의 영상들에 불과하다.

고대 메소포타미아의 만신전에서 고대 바빌로니아 제국(B.C. 1894-1712)의 수립과 함께 하나의 새로운 경향이 나타나고 있다. 마르둑(Marduk) 신은 원래 이름도 잘 알려 있지 않은 보잘것없는 처지에 있던 신이었으나 함무라비 대왕의 등극과 함께 최고의 위치에까지 격상되어 만신전의 다른 많은 지배신들이 지닌 위상과 품격과 자격을 스스로 용해하여 흡수한다.

이러한 새 종교 현상을 용해흡수신학(die Verschmelzungstheologie)이라 한다. 바빌로니아의 창조신화『에누마 엘리쉬』(*Enuma Elis*)에서 마르둑은 운명의 침실에서 태어난 신전(神戰)의 투사로 등장하여 적대적인 모든 신들(티아맡

과 킹구, Tiamat and Kingu)을 정복하고 제압하며 만신전의 최고 지위로 추대되며 원로신들의 추앙과 찬사를 받는다. 원로신들은 마르둑에게 칭호 50개를 부여한다. 메소포타미아의 아카디아어 설형 문자 문헌에서 숫자 50은 전체와 전부를 의미한다.

이것은 아마도 상징적으로 마르둑이 만신전의 주요(主要) 위치를 점유하고 있는 신들 50명이나 아니면 모든 신들의 기능 역할을 모두 스스로 차지한다는 선포라 할 수 있을 것이다. 이것은 종교사에서 단일신론(單一神論, henotheism)이나 단일신교적 경향(a henotheistic tendency)이지 않을까 한다.

마르둑은 바빌로니아에서 주신(主神)으로 숭배됐지만 동시에 고대 메소포타미아 역사에서 마르둑 이외의 다른 신들을 숭배하는 종교 행사는 결코 중단된 적이 없었다. 이처럼 신들이 공존하면서 사람들의 숭배를 받는 일은 성경 발생 지역 외에 메소포타미아와 기타 근동 지역뿐만이 아니라 다른 오대양(五大洋) 육대주(六大洲)에서도 마찬가지이다. 바빌로니아를 보호하거나 건지지도 못하고 자신도 비굴하게 포획되어 파멸의 운명에 처하게 됐다.

마르둑은 신들의 싸움(神戰)에서 패배하고, 아시리아의 우두머리 수호신 앗스르(Assur)는 또 다른 한편 신들의 각축전(角逐戰)인 투쟁 대결에서도 반영되고 있다. 고대 근동의 판도에 바빌로니아나 아시리아, 헷 왕국, 페르시아, 이집트와 같은 대제국들이 수립되기 전(前) 여기에서는 수많은 군소(群小) 국가들이 있었고 이 국가마다 수호신과 다른 숭배의 신들을 숭배했다. 이 신들의 수는 문헌상으로 수백, 수천이나 고증되어 나타난다(헷 국가와 이집트 간의 조약 등 참조).

메소포타미아에는 거대한 만신전이 있었고 마르둑이 바빌로니아의 우두머리 수호신이 됐다는 이야기는 창조신화 『에누마 엘리쉬』에 잘 서술되어 있다. 마르둑은 강대한 바빌로니아의 출현을 상징하는 듯 적대적인 신들 모두를 정복하고 괴멸시켰으며 만신전을 통치하던 대(大)원로신들의 빼어난 품위와 자격을 독차지하게 됐다.

세월이 지나는 사이 북쪽 중세 아시리아가 신흥 세력으로 부상하면서 동시에 남쪽 중세 바빌로니아는 약화됐다. 중세 아시리아의 강력한 투쿨티닌 우르타 대왕 1세(Tukulti-Ninurta I, B.C. 1243-1207)는 중세 바빌로니아를 정복하고 후자의 왕 카쉬틸리아쉬 4세(Kaštiliaš IV)를 생포(生捕)하여 아시리아로 데리고 왔다.

이때 투쿨티닌 우르타 대왕 1세는 바빌로니아의 왕 카쉬틸리아쉬를 아시리아의 니느웨로 데리고 오면서 바빌로니아의 주신(主神) 마르둑의 석상도 포획하여 왔다. 마르둑 신은 포로가 된 셈이다. 마르둑 신은 바빌로니아의 수호신으로서 아시리아 왕 투쿨티닌우르타의 공격으로부터 나라를 방어하거나 보호하지도 못했다.

마르둑의 시대는 가고 이제 앗스르 신의 시대가 왔다. 물론 후자도 우리 보기에 보잘것없는 석상에 불과하다. 나라와 제국의 흥망성쇠(興亡盛衰)가 자기 수호신들의 힘이 강하고 약한 것과 병행한다는 사관(史觀)이 고대 근동에서 지배적이었다는 사실은 다시금 우리가 추구하고 있는 신전(神戰)의 타당한 논거가 된다.

그렇다면 어떤 신이 참 하나님이며 세계사의 우여곡절(迂餘曲折)을 막후에서 통치하고 또 세계사의 종지부를 찍을 것인가?

그러나 막강한 고대 제국들의 수호신들은 한갓 석상들로서 모두가 예외 없이 과거사의 모래밭 밑에 매장됐으며 고작 발굴되어야 세계 몇 곳 박물관에 말없는 벙어리 품목으로 전시될 뿐이다. 지금 그 앞에서 경외심이나 경건 내지 숭배감을 갖는 사람은 아무도 없다.

성경에 야웨 하나님의 언약궤(言約櫃, the Ark of the Covenant)가 블레셋 군대에 의해 포획됐다는 이야기가 있다(삼상 4-6장). 그것은 어떤 신의 조각, 즉 석상이나 목상이 아니고 단순히 한 상자로서 그 안에는 야웨 하나님과 당신 백성이 맺은 계약 곧 십계명(the Decalogue)이 새겨 보관되던 것이었다. 그런데 당시 블레셋 사람들이 숭배하던 신들과 그들이 수행한 여러 가지 종교적 의식(儀式)으로는 이 야웨 하나님의 언약궤를 가짐으로 인해서 내리는 재앙을 막을 수도, 피할 수도 없었다.

결국, 블레셋 사람들은 이 언약궤를 본래의 장소로 돌려보내기로 한다. 이 언약궤의 귀환과 함께 유일하신 창조자 하나님의 승리가 고대 근동에서 치러지던 신들의 싸움인 신전(神戰)에서 선포된 것이라 할 수 있다.

이것은 이 하나님의 민족이 승리한 것이 아니라, 그들은 불순종하고 배신하고 역겨운 짓을 했지만, 야웨 하나님만큼은 참 창조자 하나님이시며 세계와 인간 통치자시라는 것을 방증한 것이다. 부가적인 이야기에서 언약궤의 귀환을 기뻐하던 자들이 경거망동하다가 하나님의 벌을 받은 일들을 보면서 이것을 깨닫게 된다(삼상 6:19 참조).

신들의 싸움(神戰) 이야기로 아주 극적인 장면을 연상시키는 것은 성경의 열왕기상 18장에서 읽을 수 있다. 야웨 하나님과 바알 신과의 결투라 볼 수 있다. 바알은 폭풍과 구름과 비(雨)의 신으로 농경 시대 가나안 사람들이 지존한 숭배 대상으로 섬겼다. 야웨의 대변 선지자로는 엘리야가 단독으로 나섰고 도합 850명의 바알 선지자들이 이스라엘의 옹호자인 양 의기양양하게 전자를 압도하는 듯했다.

비를 기다리는 땅에 바알은 850명의 자기 선지자들이 정성껏 드리는 제물과 애절하게 간구하는 기도에 아랑곳없이, 비를 내려 주기는커녕 그저 벙어리 우상으로 표정도 동작도 없었다. 반면에 야웨 하나님께서는 불로 장엄하게 응답하시고 비가 내리게 하셨다.

한 분 창조자 하나님께서는 물론 이스라엘에만 국한되신 하나님이 아니다. 성경의 하나님께서는 이스라엘의 흥망성쇠와 함께 사라지신 분이 아니다. 보이지 않으시는 한 분 창조자 하나님께서는 역사 위에 그리고 역사를 넘어서 기독교, 이슬람교, 유대교를 낳게 하셨다. 이 한 분 유일하신 하나님을 우상으로 여겨 그 우상 내지 유물전시를 위해 어떤 박물관도 건립된 바 없다.

기독교와 이슬람교의 유일신 사상은 성경의 한 분, 보이지 않으시나 살아 계시는 창조자 하나님 신앙과 경외에서 유래했다고 볼 수 있다. 무슬림들은 아브라함의 아들 이스마엘의 후손이라 말하고 있다.

또 기독교와 유대교가 왜 서로 분리됐는지는 우리 구세주 하나님 예수 그리스도에 대한 심장형태론적(cardiomorphological) 태도와 자세에 기인하고 있다. 한 분 하나님께서는 성경과 전통에 국한되신 분이 아니다. 성령(*Spiritus Sanctus*)께서 지금 이 자리에(*hic et nunc*) 그리고 내 안에 계셔서 내 마음의 행태를 검토, 검열, 평가, 확인, 판단, 인도하신다. 예수님께서 함께 하시는 학(Metatheology)은 심장형태론(cardiomor-phology)과 병행한다.

세계사에서 우리는 다신론 우상 숭배와 관련하여 또 하나의 중요한 신격화 문제를 간과하지 않을 수 없다. 예나 지금이나 인간 영웅 숭배가 불식되지 않고 있다. 고대 세계 문학에서 영웅 무용담이 나타나지 않는 곳이 없다. 소위 반신반인(半神半人)의 명장들이 싸움터에서 놀라운 용맹을 떨쳤거나 국가 존망지추(存亡之秋)에 나라와 백성들을 구출한 이야기들은 세대와 세기를 거치는 동안 끊임 없이 인구(人口)에 회자되고 있다.

반면에 이러한 인간 영웅의 신격화는 세계사를 전쟁과 피와 비극으로 물들게 했다. 오늘날도 지구촌 어디에서는 독재자의 신격화 까닭에 피의 비극은 사라지지 않고 있다. 또 한편 보다 지능적이고 악랄한 인간 이성과 지성의 영웅주의가 발호하여 하나님을 대적하고 지구촌과 생명체에 간교한 해독을 끼치며 인류 자멸을 위협한다.

사람을 그대로 내버려 두면 인간은 자기 술수에 넘어가 파멸로 치닫게 된다. 이것을 제어하시는 하나님께서 아직도 자비를 베푸시고 계시다는 엄연한 사실 앞에 우리는 숙연히 고개 숙이지 않으면 안 된다.

고대 세계의 모든 문명이 그러하듯이 메소포타미아는 지구촌에서 제일 오래된 문명으로서 신들을 많이 섬기며 이룩된 문명이었다. 서쪽으로 유프라테스강과 동쪽으로 티그리스강을 끼고 많은 도시 국가 문명이 발생했고 도시는 수호신과 만신전과 신전(神殿) 중심으로 발전하며 확장했고 또 도시 국가들끼리 알력으로 싸우면서 쇠퇴하기도 했다. 메소포타미아는 세계에서 가장 오래된 문명으로 만신전의 여러 신들이 군웅활거(群雄割據)하며 도시 국가들을 이루었고 이것은 후에 서구 문명의 요람인 그리스와 헬레니즘의 문화 패턴이 됐다.

성경 역사가 바로 이 메소포타미아를 비롯하여 이집트와 역사 평행을 이루면서 유일신 야웨 하나님과 우리의 유일무이(唯一無二)하시면서 영원하신 성자 구세주 예수 그리스도의 세계 완성이 성령의 동행 사역과 함께 이루어졌다는 사실은 길이길이 영원무궁토록 기념해야 할 일이다.

수장(首長)되는 신은 수메르의 안(An) 그리고 아카드어로는 아누(Anu) 신이며 하늘신(天神)이다. 이 하늘신 안은 고대 메소포타미아의 남 쪽 수메르의 도시 국가 우룩(성경에서 에렉, 창 10:10)의 수호신이며 그 신전 이름은 에안나(Eanna, 하늘 또는 안[An] 신의 집을 뜻함)이다. 안(An/Anu) 신은 수메르의 만신전에서 하늘이 가장 높은 것같이 최고(最高)의 신이지만 실권은 없고 신들의 통치나 관리 업무에 관여하지 않았다.

만신전의 체제는 흡사 세계사의 단면을 드러내듯 오늘날 영국, 스페인, 일본의 국왕처럼 최고의 위상을 지녔으나 행정에 관여하지 않고 실권이 없는 상징적 존재처럼 수메르의 안 신도 그러한 위치에 있었던 듯하다. 그리고 이러한 국가 정치 체제에서는 국무총리(國務總理) 또는 수상(首相)이 실권을 장악하고 모든 일을 관장한다.

따라서 수메르에서는 안 신보다도 오히려 엔릴 신이 최고의 실권자로 등장하고 메소포타미아 만신전 내각(內閣)의 총리대신격이었다. 그러나 물론 두 신들이 모두 말 못 하는 벙어리 우상들에 불과했다. 고대 신화와 만신전은 기실(其實) 지상 세계의 인간 사회를 투영시켜 하늘과 신들 세계를 조작한 것이라 할 수 있을 것이다.

엔릴 신은 메소포타미아 수메르의 도시 국가 역사에서 아주 유력하고 영향력 있는 신으로서 닙푸르(Nippur: 'dEn-Lilki'라 쓰고 'dNibru'로 읽음) 도시 국가의 수호신이었다. 이 닙푸르(Nippur)는 고대 수메르에서 가장 큰 도시 국가로서 키쉬(Kish) 지역과 슈룹팍(Shuruppak) 사이 중간쯤 되는 곳에 위치했다. 닙푸르는 때로 두르안키(DUR.AN.KI)라고도 했는데 그 뜻은 하늘과 땅을 매는 끈이다.

미국의 펜실베이니아대학교와 시카고대학교의 근동학연구소(the Oriental Institute) 주관으로 이곳에서 몇 차례의 고고학 발굴 작업을 시행했다. 그 결과로 수많은 점토판 문헌들이 닙푸르에서 발견됐고 문학적 성격의 작품들이 있어서 학문과 문화 목적을 위하여 해독되어 출판되기에 이르렀다. 그 이후 또 고고학 발굴에서 아람어 문서들도 출토됐다. 닙푸르는 엔릴 신과 이난나(Inanna) 여신의 신전 소재지로서 중요할 뿐만 아니라 고대 메소포타미아의 고고학, 역사, 문학, 종교 연구를 위해 막대한 중요성을 띠고 있는 것으로 여겨진다.

엔릴은 수메르 만신전의 최고 신이고 닙푸르의 수호신으로서 공중, 공기, 바람(風)을 관장했다고 한다. 따라서 이 엔릴 신이 "불순종하는 자들의 속에서 역사하는 영(靈)인 공중의 권세 잡은 자"로 여겨지기도 한다(엡 2:2). 성경의 어원을 연구하는 경우 이와 같이 고대 근동의 문헌과 그 어휘를 참고하는 것도 의의가 있는 것 같다.

사도 바울이 태어나 성장했던 다소(Tarsus)는 오늘날에는 터키이며 당시 동서문물의 교차 지역으로 분명 가까운 메소포타미아 언어 문명의 영향을 파다하게 받았을 것이다. 메소포타미아 수메르의 엔릴 신이 이곳까지도 지배적인 '공중의 권세 잡은 악령'이었다는 추론은 수메르의 문화적 파급을 바로 말해 주는 것 같기도 하다.

성경의 언어권에서는 위대하신 창조자 한 분을 모시고 받드는 믿음과 용기를 가지고 엔릴 신의 추태와 저열함을 숙지하여 이 신을 볼품없고 가치없고 부질없는 우상으로 격하해서 고증하고 있는 듯하다. 엔릴 신에 대한 언어적 격하 현상을 추론할 수 있는 문헌이 있다. 『엔릴과 닌릴』(*Enlil and Ninlil*)이라는 수메르어 신화가 해독되어 출판됐다.

그 신화 이야기의 내용은 어느 무더운 날 수메르 만신전 내각의 총리대신격인 엔릴 신이 강에서 수영하고 있는 여신 닌릴을 수영하며 겁탈한 사건을 다루고 있다. 겁탈 후 이 권력과 세도가 있는 엔릴 신은 여신 닌릴과 함께 현장에서 체포된다. 수메르 만신전의 법질서 심의를 위한 키우르(Kiur)라는 법정이 있다. 이 법정에서 운명을 결정하는 일곱 신들과 50명의 신들이 만장일치(滿場一致)로 가결하여 엔릴 신과 여신 닌릴을 성문란(性紊亂) 죄로 심판을 언도하여 닙푸르 도성(都城)으로부터 추방한다.

여신 닌릴은 임신하여 아들을 낳게 되고 그 아들은 달(月)의 신 난나(Nanna)인데, 수메르 신화에서는 우리의 기대와는 달리 달의 신(月神)이 여성이 아니고 남성이며 우르(Ur, 창 11:28, 31)의 수호신이다. 그런데 엔릴과 닌릴 두 신은 변장하여 도성으로부터 도성으로 옮겨 다니면서 문란한 성(性)행위를 거듭하고 닌릴 신은 거듭, 거듭 임신하고 출산하여 신들의 수가 늘어나 마침내 두 신들은 왕성한 종족 번식과 풍요다산(豊饒多産)에 공헌했다 하여 칭송을 받는다. 부도덕과 성문란이 자녀 생산에 기여했다 하여 찬양을 받고 있는 것은 괴기한 일이다.

여기에 자아모순과 자가당착이 내재하고 있는 것 같다. 인간의 죄악 현실을 일러 준다고 볼 수 있다. 구약성경의 다말 이야기(창 38장)는 구속사(救贖史, Heilsgeschichte: Salvation History)적 차원에서 음미해 볼 수 있는 사안이다.

권력과 세도가 강한 엔릴 신이 여신 닌릴과 같이 키우르라는 법정에서 두 부류의 운명결정 신들이 내린 법정 선고를 받고 이 탄핵 결정에 따르고 있는 것은 또 한편 아주 흥미로운 측면을 지니고 있다. 운명을 결정하는 한 부류의 일곱 신들과 또 한 부류의 50명 신들은 흡사 하원 상원의 양원제 국회를 연상시키며 입법과 사법권을 다 장악하고 있는 것처럼 보이기도 한다.

또 다른 수메르어 안주새(일명 천둥새) 신화는 권력과 세도가 강한 엔릴 신이 얼마나 창피스럽게 안주새로부터 모반과 배신과 절도를 당하게 되는지를 잘 일러 주고 있다. 어느 무더운 날 엔릴 신은 안주새를 동반하고 한 호수에 가서 수영하게 된다. 호수에 들어가기 전 엔릴 신은 안주새에게 엄히 명령하기를 자기의 머리에 쓰는 관(冠)과 의상예복(衣裳禮服)과 운명결정 서판을 내려놓고 수영하러 들어가니 이것들을 철저하게 지키고 있으라고 분부한다.

엔릴 신이 한창 수영하고 있을 때 안주새의 마음속에 권력과 세도가 강한 엔릴 신의 이 보배로운 총리대신 소유물을 훔쳐 저 멀리 깊은 산 속으로 날아가 버리고 싶은 욕심이 불현듯 일어나 그렇게 일을 저지르고 만다. 엔릴 신이 수영하고 호수가에 와 보니 안주새와 그에게 맡긴 귀중품은 온데 간데없이 사라졌다.

엔릴 신은 수메르 만신전 내각의 총리로서 비상사태를 선포하고 비상회의를 소집한다. 안주새를 포획하고 도난당한 귀중 필수품을 찾아올 신을 지명하자고 의견을 모은다. 자원하는 신이 언뜻 나타나지 않는다. 회의에 참석한 신들 모두 전원(全員) 포상을 약속하며 닌우르타(Ninurta) 신의 지명에 찬성 동의 한다. 용맹한 닌우르타 신은 봉황(鳳凰)새처럼 신비스럽고 날쌘 안주새와 몇 차례 겨루어 엎드리기도 했으나 결국 후자를 눕히고 도난당한 엔릴 신의 귀중품을 탈취하여 귀환한다.

여기에서 수메르어 안주새 신화 토판(土板) 원본은 일그러져 운명결정 서판의 행방은 알려지지 않고 묘연하다. 한 가지 추측해 볼 수 있는 것은 일그러진 토판 원본의 내용이 바빌로니아의 창세 신화『에누마 엘리쉬』제4장에서 마르둑 신이 킹구(Kingu)로부터 재탈취했다고 하는 운명결정 서판과 혹시나 부합하지 않을까 미루어 볼 수 있음직도 하다.

하지만 우리의 관심은 수메르 만신전 내각의 총리 엔릴 신은 허물 많은 사람처럼 격정과 욕정에 사로잡혀 죄를 짓고 치욕의 실수를 자행한다는 데 있다. 이러한 신은 내 자아와 영혼을 요람으로부터 무덤과 영원까지 함께 할 역량도 없고 자격도 없다. 내 영혼과 함께 할 우리 신학의 자리에 엔릴 신은 단호히 적합하지 않다고 감히 선포할 수 있다.

이와 같은 수메르 신화의 관찰로부터 성경 저자들이 엔릴 신에 대한 언어적 격하 행동을 감행한 연유를 충분히 이해할 수 있을 것 같다. '엔릴'은 비음(鼻音, 코에서 나는 소리)의 동화 작용으로 '엘릴'로 발음되며 좀 더 빨리 발음하면 '에릴'로도 편의상 소리 날 수 있다. 우리는 구약성경 히브리어 단어에 '엘릴'(*elil*, אליל)이 있는 것을 볼 수 있다. 이 히브리어 단어는 메소포타미아 수메르의 만신전 내각 총리 엔릴 신의 이름과 똑같이 발음된다. 그러나 이 히브리어 '에릴'(*'lil*)의 뜻은 다음과 같다.

① 무(無, 아무 것도 아닌 것, nothing).
② '헛되게,' '부질없게.'
③ 우상.

이러한 것은 구약성경에 약 20차례 고증되고 있다.

사도 바울과 구약 선지자들은 야웨 하나님 이외 다른 신들의 숭배를 단호하고 엄격하게 금지하면서 그것들은 생명이 없고 죽었으며 금과 은, 구리, 돌, 나무, 흙으로 만든 조각과 우상들(사 40:19-20; 44:9-20; 행 17:29)에 불과한 것들이라고 밝히 지적했다. 선지자들이 경배하기를 금지시킨 '다른 신들' 속에는 물론 히브리어 '에릴'(*'lil*)의 뜻이 있다. 이런 신들에는 메소포타미아 수메르의 만신전 내각 총리 엔릴도 포함됐을 것이다.

벤노 란스버거(Benno Landsberger, 수메르 학문과 아카드 학문 학자)는 고대 근동의 신들 이해에 크나큰 실수와 몰이해를 보인 것이다. 그는 성경의 보이지 않으시는 한 분 창조자 하나님을 격하하고 말 못 하는 우상에 불과한 메소포타미아의 신들을 격상시키느라고 신전(神戰)의 요체를 몰이해한 백치의 어리석음을 보였다.

현재의 무슬림들도 벤노 란스버거와 전혀 다른 견해를 피력한다. 모든 형태와 종류의 다신교와 우상 숭배를 조롱하고 배격한다. 란스버거가 1925

년 라이프치히대학교 정교수로 부임할 당시 취임강연(Antrittsvorlesung)에서 구약성경에 나타나는 "히브리인들의 하나님은 언제나 기계적으로 간여하는 반면 메소포타미아의 신들은 질서 개념 아래서 지배했다"("Die Eigenbegrifflichkeit der babylonischen Welt," 15 이하)고 설파하여 이후 메소포타미아 학문은 신학교의 테두리를 벗어나 인문학의 분야에 입성했다.

현상학적 방법론에 입각하여 학문 전개를 시도했으나 결과는 성범죄의 낙인을 맞고 추방당하여 모순당착적인 행태를 보이는 엔릴 신을 살펴볼 때 란스버거의 학문론과 종교론은 백치의 어리석음(愚)을 벗어나지 못하고 있다.

더군다나 숱하게 많은 메소포타미아 기록 자료와 고고학 유물에서 학문 사상의 "명제를 발견할 수 없다"(satzlos)는 실토는 그 암매(暗昧)함과 천박성이 연민을 자아내게 한다.

우리 신학에서, 앞으로 다루겠지만, 운명론과 신전(神殿) 종교의 전개는 메소포타미아를 비롯하여 고대 근동과 전 세계 오대양 육대주의 문화 공통분모임을 인식하지 못한 소치라고 쉽게 단정할 수 있다. 또 어떤 면에서는 세계 인문학 전반이 산더미 같은 현상의 현란한 기만과 허식과 착각 아래서 위(上, *topos ouranios*)를 보지 못하고 땅(下, *topos gaios*)에 질식할 듯 결박되어 허덕거리고 있다 해도 사실은 과언이 아니다. 여기에서 참다운 삶과 진리와 자유의 길은 기독교의 성경, 아니 예수 그리스도께만 있다는 사실을 우선적으로 부언해 둔다.

역사 문화 비판을 하기로 하면 끝이 없으니 다시 돌아가 메소포타미아 수메르의 신들을 더 살펴보기로 하자.

'수메르의 왕 목록'(The Sumerian King List)에 의하면 다음과 같이 기록되어 있다.

하늘에서 왕권이 내려왔을 때 그것은 에리두(Eridu)에 있게 됐다.

1997년 6월 26-30일, 메소포타미아 고고학 탐사 기간에 필자는 고대 수메르의 문명이 발상(發祥)한 오늘날의 이라크 남부에 위치한 에리두 유적지를 보게 됐다.

에리두는 유프라테스(Euphrates) 강 남단(南端) 사막에 남아 있는 유적지이며 지금도 옛날 엔키(Enki) 신전(神殿)의 설형 문자 토판들과 기타 유물들이 흩어져 있는 것을 볼 수 있었다. 엔키 신은 수메르의 만신전에서 엔릴 신 다음에 가는 서열(序列)에 있었던 것으로 보인다. 엔키 신화와 엔키 신에게 드리는 찬송시들이 상당수 발굴되어 해독됐다. 『엔키와 닌마흐』(Enki and Ninmah), 『엔키와 세계 질서』, 『엔키와 닌후르상』(Enki and Ninhursang), 『이난나와 엔키』(Inanna and Enci) 등이 해독되어 출판됐다.

엔키의 뜻은 땅의 주(主, lord)로서 물(水)의 신으로 알려져 있는데 지구는 대부분 대양과 바다와 강과 호수 등으로 구성되어 있기 때문이 아닌가 한다. 또한, 엔키 신은 지혜와 마술의 신이며 그 아카드어 번역명(名)은 에아(Ea) 신이다.

엔키 신은 앞에 말한 고대 수메르 도시 국가 에리두의 수호신이었다. 그는 수메르어 신화 외에도 아카드어 설형 문자 문헌에도 잘 고증되고 있다. 바빌로니아의 창세 신화 『에누마 엘리쉬』와 『길가메쉬 서사시』(Gilgamesh Epic)의 열한째 토판 홍수 이야기에 나타난다.

에아 신(수메르어로 엔키 신)은 그리스(희랍[希臘]) 신화의 프로메데우스처럼 인간에게 호의를 보이고 있다. 에아 신은 자기가 낳은 마르둑 신 편에 서서 압수(Apsu)에 대항하고 있다. 아누 신이 에아를 낳고 후자는 여신 담키나(Dam-kina)와 짝하여 폭풍과 비의 신인 마르둑을 낳았다고 하는데 이 마르둑 신이 운명의 방(房)에서 탄생했다는 이야기(첫째 토판 70-100행)는 아주 의미심장하다. 메소포타미아의 문헌에 파다하게 고증되고 있는 운명(NAM.TAR//ŠiMTU)의 문제는 세계 종교사, 문학사, 철학사, 신학사와 연계하여 심오한 뜻을 담고 있다.

사상(史上) 최초로 필자가 독일에서 교수 자격 논문으로 연구 출판한 메소포타미아의 운명론은 고대 서계의 문화 이해와 비판을 위한 척도가 되고, 또한 우리 '예수님께서 내 영혼과 함께 하시는 신학'의 기초 배경 중 하나가 된다고 볼 수 있다. 우리 신학이 독특하게 되는데 폭 넓은 고대 문화 연구가 이에 기여하고 있는 것이며 현대의 문제를 파악하는 형안(炯眼)과 통찰력을 제공하고 있다. 또 한편 『에누마 엘리쉬』의 첫째 토판에 나오는 신들의 탄생 이야기를 착상(着想)을 얻어 모방함으로써 그리스의 헤시오도스(Hesiod)는 신창성설(神創成說, theogony)을 저술한 것 같다.

수메르어 신화 『엔키와 닌마흐』는 여신 닌마흐가 개념의 질서 없이 임의와 자의와 변덕(caprice)으로 여러 계층의 사람들에게 운명과 숙명을 점지하여 준 것을 예시하고 있다.

또 다른 수메르어 신화 『이난나와 엔키』에서는 신이 사람들에게 '메'들(MEs)을 부과하는 이야기를 싣고 있는데 '메'(ME)란 신이 인간에게 내려 주는 여러 가지 하사품으로 인간 사회 활동과 조직과 신분의 모든 것이 포함되어 나타난다.

다른 말로 설명하고 이해하자면 사람은 자기 뜻으로 살고 행동하는 것 같지만 실은 신들이 결정해 주고, 내려 주고, 가져다 주고, 지배한다는 사상이다. '메'들의 목록은 운명의 목록(the inventory of destinies)과 진배없는 것 같다. 이 운명 목록의 저의(底意)는 인간의 존재와 행위와 소유가 인간 스스로에서 나오지 않고 또 자연 발생적이지도 않고 인간보다 초월적이라고 생각하는 신들로부터 왔다는 관념에 근거하고 있다.

　문제는 이 신들의 임의와 자의와 변덕으로 운명이 결정되고 하사 된다는 관념 아래서 사람은 불안하고 슬퍼하고 괴로워한다. 따라서 엔키, 닌마흐, 이난나 같은 남신과 여신들은 하나님 사랑과 은혜이신 우리 '예수님께서 내 영혼과 함께 하시는 신학'에는 적절하지도 않고 그와 본질적으로 다르며 내 영혼의 구원을 이룰 수도 없다.

　메소포타미아 신들은 수메르의 신화의 『엔릴과 닌릴』에서처럼 성폭행, 짝짓기, 임신, 분만, 간음 등에 연루(連累)되어 있다. 메소포타미아에서 말하는 소위 거룩한 결혼(聖婚, die Heilige Hochzeit)은 종교 의식과 함께 심각한 부도덕성을 노정하고 있다.

　잘 알려진 수메르 여신들로는 이난나(Inanna), 닌후르상(Ninhursang), 닌마흐(Ninmah), 닌투(Nintu), 에레슈키갈(Ereshkigal) 등이 있다. 이난나는 풍요와 사랑의 여신이고 에레슈키갈은 지옥의 수장(首長) 격이 되는 여신이다. 오늘날에도 이라크의 고고학 유적지 님루드(Nimrud), 우르(Ur), 에리두, 바빌론(Babylon) 등지에는 여신 닌마흐 신전(神殿)의 거대한 모습이 잔존하고 있다.

　수메르어로 닌(NIN)의 뜻은 '여주인'(女主人, mistress), '숙녀'(淑女, lady)를 의미하고, '후르.상'(HUR.SANG)은 산(山)을 뜻한다. 종교사(die Religionsgeschichte)에서 산(山)의 개념은 중요한 역할을 한다. 산은 하늘의 천사들을 만나거나 그들을 영접하는 곳으로 사람들은 생각했다. 1997년 필자가 이라크 고고학 답사 시에 어느 신전(神殿)탑, 지구라트(ziggurat) 밑 입구의 간판에 "여기는 하늘 방문객들을 영접하는 곳"(This is a place to receive heavenly visitors)이라고 쓰여 있었다. 닌후르상은 그러한 산의 뉴앙스를 가진 여신이었던 것 같다.

『엔키와 닌후르상』 신화를 성경의 에덴 동산 이야기와 비교하기도 하지만 유일신 사상은 차치하고라도 후자의 운명사적 의미 폭(幅)과 심도에 전자는 비견이 되지 않는다.

수메르의 여신 닌투(Nintu)는 두 의미 요소로 구성되어 있다. 닌(Nin)은 '숙녀'나 '여주인'을 뜻하고, 투(TU)는 '분만하다,' '출산하다'를 뜻한다. 이 여신은 어머니신(母神)으로서 분만 출산과 번식을 관장하는 신이라고 할 수 있다. 수메르의 여신 닌마흐는 '위대한 숙녀'를 의미하고 마흐(MAH)는 '높은,' '고매한,' '고상한'을 뜻한다. 마흐(MAH)는 수메르어일 뿐만 아니라 고대 인도 유럽계(Indo-European) 언어의 공통 어휘에 속하는 단어로 히타이트어(Hittite)와 범어(Sanskrit)에도 똑같은 의미를 가지고 나타난다.

닌후르상, 닌마흐, 닌투 모두 태곳(太古)적부터 메소포타미아에서 어머니신들로 숭배했다. 고대 세계 또는 메소포타미아에서 어머니신을 숭배한 것은 로마 가톨릭교회의 성모 숭배에 역사적 배경을 제공하여 준 것이 아닌가 추측된다. 그럴진대 이것은 성경의 어디에서도 그 타당성을 찾을 수 없는 일종의 우상 숭배가 아닌가 여겨진다.

예수님께서는 완전한 신성과 완전한 인성을 겸비하신 우리의 유일무이하신 구세주시지만, 마리아는 성육신의 한갓 인간적 도구였을 뿐 종교적 숭배의 특별 대상이 될 명분과 타당성은 성경에서 찾을 길이 없다. 그녀는 그리스도의 십자가 수난에 동행했고 초대교회의 한 착실한 기독교 성도였다는 데에 의의가 깊고 크다고 할 수 있다(요 19:25-26; 행 1:14).

이것은 극히 인간적 고려에 기인한 것 같다. 현대 로마 가톨릭교회는 기독교 진리만을 아주 배타적으로 계승하고 있다고 주장하기보다 오히려 여러 가지 다양한 인본주의 사상과 종교를 자체 내에 융합하고 있다는 것을 자부하고 있다. 그러나 이것들은 예수님과 사도 바울이 제창한 본연의 기독교에 부합하고 있지 않다.

로마 가톨릭 신학자며 종교학자인 프리드리히 하일러(Friedrich Heiler)의 견해가 자못 시사적이다. 그는 로마 가톨릭을 전혀 별개인 "일곱 가지 종교 형태"의 융합(a combination of "seven quite different types of religion")으로 보고 있다. 카를 호잇시(Karl Heussi)의 교회사는 콘스탄틴 대제가 기독교를 로마 국교로 공인함과 동시에 숱한 이교 관습과 사상, 의식(儀式), 전통들을 기독교에 은밀히 도입했다고 천명한다.

수메르의 달신(月神) 난나(Nanna)는 아브라함이 나온 우르 제3왕조의 수호신인데 재미있게도 여신이 아니라 남신이며 엔릴 신과 닌릴 여신의 결합으로 태어났다고 앞에 소개한 『엔릴과 닌릴』의 수메르어 신화가 일러 주고 있다. 그 아카드어 명칭은 신(Sîn)이다.

성경 창세기 1장에서는 달(月)이 '밤(夜)을 관장하는 작은 발광체'(16절)라 하여 하나님께서 말씀으로 창조하셨다고 기술하며 신격화의 의도는 추호도 엿볼 수 없다.

수메르어 태양신 우투(Utu)는 아카드어로 샤마슈(Šamaš)라 의역되어 불리며 정의와 법질서의 신으로 숭배됐다. 샤마슈 신이 함무라비 대왕에게 법전을 하사하는 장면이 새겨진 석상이 고고학적으로 고증되었다. 태양 역시 성경 창세기 1장에서는 '낮(晝)을 관장하는 큰 발광체'(16절)로 하나님께서 말씀으로 창조하신 것이며 신격화의 종용은 여기에서 추호도 찾을 수 없다.

메소포타미아에 채소와 식물의 수메르 신인 두무지가 있었다. 성경에서는 에스겔 8:14에 담무스(Tammuz)로 언급되어 있으며 그는 반신반인(半神半人)으로서 양(羊) 치는 목동신이기도 하고, 사랑과 정열의 신, 일출(日出)과 일몰에 비견하는 흥망성쇠(興亡盛衰)의 신으로 숭배되기도 했다.

성경 창세기 1:11-12, 29-30에 하나님께서는 채소와 식물과 나무를 창조하셔서 그것들을 인간과 동물의 먹이와 식품으로 섭리하셨지, 결코 그것들에 대한 신격화의 기미가 전혀 없다. 창세기 1장은 인류가 창조자 하나님을 떠나 대체신(代替神)을 섬기는 행위인 피조물 신격화(die Kreaturvergoetterung)의 죄에서 창조자 하나님 당신께 직접 돌아오라는 분부를 직설법으로 표현했다는 데에 큰 의의가 있을 것이다.

고대 농경 사회에서는 말할 것도 없이 곡물의 신을 숭상했다. 지금 시리아(Syria)의 텔-마르디흐(Tel-Mardich)와 랏-샤므라(Ras-Shamra)는 옛 에블라(Ebla) 왕국과 우가릿(Ugarit) 왕국이었다. 전자는 B.C. 2300년 전후하여 이삼백 년 존속했고 후자는 B.C. 1450년경부터 1250년경까지 존속한 옛 가나안의 왕국들로서 그들이 섬긴 주신(主神)은 곡물의 신인 다간(Dagan)이고 히브리어 표기로는 다곤(Dagon, 삿 6장 참조)이다.

농경 사회에서는 비가 흡족하게 내려서 관개(灌漑)가 원활히 이루어져야 곡물이 풍족하게 수확되기 때문에 고대의 가나안에서는 폭풍과 비의 신인 바알을 극진히 숭배했다.

그러나 성경에서는 야웨 하나님을 사랑하고 온 마음과 온 영혼을 다하여 그분을 섬길 때 창조자 하나님께서 비와 풍요로운 수확을 거두시게 하실 뿐만 아니라(신 11:13-16) 죽음 후의 부활과 영원히 사는 삶을 보장하신다(요 11:25-26; 14:6; 6:32-40).

농경 사회가 정착하여 생활이 안정되게 되면 운명 문제의 해결 모색과 삶의 편의를 위한 문화 작업이 이루어진다. 전자의 경우는 보다 나중에 다루기로 하고 삶의 편의와 통신의 원활을 위하여 역사상 최초로 이미 소개했듯이 고대 메소포타미아의 수메르에서 문자가 발명된 것은 선사(先史)와 역사(歷史)를 가르는 획기적 사건이라 할 수 있다. 수메르 사람들이 발명한

이 문자를 쐐기꼴이라 하여 설형 문자라 부른다.

이 문자 문명은 고대 메소포타미아의 학자라 할 수 있는 서기관 계급이 계발하여 관리하고 발전시켰으며 후대 곧 헬레니즘 또는 로마 제국 시대에 이르도록 전승됐다. B.C. 15세기에서 13세기까지는 이 문자 언어인 아카드어가 고대 근동의 공용어였던 문헌적 증거가 지금의 이집트 고고학 유적지인 텔 엘-아마르나(Tel el-marna) 기록에서 나타나고도 있다.

고대 메소포타미아를 비롯하여 근동 전반에서 문자의 사용을 주도한 서기관(DUB.SAR) 계급의 지위와 세력과 영향력이 신전과 궁궐에서 막강했다. 그들은 단지 학자들만이 아니고 국가, 사법, 행정, 교육, 기술, 종교, 예술을 장악하고 있던 공공 임무의 고급 관리들이었다. 따라서 서기관신(神)의 권한과 위상이 만신전에서 자못 컸다고 할 수 있을 것이다. 수메르의 서기관신인 니다바(Nidaba)는 아카드 바빌로니아 나부(Nabû)의 신으로서 메소포타미아 만신전의 서기장(書記長) 또는 비서실장의 위치 였다고 할 수 있다.

아카드어는 메소포타미아의 남쪽 바빌로니아어(Babylonian)와 북쪽 아시리아어(Assyrian)로 분류된다. 그러면 바벨론의 느부갓네살(Nebuchadnezzar) 대왕(왕하 24:1)의 이름을 설형 문자 바빌로니아어로 풀이하여 보면 이러하다.

느부갓네살의 바빌로니아어 이름은 나부의 신 쿠두리 우쑤르(*dNabû-kudurri-ūṣur*)이며 나부의 신은 메소포타미아 만신전의 서기장 또는 비서실장의 위치에 있는 서기관 신이고 쿠두루(룸)은 장자(長子) 또는 국경(boundary)을 의미하며 우쑤르(*ūṣur*)는 동사 나싸루(룸)(*naṣārum*, 지키다, 보호하다)의 2인칭 남성 명령형이다. 그래서 이름의 뜻은 '오! 나부신이여, 제 장자/영토 국경을 보호하소서'가 된다.

이름에는 항용(恒用) 개인의 안녕과 성공, 형통에 대한 소원, 기도, 간구가 담겨 있거나 사람의 미래 활동에 대한 예언적 암시가 내포되어 있다. 느부갓네살 대왕이 나부의 신과 다른 바빌로니아 만신전의 신들을 신뢰하며 자기 왕국의 영화를 자부한 것은 성경에 의하면 좌절되고 마는 것을 볼 수 있다. 보이지 않으시는 창조자 한 분 하나님과 신실하고 충성스러운 몇몇 신하들의 신앙 고백으로 그의 오만과 자긍은 꺾이고 말았다(단 2-4장).

앞에 살핀 메소포타미아의 달신 난나(Nanna)나 태양신 우투, 두무지, 나부, 아누, 엔릴, 엔키, 닌우르타, 이난나, 닌후르상/닌마흐/닌투, 마르둑 신 등 아무도 위기 의식에 사로잡힌 느부갓네살 대왕에게 구조의 계시를 전달하지도 못했고 할 수도 없었다. 뜨겁게 불타고 있는 용광로 속에 나타나셔서 충성스러운 믿음의 증인들을 보호하시는 창조자 야웨 하나님의 경이로움을 느부갓네살 대왕은 목격하고 지구 위에 더 위대하시고 참되신 어떤 다른 하나님은 계시지 않다고 선언했다(단 3, 6장도 참조).

바빌로니아의 종교, 정치, 군사 문제와 국운의 흥망성쇠(興亡盛衰)에 대하여는 예레미야를 비롯하여 많은 예언자가 아주 극명하게 설파하고 있다(렘 50-51장 등 참조).

따라서 한 분 창조자 하나님 야웨께서는 고작 팔레스타인의 지역적 공간에 국한되신 이스라엘의 수호신으로 한정되어 계시지 않고 시간과 공간을 초월하여 세계 어디에나(무소부재[無所不在]) 절대적인 권능을 가지고 활동하시며 통치하심을 우리는 성경에서 깨달을 수 있다.

성경에서는 하나님 야웨의 탁월하신 창조의 만능과 통치를 사람의 마음 속에 고취시키기 위하여 대조적인 차원에서 신들의 싸움인 신전(神戰)을 기록하고 있으나, 야웨 하나님을 옹졸하고 부패한 인간의 지평 위에서 유치하게 꿈틀거리는(준동[蠢動]) 인간적이며 변덕이 심한 신들로 여기게 하는 신화

(神話)는 전혀 다루지 않고 있다(벧후1:16; 딤전 1:4; 4:7; 딤후 4:4; 딛 1:4).

우리는 성경 기록의 본(本)의도를 정확히 파악해야 한다. 기독교 구약성경에서 핵심적으로 초점이 되는 것은 한 분 하나님 야웨께서 피조물을 신격화한 수많은 만신전의 옹졸하고 치졸한 우상신들 위에 창조자며 승리의 하나님으로 군림하시고 계시다는 확신이다. 이 확신을 저버리고 종교적 다원론(religious pluralism)의 지배를 받아 성경비평(biblical criticism) 감행을 시도한다는 것은 이미 논리적으로 그릇된 전제 위에서 출발하는 것이 된다.

문학적 비교(literary comparison)도 마찬가지로 정곡(正鵠)을 이탈하고 허위의 가라지 밭에서 방향, 목표, 소득, 보람, 결실도 없이 인간 이성의 오물 더미를 학적 소산이라고 산적해 놓을 뿐이다. 원래 고전 작품은 비판의 담장을 넘어서서 영구적인 가치를 안고 있는 것으로 보존되고 전래된다고 하는데 창조자 하나님과 영원한 구원자 예수님의 경전은 췌언(贅言)을 불허하며 내 자아와 영혼의 틀림없는 안내자가 된다.

이러한 맥락에서 창세기 11:9에 나오는 '바벨'(Babel)의 의미를 음미하여 볼 수 있다. 성경에서는 '바벨'이 히브리어 '축축하게 하다, 적시다, 쏟다, 붓다, 혼동하게 하다, 혼란시키다'를 뜻하는 '발랄'(bll)에서 파생했다고 기록하고 있다.

> 그러므로 그 이름을 바벨(Babel)이라 하니 이는 야웨께서 거기서 온 땅의 언어를 혼잡하게 하셨음이니라(bll)(창 11:9).

그런데 필자가 1971-1973년 동안 시카고대학교의 근동학과 겸 근동학연구소(the Oriental Institute)에서, 또한 1973-1981년 동안 독일의 하이델베르크대학교와 뮌스터대학교의 세계 유일무이한 사계(斯界) 권위자들 속에서 연구한 바에 의하면 '바벨'은 바로 메소포타미아 수메르 문헌과 바빌로니아어 기록에서 전혀 다르게 고증되고 있다.

세계에서 제일 오래된 언어 문자인 수메르어 바벨론 성이 '카.딩기어.라.키'(KÁ.DINGIR.RA$_{ki}$)로 표기되어 나타난다. 그 바빌로니아 아카드어 번역이 밥일림 > 바빌림/밥일이 > 바빌리(bâb ilim/ili:)로 우리 성경 창세기 11:9의 바벨 발음과 흡사하게 메소포타미아 문헌에 부지기수(不知其數)로 고증되고 있다. 그 뜻은 신의 문(門)/신들의 문(the gate of god/gods)을 의미한다.

그렇다면 이러한 문헌 괴리 현상을 어떻게 설명할 수 있을까?

이것은 진지한 논란과 토의의 과제가 될 수 있다. 이것을 간단히 언어유희, 즉 말장난으로 넘기기에는 너무나 심각한 논란의 대상이 될 수 있다. 1998년 9월 이라크의 바그다드에서 열린 세계 설형 문자 관련 학자 대회에는 구약 학자들도 초빙되어 이 문제를 토의했다. 메소포타미아 학자들 대부분은 '바벨'의 의미를 신의 문/신들의 문으로 의문의 여지 없이 주장하고 구약 창세기 11장의 히브리어 '발랄'(bll) 어원설을 일축했다.

이와 같은 태도는 프리드리히 델리취(Friedrich Delitzsch)가 1890년대에 독일 황제 빌헬름(Wilhelm) 앞에서 행한 학적 강연 "성경과 바벨"(Bibel und Babel)의 태도와 유사하다고 할 수 있다.

프리드리히 델리취는 이 강연을 계기로 구약성경의 영감설을 단정적으로 부인하고 바빌로니아 문화와 문학의 차용, 모방을 제기했으며 황제 빌헬름에게 편지할 때마다 서두에 '바벨론의 마르둑 신이 황제와 독일을 보호하옵소서'와 같은 기원(祈願)을 담았다. 그리고 그는 그라프 벨하우젠의 문서설을 적극적으로 옹호했다.

이것은 세계 성경 학계에 엄청난 파장을 미치게 했고 종교사 학파와 함께 성경의 권위를 상대적으로 추락시키는 데 기여했으며 신앙과 경건은 비웃음거리가 될 정도였다. 기독교 신학에서 이 문제의 확실한 해답과 해결은 신들의 싸움인 신전(神戰)과 우리 구세주 예수 그리스도의 성육신이 밝혀 주는 은혜와 권능에 있다. 고대 근동의 신들은 신들이 아니고 이미 자세히 해명했지만 치졸한 우상들이며 우리의 궁극적 운명의 해결자가 아니다.

세계에서 정처 없이 방황하는 양(羊) 무리인 내 영혼에 길(요 14:6)을 안내해 주시는 참 안내자이며 영원한 하늘 문은 우리 구세주 예수 그리스도이시다(요 10:1, 2, 7, 9).

바벨론의 신들은 신들이 아니고, 내 영혼의 길도, 문도 아니며, 내 자아를 혼란과 멸망으로 치닫게 하는 마(魔)의 존재들임을 구약성경의 저자들은 예수 그리스도에 대한 확신(요 8:58; 10:9)과 함께 예언적으로 선포한 것이다(창 11:9).

앞에 이미 소개한 것을 다시 언급하지만, 고대 메소포타미아의 만신전에서는 아누 신이 우두머리였지만 실제 신들 세계의 행정 관리에는 관여하지 않았다. 그는 최고 신으로서 존경과 우대를 받기는 했지만, 오히려 공중과 대기의 신인 엔릴이 만신전의 조직, 운영, 관리의 총책이었다.

그런데 이 신들의 총수 격인 막강한 엔릴 신이 자가당착(自家撞着)과 모순과 추행과 약점을 보인다. 함무라비 법전의 서장(序章) 전문(前文)에 엔릴 신의 위상은 아누 신 다음가는 높은 신이며 나라의 운명결정자로 일컬어지고 있다.

지금의 시리아 텔-마르디흐에서 발굴된 어휘 사전류의 한 문헌을 보면 '엔릴'을 '일리루'로 표기하고 있다. 엔릴이 일리루로 음성 동화(同化) 작용을 이룬 것이다. 이 '일리루'의 음성 동화 작용을 보면서 메소포타미아의 엔릴 신이 메소포타미아의 후기 문헌에 자체 동화 작용으로 엘릴로 표기되어 나타나고 있는데 이 엘릴은 발음상 히브리어 '엘릴'과 똑같다. 그런데 흥미롭게도 여기서 이 히브리어 '엘릴'의 뜻을 고려할 수 있다.

① 아무것도 아닌 것(nothing).
② 헛된/부질없는(in vain).
③ 우상(idol).

이로부터 기독교 구약성경의 유일신론적 확신과 신념에 찬 신관의 단면을 간파할 수 있다.

이러한 문헌 기록 현상이 바벨을 혼란의 효시로 보는 유일신교적 기독교 경전의 독특하면서도 의미 있고 일관된 태도와 자세와 전통이라 할 수 있을 것이다.

성경은 오로지 한 분 보이지 않는 창조자 하나님만을 살아 계시는 참 하나님으로 받들고 모시고 있다. 이 한 분 살아 계신 참 하나님께서 내 인간 자아 실존과 더불어 하신다는 불가항력적이고 세찬 확신(Metatheology)이 성경 기록상에 어원적 의미 혁명을 낳게 한 것이라 할 수 있을 것이다.

이러한 기록 현실들이 성경의 거룩한 절대 영감과 독특성을 제고(提高)하고 있다. 따라서 우리는 바빌로니아 사람들도 세월이 지나는 동안 바벨론의 어원을 망각하게 되어 '틴 티르나 에'로 기록했다는 겔브(I. J. Gelb) 교수의 견해에 찬동할 수도 없다. 그는 96개 언어를 공부했다고 알려져 있으며 시카고대학교의 근동학과 겸 근동학연구소(the Oriental Institute)에서 오래 석좌 교수를 역임하고, 1972-1973년 시카고대학교 재학 시절 필자의 지도 교수였는데 1986년 타계했다.

성경 창세기 저자는 수메르어 바벨론 성이 '카.딩기어.라.키'(KÁ.DIN-GIR.RA$_{ki}$)이고 그 바빌로니아 아카드어 번역이 신의 문/신들의 문을 뜻하는 밥일림 > 바빌림/밥일이 > 바빌리(bāb ilim/ili)라는 어원적 사실을 숙지하고 있었으나 다른 신들의 관념이나 그 신들의 문에 대한 의식에 전혀 수긍하지 않고 이것은 헛되고 그릇된 것으로 여겼다. 예수님께서 이것을 확증하신다(요 10:7, 9, 11, 14).

한 분 살아 계신 참 하나님 창조자께서 내 인간 자아 실존과 더불어 함께 하신다는 불가항력적이고 세찬 확신과 함께 이러한 어원상 혁명적 의미 부여의 사실이 이제는 메소포타미아가 아닌 이집트에서 일어나고 있는 것을 우리는 기독교 성경 출애굽기에서 간파할 수 있다. 출애굽과 연관하여 이집트 역사에서 생각하여 볼 수 있는 왕조는 신생 이집트 왕국의 18 왕조(B.C. 1575-1308)와 19 왕조(B.C. 1308-1194) 기간이라 할 수 있다.

이때 유별나게 나타나는 이집트 왕들 이름 중에 모세 이름을 연상시키는 아흐모세(Ahmose), 투트모세(Thutmose), 람세스(Ramesses)가 있는데 모세라는 이름 앞에 첨가되는 접두어적인 '아흐-'(Ah-), '투트-'(Thut), '라-'(Ra-)와 같은 우상신 이름 요소가 전혀 없이, 성경에서는 모세라는 이름만 단독적으로 나타나고 있다. 그뿐만 아니라 모세의 어원 설명을 출애굽기 2:10에서 구속사적 의미의 히브리어 '마샤,' 즉 '끌어내다,' '건져 내다'에서 도출시키고 있다.

> 그 아기가 자라매 바로(파라오[Pharaoh])의 공주에게로 데려가니 그가 공주의 아들이 되니라. 공주가 그의 이름을 모세라 하여 이르되 이는 내가 그를 물에서 건져 내었음이라 했더라(출 2:10).

이 모세의 이름에는 행여나 이집트의 우상신과 연관되는 어떠한 어원적 요소나 어휘적 연상의 기미가 없다. 그런데 신생 이집트 왕국의 왕들 아흐모세, 투트모세, 람세스의 '아흐-,' '투트-,' '라-'에 부가되는 이집트어는 '낳다,' '분만하다'라는 의미의 '메스'(ms)라는 동사에서 파생된 명사로 '아기,' '아들,' '후손,' '후예'를 뜻한다. 그래서 아흐모세의 뜻은 '아흐 신의 아들'이고, 투트모세는 '토트(Thot) 신의 아들'이며, 람세스는 '라 신의 아들'을 의미한다.

하지만 성경 모세의 이름 앞에는 어떠한 우상신 이름의 요소가 없고, 모세 이름이 도출된 히브리어 동사 '마샤'에는 '건져 내다'라는 위대한 구속사적 영도자로서의 예언이 예시되어 있으며, 또한 그는 우리 구세주 예수 그리스도의 상징적, 예시적(例示的) 인물이다.

바벨과 모세의 의미 해석을 살피며 우리는 신들의 싸움인 신전(神戰)의 참 승리자 야웨 하나님 창조자께서 섭리하시는 인류 구속사의 위대한 전개를 대하게 된다.

존재와 역사 창조의 위대한 기적이 '나는 참 존재의 원천이다'(출 3:14)라는 야웨 하나님의 존함(尊啣) 해명과 함께 이집트에서 성취의 효시를 이룬다. 고대 이집트에 유일신 사상이 있었다는 주장을 하기도 한다. 아크헨아텐(Akhenaten) 왕 집정(執政) 기간 동안 아몬(Amon) 신이 유일신으로 격상됐다고 말한다.

그러나 동시에 다른 신들이 없어지지 않았고 계속 존재하며 짐승과 새와 같은 우상 형태의 신들이 인간사를 통치한다고 당시 이집트인들은 믿었으며, 그 신들은 사람들로부터 제사와 헌물, 숭배와 경배를 요구하고 갈망했다. 아몬 신의 유일신 격상도 극히 단명했고 유치한 우상 숭배가 이슬람 시대에 이르기까지 계속됐다.

모세의 이름과 지도력, 바로(Pharaoh)와의 대결과 출애굽 사건은 모두 신들 간의 집요한 싸움인 신전(神戰)을 잘 예시하고 있으며 야웨 하나님의 영광스러운 승리로 정점을 이루고 짓궂은 바로의 강퍅한 심장형태소(心臟形態素, cardiomorphemes)가 백일하에 노출됐다.

고대 근동의 신들은 인간사를 다스리거나 사람의 운명을 지배한다고 여겨지는 자연 현상이나 구조를 사람들이 신격화한 우상신들이다. 고대인(古代人)들은 이 신들이 인간의 운명을 결정할 때 영원한 구원의 섭리 때문에 하는 것이 아니라 찰나적 변덕이나 일시적 기분 또는 자의적 심정, 즉 '마음이 움직이는 대로/기분이 내키는 대로'(수메르어, ki-$šà$-gi_4-a-mu) 하는 것으로 생각하여 사람들은 이 때문에 불안과 공포에 휩싸일 수밖에 없었다.

사람들의 시각과 지각은 제한되어 있으므로 불가사의한 자연 현상에 대하여 경이에 차서 그 뒤에는 초자연적인 힘이 작용하고 있다고 상상했다. 이 힘이 신들이라 믿고 변덕과 기분에 움직이는 이 신들과 화해하고 평온한 관계를 갖기 위하여 그들을 숭배하고 그들에게 제사 지내야 한다고 생각했다. 자연 질서와 법칙과 이 변덕 많은 자연신들은 신격화되고 인간은 쉽사리 그들의 노예가 됐다. 기실 종교의 기원 발생은 이러한 연유에 기인한다고 할 수 있다.

옛날 사람들은 창조자이신 참 하나님을 떠나서 피조 세계인 자연의 노예가 됐을 뿐만 아니라 피조 인간인 사람을 신격화하여 영웅 숭배를 한 것이다. 적군과 싸워 용맹을 떨치고 혁혁한 승리를 거둔 장군이나 군왕은 항용(恒用) 인간신(人間神)으로 숭상하기에 이르렀으며 그들은 백성들에게 신적인 권위를 가지고 독재와 폭정과 학정을 행사하기까지 했다.

이러한 인간 신격화는 비단 옛날의 일(過去之事)만이 아니고 오늘날에도 자행되는 사안이라고 할 수 있다. 성경을 제외한 고대 근동에서 신의 형상

(形狀, image)은 평범한 사람이 되지 못하고 군왕과 황제가 전적으로 차지하는 특전(特典)이었다. 인간 평등을 지상(至上)의 가치로 존중하는 현대 사회의 여러 분야에서 금권(金權), 직권(職權) 등으로 스스로를 영웅시 하거나 또는 신의 자리를 차지하려고 하는 사람이 없지 않다.

예나 지금이나 사람을 속박하는 무모한 인간 신격화가 야기시키는 처절한 삶의 정황에서 성경은 기상천외(奇想天外)의 장엄하신 은혜의 선포를 하신다. 군왕이나 황제나 영웅이나 막대한 금권 또는 직권의 소유자 등에로 격상되지 않은 평범한 인간이 바로 하나님의 형상(*imago dei*)임이 천명된다(창 1:26). 신들과의 집요한 싸움인 신전(神戰)에서, 보이지 않으시는 한 분 창조자 야웨 하나님, 곧 '나는 참 존재의 원천이다'(출 3:14)를 선언하신 야웨 하나님의 승리는 인간을 신들의 잔인한 독재로부터 자유롭게 하신다.

창조자 야웨 하나님께서는 인간과 내 자아를 피조 세계인 자연과 자연신 그리고 다신론과 우상 숭배 또 인간 신격화나 영웅 숭배로부터 자유롭게 하신다. 평범한 사람을 하나님의 형상으로 창조하시고 축복하셨다는 선언(창 1:26-28)은 고대 근동사 아니 전세계사(全世界史)를 통해 인류학상 민주주의적 인권 평등의 혁명적인 선포이다. 군왕은 하나님의 형상이 아니다.

인간은 피조물과 피조 세계와 피조 인간에 더 이상 속박된 노예가 아니다. 인간은 피조 세계에 있으면서도 위에 계시는 저 창조자의 통치 아래 자연계의 보존과 발전과 치리의 임무를 하나님으로부터 부여받은 것이다.

그리고 인간 개인이나 집단이 하나님과 맺는 관계는 사람의 마음이 자기를 창조하신 하나님께 갖는 신앙의 자세와 태도와 의지와 행동에 따라 전개된다. 이것이 구약사(舊約史)의 흥망성쇠(興亡盛衰)를 예시해 주고 있으며 신약의 복음사(福音史)를 일러 준다.

평등 인간의 고귀한 신분과 민주주의의 기본 이념을 창세기 1장은 시사함과 동시에 세계에 죄와 악이 존재하고 있지 않은 조화와 평화의 우주 분위기를 서술하고 있다. 하나님은 지으신 세계의 구조와 모습이 아주 좋으셔서 심히 기뻐하셨으며(창 1:31), 이 분위기는 인간의 마음 곧 심장형태소가 반역과 회의로 오염되지 않은 창조의 상황을 넌지시 암시하고 있다.

창세기 2장에는 세계사의 서곡을 알리는 가장 위대한 서사시인 선악을 아는 나무(善惡果, 창 2:15-17)가 소개되고 있다. 이 나무 열매는 인류의 지극히 고귀한 심장형태론적(cardiomorphological), 정신적, 영적 소유이며 창조자 하나님의 특별 은사인 인격적 자유의 시금과(試金果)이다.

창세기 3장은 인류가 악마의 기만 전술에 빠져 오만불손해지고 월권과 자기도취에 밀려 이 자유를 남용하게 된 비극을 적나라하게 서술해 주고 있다. 그 결과 인류 역사는 인간의 자기 소외와 시기, 질투, 저항, 반항, 반역, 배신, 변절, 대립, 비애, 고뇌, 살인, 암살, 비극, 죽음으로 점철되게 됐다. 인간 심장의 마음 바닥은 죽음의 위협과 공포와 타격으로 만신창이(滿身瘡痍)가 되어 있다(롬 1:18-32).

고대 근동 문학은 터무니없이 우스꽝스러운 모순당착(矛盾撞着)으로 가득 차 있고, 상상과 환상에서 울어난 창조 사화(史話)와 신화들이 거기에 있다. 고대 근동 이외 전 세계 각국의 건국 사화와 신화들도 많이 있지만, 그 어느 하나도 인간 자아와 자연계를 그 본연의 창조 상황으로 만회하고, 복구시킬 방법과 길을 제시하지 못하고 있다.

심지어 구약성경마저도 자아와 세계의 궁극적 회복을 석명(釋明)하게 밝히지 못하고 있다. 한편 신약성경에서 사도 바울은 지극히 경탄스러운 선포를 하고 있다.

그런즉 누구든지 그리스도 안에 있으면 새로운 피조물이라 이전 것은 지나 갔으니 보라 새것이 되었도다(고후 5:17; 갈 6:15).

이 놀라운 확신의 선포를 고려하건대 신약성경 또는 예수 그리스도께서는 인간 운명과 비극의 모든 문제에 확실한 해답을 제공하고 계시다는 사실을 결코 잊어서는 안 된다.

신약성경 또는 예수 그리스도께서는 세계 문화 문명 비판을 위한 절대로 바른 척도이며 진리와 영생으로 내 영혼을 안내해 주는 은혜의 길잡이가 되신다. 구약성경을 은혜의 길잡이가 되시는 예수 그리스도의 역사 창조로 조명하여 보지 않으면 그것은 내 운명사에 아무런 해결의 궁극적 실마리를 제공하지 못한다. 그것은 한갓 절름발이 역사서에 불과할 것이다.

우리는 조금 더 고대 근동의 신들이 어떤 면모를 대변하고 있는지 살펴볼 필요가 있을 것 같다. 메소포타미아(수메르, 바빌로니아, 아시리아)와 이집트, 히타이트 아나톨리아(성경의 헷 족속: 지금의 터키), 가나안 사람들은 하늘과 공중 대기권과 태양과 달과 별과 지구, 강과 바다를 포함한 물과 대양, 동물(금수[禽獸]), 새(조수[鳥獸]), 식물(植物)과 같은 자연계의 주요 구조를 신격화하여 숭배했는데 지역에 따라 명칭과 언어 표현은 다르지만 자연 구조 현상은 똑같은 것이다. 이것은 비단 고대 근동에 한정되지 않고 유럽, 아프리카, 인도, 중국, 아메리카, 한국, 일본이 다 마찬가지이다.

하늘과 태양, 별, 지구 같은 자연 구조와 현상은 인간 개인의 마음속에 경외감과 공포, 전율, 피조물 감정(das Kreaturgefuehl)을 환기한다. 자연 현상 내부와 배후에 깃들인 신비와 엄청난 에너지를 상상할 때 사람들은 소스라쳐 놀라 경외와 전율에 사로잡히는 것이다. 그리고 동시에 이 우주 세계를 창조하신 하나님은 망각하고 자연의 외적 면모에 현혹되어 창조자가 아니라 피조물을 신격화하여 숭배하는 것이다.

사도 바울은 사람의 마음과 생각과 행위가 얼마나 비뚤어지고 탈선하고 왜곡됐으며 부패하게 됐는지를 아주 예리하고 적확하게 진단하여 밝혀 준다(롬 1:18-23; 행 17:16-31).

고대 아테네 사람들은 늘 새로운 것, 새로운 신화, 새로운 전설, 새로운 철학, 새로운 종교들을 좋아하고 그것들에 탐익하여, 많은 시간을 이것들을 탐구하고 담론하기에 바쳤다. 그들은 사실 무척 종교적(deisidaimonisterous, 행 17:22)이었다. 하지만 그들의 소위 고답적(高踏的) 종교라고 하는 것들을 엄밀하게 분석해 보면 전부가 고대 근동의 세련된 재판(再版)이라고 할 수밖에 없을 것이다. 다만 사도 바울은 꼭 한 군데에서 그들의 종교 사상이 한계에 이르러 신인식(神認識)의 철학적 좌절을 노정하는 제단(祭壇)을 발견했다.

이 제단은 인간의 인식 저편에 있어 사람이 알지 못하는 신에게 제물을 바치는 제단이었다. 사도 바울은 바로 희랍 철학과 종교 사상이 미치지 못하는 이 알지 못하는 신을 아테네 사람들에게 알려 주겠다고 선포했다(행 17:22-23).

> [22] Paul then stood up in the meeting of the Areopagus and said: "Men of Athens! I see that in every way you are very religious.
>
> [23] For as I walked around and looked carefully at your objects of worship, I even found an altar with this inscription: TO AN UNKNOWN GOD. Now what you worship as something unknown I am going to proclaim to you.

> ²² 바울이 아레오바고 가운데 서서 말하되 아덴 사람들아 너희를 보니 범사에 종교심이 많도다
> ²³ 내가 두루 다니며 너희가 위하는 것들을 보다가 알지 못하는 신에게라고 새긴 단도 보았으니 그런즉 너희가 알지 못하고 위하는 그것을 내가 너희에게 알게 하리라 (행 17:22-23).

사도 바울의 위대한 웅변과 그 웅변의 선포 내용(행 17:24-31)을 고찰할 때에 우리는 창세기 1장의 기본 구조와 의미 내용이 다신교의 오류를 천명하며 피조물과 자연계를 신격화하는 인간 문화의 전통과 역사를 근본적으로 시정하고 광정(匡正)시키고 있다는 것을 깨달을 수 있다.

또 다른 한편 유일신론과 대치되고 창조자 하나님과 대립하는 입장에서 창세기 1장을 고찰한다면 고대 메소포타미아나 이집트, 시리아, 팔레스타인에서와 같은 만신전이 어떻게 발생할 수 있는지를 창세기 1장이 아주 절묘하고 적절하게 예시하고 있다고 볼 수 있을 것 같다.

창세기 1장은 엘로힘 하나님께서 종교사(die Religionsgeschichte) 입장으로 보면 사람들이 일반적으로 신격화하기 쉬운 빛과 어두움, 하늘, 바다, 땅, 식물, 해, 달, 별(星辰), 짐승, 새, 물고기, 파충류를 창조하시고 만물의 영장으로 사람을 창조하셨다고 기록하고 있다. 그러므로 성경은 사람들이 신격화하는 피조물을 하나님께서 당초 창세기 1장에서부터 창조하셨다고 서술하므로, 종교사 학파(die religionsgeschichtliche Schule)와는 전혀 다른 입장임을 분명하게 천명하고 있는 것이다.

사도 바울은 하나님께서 세계와 그 안에 있는 모든 것을 창조하시고 사람들이 지은 신전(神殿)들 안에 거처하고 계시지 않다는 것을 명쾌하게 선언하므로 창세기 1장과 똑같은 태도를 보이는 것을 볼 수 있다.

The God who made the world and everything in it is the Lord of heaven and earth and does not live in temples built by hands.

주와 그 가운데 있는 만물을 지으신 하나님께서는 천지의 주재시니 손으로 지은 신전(神殿)에 계시지 아니하시고(행 17:24).

이러므로 창세기 1장을 사도 바울이 석명(釋明)하므로 우리는 기실 진정한 역사 문화 해석과 방향 의식에 대한 권고와 교훈을 듣게 된다. 즉 대부분의 고대 만신전들은 피조 세계의 자연 현상 구조를 관찰하고 이것들을 신격화하므로 이루어진 것들이기에 인간 자아는 피조 세계로부터 전 우주와 자기 자신의 자아를 지으신 바로 창조자 하나님 그분 당신께 회개하는 자세로 전향하여 돌아가야 한다는 권고와 교훈이다.

사람은 이제 우주와 내 자아의 창조자 하나님을 진실로 새로이 인식하고 깨닫고 찬양하고 섬기고 받들고 경배해야 할 당위성 앞에 서게 된다. 창조자 엘로힘 하나님께서는 만신전들의 정체와 다신론의 구조를 백일하에 드러내신다. 따라서 창세기 1장은 우상 숭배를 직설법적 서술로 금지하신다.

이 직설법적 우상 숭배의 금지는 출애굽기 20:1-6, 신명기 5:6-10의 명령형 우상 숭배 금지와 두말할 나위 없이 연관된다. 이것은 정말 하나님과 언약/계약 체결의 기본 조건이며 십계명의 핵심 내용으로 삼위일체 하나님께서 내 영혼과 함께 하시는 기본 틀이다.

신명기 6:4-5에 십계명의 핵심이 잘 경탄스럽게 요약되어 있고 예수님께서 이것을 마가복음 12:29-31과 마태복음 22:37-40과 누가복음 10:27-29에 간결히 요약하여 우리의 흉금에 부딪치도록 말씀하셨다.

십계명은 구약성경과 그 언약/계약 관계의 요체(要諦)다. 언약/계약 관계란 죄인 된 인간이 하나님으로부터 소외되어 소망 없이 영원한 멸망 가운데 살 수밖에 없는 상황에 있을 때 하나님께서 자신을 낮추셔서 버려진 죄인을 은혜와 사랑으로 선택하시고 맺으신 관계이다.

구약의 계약 관계는 처음 어느 인종이나 국가 집단을 선택하신 것이 아니고 한 인간 개인 아브라함을 그 가족과 씨족 집단에서 불러내어 미래에 대한 역사적인 약속과 함께 맺으시고 유지하시고 지양하시고 창조하시는 관계이다. 십계명의 핵심을 근간으로 하는 이 계약 관계의 내용은 지금은 전 세계의 3대(大) 유일신 종교 곧 기독교, 이슬람교, 유대교의 원초적 기초가 되어 있다.

이 3대 유일신 종교들은 한 분 보이지 않으시는 창조자 한 분만을 믿음의 대상으로 받들고 있다. 다만 기독교에서는 오로지 성자 예수님의 십자가와 부활로 우리 구원의 성업(聖業)을 이루신 유일하신 구세주 그리스도를 고백하고 경배하고 증거한다.

십계명의 문헌적 성립 배경을 고찰하기 위하여 양식사적 비평 방법론을 학계에서 다각도로 적용했다. 히타이트(Hittite)와 이집트의 국가 조약들(treaties)이 B.C. 13세기경 상당수 외교 문서로 작성하고 조인(調印)되며 교환하여 전달됐는데 이 문서 양식이 십계명의 문헌 형식을 낳게 하지 않았나 학계에서 심도있게 고찰했다. 그러나 여기에서 역시 십계명의 대 전제는 한 분 보이지 않으시는 창조자 하나님이심을 명기(銘記), 명심해야 한다.

고대 근동의 외교 조약 문서들에서는 그 수가 수천이나 되는 우상신들이 조약 체결의 증인으로 언급된 것을 발견하게 된다. 비교의 가치가 성립되지 않고 있다. 십계명의 서장(序章) 격인 전문(前文)은 이렇게 되어 있다 (출 20:2; 신 5:6).

² אָנֹכִי יְהוָה אֱלֹהֶיךָ אֲשֶׁר הוֹצֵאתִיךָ מֵאֶרֶץ מִצְרַיִם מִבֵּית עֲבָדִים:

⁶ אָנֹכִי יְהוָה אֱלֹהֶיךָ אֲשֶׁר הוֹצֵאתִיךָ מֵאֶרֶץ מִצְרַיִם מִבֵּית עֲבָדִים:

² I am the LORD your God, who brought you out of Egypt, out of the land of slavery.

⁶ I am the LORD your God, who brought you out of Egypt, out of the land of slavery.

나는 너를 애굽(이집트) 땅, 종 되었던 집에서 인도하여 낸 네 하나님 야웨니라(출 20:2; 신 5:6).

십계명 전문의 이 선언은 성경이 의도적으로 다신교를 버리고 이집트를 비롯한 고대 근동의 종교를 배제하고 있다는 것을 전제하고 있다. 그래서 첫째 계명은 야웨 하나님 외에 다른 신들(אֱלֹהִים אֲחֵרִים)의 존재를 인정하거나 의식하지 말라고 엄격히 금지하고 있다.

하늘 위나 땅 위나 땅 아래, 즉 우주 전체에서 어떤 피조물을 신으로 형상화하여 절하거나 숭배하지 말라고 둘째 계명에서 부연하여 교훈 명령하시고 계신다(출 20:4-6; 신 5:8-10). 계속하여 구속과 압제의 세계에서 건지신 하나님께서는 다시 이 압제의 과거와 다변적 우상 종교 문화에 대한 애착과 향수를 버리라고 애틋하게 권고하시며 스스로 질투하시는 하나님이시라고 당신의 애정을 토로하신다.

수직적으로 하나님과의 애정과 충성과 정절의 이 관계가 올바로 수립 정비 유지될 때(막 12:29-31; 마 22:37-40; 눅 10:27-29 참조) 가족과 사회 민족 국가의 수평적 관계가 황금률의 이상향을 지상에서 건설하게 된다. 불교, 유교, 노장 사상(老莊思想)을 비롯하여 그 어디에서도 이렇게 하나님과 애틋한 인격적 관계와 질투하시는 하나님의 극진하신 관심과 사랑과 돌보심을 찾아볼 수 없다.

구약성경의 저자들은 이 질투하시는 하나님의 인격적 관심과 돌보심을 실제로 체험했다. 특별히 창조자 야웨 하나님께서 다른 신들과의 전쟁(神戰)에서 줄 곧 자신만만(自信滿滿)하게 승리를 쟁취하시며 뒤따르는 언약/계약의 무리들에게 신뢰를 종용하시는 절대적인 역사의 실재를 경험했다.

바로 이 창조자이자 승리자이신 야웨 하나님께서 성경 저자들의 마음과 생각과 영혼과 생활 체험에 함께 하셨다. 하나님께서 삼위일체적으로 내 마음 움직임과 생각 방향을 그 실제적 체험과 융화시켜 성경을 낳게 하셨다. 다르게 표현하면 한 분 보이지 않으시는 창조자 하나님의 슬기로우시고 질투하시고 은혜로우신 성령님께서 영감하시고 계시하시고 지도하셔서 성경을 낳게 하신 것이다.

그러기에 천 년보다 이전에 또 수백 년 전에 기록된 것을 읽고 들으며 시공을 초월하여 지금 바로 이 순간, 이 자리에서 우리의 심금은 공명하며 공감하고, 우리의 양심은 찔림을 받아 죄악 된 존재의 과거를 회심의 눈물로 씻으며 긍휼과 자비와 은혜의 그리스도 예수를 형언할 수 없는 감사와 찬양으로 받들게 된다. 우리의 심금과 지금의 생활 체험은 그 옛날에 체험을 기록한 것과 동시에 부합하며 감격에 넘치고 감개무량해 마지않는다.

십계명과 출애굽의 배경 문화 종교인 이집트의 만신전은 치소(嗤笑)를 면치 못할 우상 문화를 제시하고 있다. 이집트의 우상들은 사람의 형상과 짐승이나 새나 파충류의 모습을 괴기하게 혼잡시켜 엉뚱한 우상들을 고안 제작하여 우상 숭배를 했다. 신들 중에서 태양신을 가장 높이 받들었던 것 같다. 파라오 자신이 태양신의 형상이라고 믿었고 나중에는 파라오를 직접 신격화하여 태양신으로 숭배했다.

이집트의 만신전은 물론 불가시적인 신개념(神槪念)을 가질 리가 없고 다시 말하지만, 가시적인 신형상(神形象)을 고안하고 우상과 조각을 제작했다. 이것의 실제적이고 구체적인 예를 우리는 출애굽기 32:1-35을 보면서 유추하고 확인할 수 있다. 모세가 시내산 위에 올라가 40주야(四十晝夜) 하나님의 지시를 받고있는 동안 출애굽한 백성 무리의 시각에 금송아지 우상(출 32:4, 8, 24)이 출현했다. 이 금송아지를 이상하게도 "우리 앞에서 길을 행보할 신들"(אֱלֹהִים אֲשֶׁר יֵלְכוּ לְפָנֵינוּ, 출 32:1, 23)이라고 복수(複數)로 표현했다.

⁴ וַיִּקַּח מִיָּדָם וַיָּצַר אֹתוֹ בַּחֶרֶט וַיַּעֲשֵׂהוּ עֵגֶל מַסֵּכָה וַיֹּאמְרוּ אֵלֶּה אֱלֹהֶיךָ יִשְׂרָאֵל אֲשֶׁר הֶעֱלוּךָ מֵאֶרֶץ מִצְרָיִם:

⁸ סָרוּ מַהֵר מִן־הַדֶּרֶךְ אֲשֶׁר צִוִּיתִם עָשׂוּ לָהֶם עֵגֶל מַסֵּכָה וַיִּשְׁתַּחֲווּ־לוֹ וַיִּזְבְּחוּ־לוֹ וַיֹּאמְרוּ אֵלֶּה אֱלֹהֶיךָ יִשְׂרָאֵל אֲשֶׁר הֶעֱלוּךָ מֵאֶרֶץ מִצְרָיִם:

²³ וַיֹּאמְרוּ לִי עֲשֵׂה־לָנוּ אֱלֹהִים אֲשֶׁר יֵלְכוּ לְפָנֵינוּ כִּי־זֶה׀ מֹשֶׁה הָאִישׁ אֲשֶׁר הֶעֱלָנוּ מֵאֶרֶץ מִצְרַיִם לֹא יָדַעְנוּ מֶה־הָיָה לוֹ:

이들이, 오 이스라엘아, 너를 이집트 땅으로부터 인도하여 낸 너 이스라엘의 신들이다(출 32: 4, 8, 23).

금으로 주조한 이 금송아지는 두말할 것 없이 고대 근동 이집트 문명의 종교와 다신교, 우상 숭배를 상기시킨다. 출애굽한 소위 이스라엘 백성들이 기실 얼마나 고대 근동 이집트 문명의 종교와 정치와 기술 공학에 깊숙이 젖어 있었는지를 우리는 이 금송아지 이야기에서 실감할 수 있다.

그들은 십계명의 전문에서 언급한 대로 이집트의 '노예 집'(מִבֵּית עֲבָדִים)에 속하여 있었던 것이다. 성경의 출애굽기는 구속사적 의의를 넘어서서 고대 이집트 아니 고대 근동 문명 전반의 인간 문화가 지닌 허위 관념과 왜곡, 모순당착, 무기력을 잘 폭로하고 있다.

성경은 세계사와 근동사적 견지에서 고찰할 때 고대 근동의 만신전과 제반 문화를 학적으로 비판하고 있다는 데에 그 의의가 대단하다. 많은 신들이 여기에서 예외 없이 인간 환상의 가시적 투영이며 인간이 창조자 하나님으로부터 탈선하여 소외되자마자 이 죄인이 가지게 되는 동경과 화해와 자기 구원과 독백의 치졸한 신화를 사람들은 전개하고 있다.

이 신들은 금이나 은, 구리, 돌, 나무, 흙으로 만들었다. 벙어리 조각 우상신들은 사람들로부터 파렴치하게 온갖 헌물과 제물, 예배, 경배, 숭배를 요구했다. 사람들은 열심을 내어 실상 영문도 모르고 아니면 운명의 기구한 장난, 변덕과 자의로 비운과 불행을 가져다줄까 봐 지레 겁을 먹고 숭배와 헌물과 제물을 바라는 신들의 요구를 무조건 순종한다.

그들은 합리주의 시대의 인간 지고의 가치인 이성으로 그 요구를 회의하거나 조목조목 따지거나 이유와 원인을 캐물을 줄도 몰랐다. 사제(司祭)가 절을 하라면 수십 번, 수백 번을 마다하지 않고 하며, 귀중품이나 헌물을 내놓으라고 하면 서슴지 않고 내놓는다.

오히려 성경이 이 신들의 정체를 폭로하고 그 부질없음과 허위와 가식과 무용성(無用性)을 가차 없이 규탄하며 조롱하고 비웃고 놀리며 경멸하고 멸시한다(왕상 18:26-27 등). 하나님께서 아브라함 개인과 그 가솔을 고대 메소포타미아 수메르 땅 우르 제3왕조 제국으로부터 불러내신 뒤 아브라함의 여정에서부터(창 12장) 신들과의 전쟁(神戰)은 역사 창조적으로 전개된다.

아브라함과 그 가솔의 영도자이신 창조자 야웨 하나님께서 세계 4대(大) 문명 중 하나의 발상지이고 고대 근동의 최대 제국 중 하나인 이집트의 황제 바로에게 큰 재앙 곧 중병을 내려 황제가 꼼짝달싹하지 못하게 하신 이야기(조셉 피츠마이어, 『사해 동굴 발견 아람어 문헌 창세기 석해』[*The Genesis Apocryphon of Qumran Cave I, A Commentary*] [1971], 30-75 참조)는 세계사와 근동사와 성경사를 이해하는 데 막중한 의의를 지니고 있다(창 12:14-18).

이집트의 신들과 신전(神殿) 사제들이나 궁중 의술, 주치의들 또는 마술사들은 모두 속수무책이었다. 이보다 더 의의 깊고 흥미 있는 것은 창세기 14장에서 이집트를 제외한 고대 근동의 모든 강대국 군대와 아브라함의 가솔 318명이 겨루어 아브라함이 혁혁한 승리를 거둔 이야기로서 참 하나님과 예수님께서 함께 하시는 역사의 신학 골자를 일러 준다(창 14:1-16, 18-20; 히 7:1-8).

성경 이야기들에서 우리가 진지하게 주목할 것은 창조자 야웨 하나님과 언약/계약 관계를 맺은 개인 인물은 하나님 앞에 어떤 지구의 황제나 그 황제의 제국 영토 전체나 그 황제의 신하와 충신들과 그가 지닌 모든 문화 유산과 소유 보물보다 더 가치 있고 고귀하고 중요하게 평가되고 있다는 사실이다. 아브라함과 이삭, 요셉, 모세, 다니엘을 그 실례로 고려할 수 있다.

메소포타미아 문명과 이집트 문명은 세계사 최초의 문자 발명 문명들이다. 그런데 성경은 늘 이 문명들을 무자비하게 비판하고 있으며, 그들은 역동성이 없고 무익하고 부질없는 것들로 평가 절하한다. 현재 이라크와 이집트는 고대 만신전과 다신교, 신전(神殿), 우상 숭배를 다 망각하고 폐기했으며 모두 엄격한 유일신 신앙인 이슬람으로 대치되어 버렸다. 그들은 더 지난 과거의 문명에 대한 애착도 미련도 없는데 현재 서방 세계가 호기심을 가지고 더 흥분에 젖어 있는 것 같다.

창세기 후반부의 요셉 이야기는 하나님께서 함께 하시는 인물 하나가 이집트의 지혜와 종교 전체를 고갈시키고도 월등하고 여유 있게 제국의 한계를 능가하며 그들을 지배하고 있음을 박력 있게 시사하고 있다(창 37:39-50). 출애굽기의 열 재앙은 요셉처럼 창조자 야웨 하나님께서 함께 하시는 인물이 없는 이집트 제국의 자산과 지혜와 역량 전체를 치소거리와 파탄으로 몰고 간다(출 4-14장). 재앙은 결국 역사의 해결자이신 예수 그리스도 어린양이 내 자아와 세계의 구원을 위하여 흘리신 피로 유월절, 즉 죄 문제 해결 완성을 예표 상징하는 것으로 정점을 이룬다(출 12:1; 신 16:1; 막 14:12; 고전 5:7).

성경에 나타나는 창조자 야웨 하나님의 혁혁한 신전(神戰) 승리와 우리 구세주 예수 그리스도의 은혜는 세계사의 시간과 공간에 출현하는 영웅적 인물들이나 군왕, 황제, 이익 집단, 사회, 국가, 국제 연합을 보이지 않게 소리 없이 능가하고 제압한다. 출애굽은 한 분 창조자 야웨 하나님의 역사적 데뷔이면서 문명사적 모든 만신전이나 우상 숭배, 다신론에 대한 엄격한 금지 명령의 초석이 된다.

야웨 하나님 이름의 존재 기원을 문헌사적으로, 고고학적으로, 신학적으로 학자들이 수없이 연구 고찰했지만, 아직도 애매모호한 채 신비적인 존재로 되어 있다. 미국의 학자 올브라이트(W. F. Albright)와 그의 학파는 야웨의 이름이 창조적 존재론의 개념과 연관됐다고 본다. 히브리어 이름 야웨(יהוה)는 존재를 뜻하는 히브리어 동사 '하야'/'하와'(היה/הוה)의 히필(hiph'il) 사역형으로 그 의미는 '그분께서는 존재를 있게 하신다, 창조하신다'로 보고 있다.

이 해석은 신약성경에서 사도 바울의 하나님 인식 이해와 맥락을 같이하고 있다. 로마서 4:17에 하나님에 대해 다음과 같이 말한다.

> ἐπίστευσεν οὗ ἐπίστευσε Θεοῦ, τοῦ ζωοποιοῦντος τοὺς νεκροὺς καὶ καλοῦντος τὰ μὴ ὄντα ὡς ὄντα.
>
> God calls things that are not as though they are.
>
> 하나님께서는 죽은 자들을 살리시고 무(無)를 유(有)로 부르신다. 즉 있지 않은 것들을 있는 것들로/존재하지 않는 것들을 존재하는 것들로 부르신다(롬 4:17).

야웨 하나님의 거룩한 이름에는 창조적인 존재론이 담겨 있다. 한 분 창조자 하나님께서 내 영혼과 함께 하시는 삶과 영감과 의식(意識)의 기적을 체험한 결실로 피조물의 요소가 전혀 담기지 않은 독특하신 명칭이 창조적인 존재의 의미로 이루어진 것 같다(출 3:14 참조).

이 의미심장한 아버지 하나님의 명칭 야웨는 너무나 거룩하기에 히브리어 원문 성경을 읽는 옛 성도들은 감히 이 이름을 입에 올리지도 않고 '아도나이'(*adonai*) 곧 '나의 주님'이라고 읽었고 이것이 전통이 됐다. B.C. 3세기에 히브리어 구약성경을 헬라어로 번역할 때는 이 거룩한 하나님의 명칭을 읽어 신성 모독이 되지 않도록 아예 야웨는 빼고 '아도나이' 곧 '나의 주님'에 해당하는 헬라어 '퀴리오스'(κύριος)로 일제히 번역 표기했다.

헬라어 신약 원문 성경을 읽을 때 주님, 즉 '퀴리오스' 앞에 정관사 호(ὁ)가 부가되지 않은 것은 헬라어 70인역 성경(LXX)의 번역 전통에 따라 히브리어 고유명사 야웨 하나님의 명칭을 상기시키는 맥락이라고 이해할 수 있다. 히브리어에서 고유명사 앞에는 정관사가 부착되지 않는다. 신약성경에서 우리를 죄에서 구원하신 성자 예수 그리스도를 '호 퀴리오스'(ὁ κύριος), 즉 '주'(主)/'주님'이라고 부르게 된 것은 특별히 그 의미가 심장하며 영원한 무게를 지니고 있다.

하나님의 고유한 히브리어 이름 '야웨'(יהוה)의 어원적 해석을 '열정적이다'를 뜻하는 히브리어 동사 '하와'(הוה)로부터 도출시켜 '열정적인 분'을 뜻하는 것으로 보는 학적 견해(독일의 구약 학자 폰 라드)는 성경의 문맥(롬 4:17; 출 3:14 등)과 하나님의 품격 전반에 부합되지 않는 것 같다.

고대 근동의 전통과 가나안의 종교 행습에 따라 신들의 지역적 분포를 고려해 야웨 하나님의 숭배 기원을 팔레스타인 지역에 국한시키려 한 학적 시도는 모두 신빙성이 결여되어 보인다. 지역적 제한성을 넘어서서 초월적이며 우주적인 독특성을 내포하고 있다.

다시 반복하여 말하자면 구약성경의 하나님은 히브리어로 '야웨'(יהוה)가 이름이고 하나님은 히브리어로 '엘로힘'(אלהים)이라고 하며 신약성경에서 헬라어로 하나님은 정관사를 동반하여 '호 데오스'(ὁ θεός)라 하는데 이슬람교에서는 유일신을 '알라'라고 한다.

'알라'는 신을 의미하는 셈족어 공통 어휘에 속한다고 말할 수 있다. 세 유일신 종교가 세계사의 주름을 잡은 것 같은데 내 영혼의 영원한 존재를 위하여 예수 그리스도께서 십자가에 달리시고 사흘 만에 부활하시므로 죽음의 피 안에서 삶의 소망을 확립하신 것은 기적의 행운을 이룩하신 것이다.

성경 영감설은 문학 비교의 차원에서도 독특성을 발휘할 수 있다. 하나님께서 내 존재 전체와 영혼과 심장 마음속에 현실과 창조의 대화 계시를 성취하신 내용이 성경으로 기록되어 있는 것이라고 볼 수 있을 것 같다. 우리의 이성과 상상을 훨씬 넘어서 우리 행동과 심장, 마음의 경험을 조화시켜 하나님께서 내 삶과 영혼에 전달하신 언어 표현이다.

하나님께서는 우리의 정신세계 속에서 활동하신다. 우리의 심장형태소를 꿰뚫고 계신다. 우리의 계획, 작품 구상, 설계, 고안의 범주를 초월하며 능가하시고, 우리가 움직이는 손과 사유하는 마음에 예상 이외의 새로운 형안(炯眼)과 통찰력, 놀라운 직관과 몽상하지 못한 기적의 장엄하고 웅대한 문필 창작의 광장을 마련하신다.

세계사의 위대한 문필가들은 언제나 비판과 비평의 옹졸한 편견이나 선입관 없이 영감의 수용 태세를 갖추고 있었다. 산더미 같은 비평을 다 축적 통합해도 원작의 가치와 묘미를 필적하지 못한다. 따라서 영감은 그 말 자체가 초자연적 신의 범주 속에서 해후 대화함을 말한다.

다니엘은 메소포타미아 역사의 중요한 측면을 대변한다. 성경 역사가 메소포타미아 역사에서 출발하여 다시 메소포타미아로 복귀했는데 이 상황에서 종교 의식(意識)과 개념의 변화가 꼭 창세기 37-50장의 요셉 이야기와 이집트의 역사 그리고 히브리 부족 국가 탄생과 연계되어 전개되는 것을 연상시킨다. 고대 근동의 두 제국 바빌로니아와 이집트는 야웨 하나님의 역사 속에서 숨쉬고 움직인다.

두 제국 황제의 마음이 강퍅하고 불신에 차 있을 때 두 제국이 허망하게 붕괴되어 버린 역사를 볼 수 있다. 그것이 하나님의 사람들인 요셉과 모세 또 다니엘에 연관되어 황제들의 창조자 한 분 야웨 하나님께 대한 마음가짐(cardiomorphemes)과 신앙 자세와 도덕 행위가 펼쳐지면서 엄청난 규모의 제국들이 지푸라기처럼 동요하고 무너지고 쓰러져버리는 것을 쉽게 관찰할 수 있다.

다니엘은 이스라엘 유다 국가가 누적된 불순종과 불신과 부도덕과 부패로 무너지는 비극을 목도했고 그 희생객이 됐으나 개인적으로 한 분 하나님 야웨에 대한 신앙으로 바빌로니아와 페르시아 제국의 운명을 거머쥐게 됐다.

요셉과 다니엘의 이야기는 이집트, 바빌로니아, 페르시아 궁중 역사 기록에 남아 있지 않다. 그 이유는 자명하다. 궁중 사가(史家)들은 다니엘을 시기하고 질투하여 그를 괴롭히며 제거하려고 음모하는 데 혈안이었다.

마음가짐과 행위 도덕은 예나 지금이나 시간과 공간을 초월하여 어느 때, 어느 시대, 어느 나라, 어느 곳, 어디서나 다 마찬가지이다. 요셉과 모세와 다니엘과 예수님의 그 위대한 역사적 발자취를 이집트, 바빌로니아, 유대, 로마의 사가(史家)들은 지워버리려고 온갖 노력을 했거나 아예 무시해 버리려고 했거나 뇌물을 주고 기만, 사기, 술수를 써서 정사(正史)에 등재되지 못하도록 하거나 출판되어도 팔리지를 못하게 하거나 헛소문을 띄우게 했을 수 있다(마 28:11-15).

예수님 부활 사건을 은폐하기 위하여 유대인 대제사장들과 원로들이 무덤의 파수 병정들을 뇌물로 사기치게 하는 이야기는 너무나 현실 감각에 이해되는 이야기다.

그러나 역사상 세계의 최대 베스트 셀러인 성경이 이들의 행적을 잘 기록하여 어느 궁중 사료보다 사람들 모두가 더 쉽게 감동과 구원 신앙으로 읽고 인격이 변화하도록 경탄스럽게 보존하고 전승하고 있다. 이 이야기들은 문학비평의 차원을 넘어서서 시공을 초월하여 사람들의 마음 가짐을 바로 여미게 하고 개념의 혁명을 이룩하게 하며 기적의 삶을 영위하게 한다.

성경은 죄인 아낙네가 구세주 예수님을 믿고 따르며 베푼 신앙의 일화들을 기록하게 하여 강퍅한 죄인의 가슴이 무너지고 소스라쳐 놀라 그 철옹성 같은 오만과 기만과 불신의 마음 제국이 변화되게 하신다(눅 7:36-50; 마 26:6-13; 막 14:3-9; 요 12:1-8; 마 9:20-22; 눅 15:21-28; 요 8:1-11; 막 16:9 등).

예수님께서 오만과 자기 본위의 삶으로 나가기 쉬운 세 제자 베드로와 요한 야고보(마 16:23; 막 10:35-40; 마 20:20-28; 26:36-46; 막 14:32-42; 마 17:1; 막 5:35-43 등)를 거의 편애하시는 듯 함께 대동하게 하셔서 당신의 행동과 말씀을 그들의 가슴에 새기시게 하시는 모습을 읽고 마음에 터득할 때 기독교 역사와 개인 신앙의 여정에 아주 중요한 덕목을 쌓을 수 있다.

기독교 구약성경에서 야웨 하나님께서는 고대 근동의 신들을 제압하는 신전(神戰)의 투사로 보이지는 않으시나 맹활약하셨다는 사실을 잘 알 수 있다. 우리의 하나님께서는 많은 군대 곧 만군의 야웨라고 하신다. 창조자가 아닌 덧없는 우상들을 섬기는 세계의 제국들과 황제 군왕들과 군대의 장군들이 주로 시대와 인간을 지배하는 부류이다. 우리의 한 분 창조자께서 보이지는 않으시나 그 선지자들을 선택하여 이 부류들을 다 통치하시는 경탄스러운 활동을 우리는 기독교의 구약성경에서 볼 수 있다.

한 분 창조자 야웨 하나님께서는 만군의 영도자로서, 또한 신전(神戰, θεομαχία)의 빛나는 전략적 영웅으로서 그 위엄과 통치 기능이 모세오경과 여호수아로부터 역대하까지 이르는 역사서와 예언서와 시편의 상당 부분에 걸쳐 지배적 내용이 되어 있다.

이러한 야웨 한 분 하나님의 창조적인 역사 활동 기록은 세계사에 유례가 없는 것 같다. 역사 현상의 저변에 무엇이 인간 삶과 행위의 기본이 되는지를 보면, 기독교 구약성경에서 제일 먼저 우상 숭배와 다신교의 엄격한 금지 사항을 제시한다. 신약에서 예수 그리스도의 성령 안에 사는 삶을 제시한다. 이것을 따르지 않고 소홀히 할 때 개인과 가정 사회 국가 전반이 부패하고 오염되어 기강이 해이해져 나약하게 되며 붕괴한다.

구약성경은 그 좋은 역사적 실례라고 꼽을 수 있다. 세계를 석권하는 세 유일신 종교가 결국은 이렇게 하여 발단한 것 같고 세계를 지금 주름잡고 있는 듯하다. 이 말은 결국 고대 근동의 거대한 제국들인 바빌로니아, 아시리아, 이집트, 아나톨리아, 페르시아 등이 모두 우상 숭배와 다신교를 버리고 유일신 숭배자가 됐다는 엄연한 역사적 사실을 가리킨다.

세 유일신 종교 중 현대의 이스라엘과 유대교는 기실 기독교의 그늘 아래서 연명 부지하고 있지 독자적으로는 구약성경의 종말을 늘 벗어나지 못하고 있다. 유일신 종교라 하면 실제로는 기독교와 이슬람교이며 깊이 살펴보면 이슬람교의 코란은 내용상 성경의 조그마한 모방 및 파생이기도 하다.

구약성경은 위대하신 한 분 창조자 야웨 하나님의 계시이면서 역사 통치이지만, 내용적 결론은 이 한 분의 통치 이념과 교훈 명령을 어김으로 인하여 구약 시대의 백성은 "나약하고 무기력하고 병들고 마비되고 치명적인 죽음의 타격을 입었으며"(사 1:1-15 이외 대다수의 예언서) 그 이유는 세계 신들과의 전쟁(神戰)에서 어김없이 승리를 쟁취하시는, 삶과 소망의 근원이 되시는 창조자 야웨 하나님을 버리고 방기(放棄)했기 때문이라는 지적이다.

이 하나님께서 극진히 사랑하시어 영원한 상속자이신 독생 성자 아드님을 보내셨는데 이 상속자를 복음서의 비유에 의하면 그들은 잡아 죽였다(막 12:1-12과 평행절; Karl Heim, *Die Koenigsherrschaft Gottes nach Texten aus dem Markusevangelium*, Im Quell-Verlag der Evang. Gesellschaft, Stuttgart, Mai 1948, 5-19).

하나님께서 함께 하심은 하나님의 신전(神戰), 곧 하나님께서 세계 신들과 전쟁하시는 역사(歷史)와 동시적임을 의미하기도 한다. 세계에서는 하나님께 반역한 악의 세력이 발호하고 있다. 하나님께서 이 악의 세력을 분쇄(分碎)하신다는 확신이 나에게 있을 때 비로소 세계의 유혹과 죄와 허위

기만을 초극(超克)할 수 있다.

　사단은 악의 영도자인데 모든 허위, 사기, 기만, 술수의 조상이며 누가 이 기만의 자손이고 앞잡이인지를 성경에서 예수님께서는 밝히 지적하셨다 (요 8:44). 그것은 오늘날 우리에게도 똑같이 적용된다. 기만자는 진실과 접목되어 있지 않고 허위에 바탕을 두고 있으므로 그 자아는 허위와 거짓의 허수아비가 되어 담화와 대화의 시간과 기회에는 무질서하고 조리 없는 자기 이익 추구와 자기변호와 위선과 가식의 토로가 연발되고 인격의 향기(고후 2:14, 16)가 발산될 리가 없으며 사망과 시체의 악취를 내뿜을 뿐이다.

　하나님께 속한 자는 진실에 속해 있고 진심을 말하며 참된 자유를 향유하고 세계를 이긴다(요 8:32, 45-47; 요일 2:13, 14; 4:4; 5:4-5). 세계에서 우리에게 어려움이 있겠지만 예수님께서는 세계를 이기셨다(요 16:33). 승리하신 예수님께서 나와 우리와 세계의 유일하신 구세주(*ho monosōtēr*)로서 만전태세(萬全態勢)를 갖추시고 나와 함께 하시며 나의 그릇된 것을 고쳐 주시고 방향을 바로 잡아 인도하신다는 확신은 내가 세계를 이겼음을 일러 준다. 베드로의 자신만만한 선포와 의젓하고 늠름한 모습을 주목할 필요가 있다 (행 4:12-14).

> [12] καὶ οὐκ ἔστιν ἐν ἄλλῳ οὐδενὶ ἡ σωτηρία· οὐδὲ γὰρ ὄνομά ἐστιν ἕτερον ὑπὸ τὸν οὐρανὸν τὸ δεδομένον ἐν ἀνθρώποις, ἐν ᾧ δεῖ σωθῆναι ἡμᾶς.
>
> [13] Θεωροῦντες δὲ τὴν τοῦ Πέτρου παρρησίαν καὶ Ἰωάννου, καὶ καταλαβόμενοι ὅτι ἄνθρωποι ἀγράμματοί εἰσιν καὶ ἰδιῶται, ἐθαύμαζον, ἐπεγίνωσκόν τε αὐτοὺς ὅτι σὺν τῷ Ἰησοῦ ἦσαν·
>
> [14] τόν τε ἄνθρωπον βλέποντες σὺν αὐτοῖς ἑστῶτα τὸν τεθεραπευμένον,

οὐδὲν εἶχον ἀντειπεῖν.

¹² Salvation is found in no one else, for there is no other name under heaven given to men by which we must be saved."

¹³ When they saw the courage of Peter and John and realized that they were unschooled, ordinary men, they were astonished and they took note that these men had been with Jesus.

¹⁴ But since they could see the man who had been healed standing there with them, here was nothing they could say(contradict: Greek ἀντιλέγω: aor. ἀντεῖπον).

¹² 다른 이로써는 구원을 받을 수 없나니 천하 사람 중에 구원을 받을 만한 다른 이름을 우리에게 주신 일이 없음이라 하였더라

¹³ 그들이 베드로와 요한이 담대하게 말함을 보고 그들을 본래 학문 없는 범인으로 알았다가 이상히 여기며 또 전에 예수와 함께 있던 줄도 알고

¹⁴ 또 병 나은 사람이 그들과 함께 서 있는 것을 보고 비난할 말이 없는지라 (행 4:12-14).

이미 설명하여 대체로 이해하겠지만 최종적으로 정리하는 의미에서 고대 근동의 신들을 비교 검토하는 것이 바람직할 것 같다. 메소포타미아의 신들과 이집트의 신들과 가나안의 신들이 이름들은 언어에 따라 다르고 성별(性別)의 구별은 다르지만 숭배 대상과 개념은 동일한 것 같다. 이 사실은 전 세계의 언어와 종교를 비교하고 그중에서 비교의 차원을 넘어 독특하고 유일무이한 종교를 돋보이게 할 수 있는 방법도 저절로 밝혀지게 할 것이다.

메소포타미아 수메르에서 태곳(太古)적 물(水)의 신으로 섬겼던 남무(Nammu) 신(우르 제3왕조의 건국 황제 이름 '우르 남무' 참조)이 여성인가 하면 이에 해당하는 이집트의 눈(Nun) 신은 남성이었다.

신들의 성별 의식이 어떻게 발생했는지를 알아내기란 결코 쉬운 일이 아니다. 이것의 고찰은 사물의 언어, 상징, 기호, 명칭 부과에 대한 추리 과정을 가상하는 것과 같아서 당시 문예가들인 서기관들의 대상 인식론, 감정의식, 낭만성, 기호 성향 등이 작용했을 수 있다. 물론 생태학적 지역적 특성이나 주거 환경과 사회적 관계 연상 또는 생식(生殖), 번식 등의 고려가 동시에 작용했을 수 있다. 넓은 의미에서 이것은 언어 철학의 과제일 수 있다.

수메르 사람들이 섬기던 하늘신은 남성 안(An)인 반면 이집트의 하늘신 눗(Nut)은 여성이다. 하늘에 대한 성별(性別) 의식과 감정이 이렇게 다른 것은 흥미로운 일이며 다른 한편 피조물 신격화의 우상론을 감안한다면 진지성을 표명할 필요 없이 성경의 예언자들처럼 유치한 종교 양상이라고 간단히 비소(鼻笑)에 부칠 수도 있다.

메소포타미아의 수메르에서 하늘(AN)은 남성(男性)인 반면에 땅(KI)은 여성인데 이집트의 태곳(太古)적 땅(地)과 언덕의 아툼(Atum) 신은 남성이다. 그러나 공기와 공중과 대기권의 신은 메소포타미아 수메르의 엔릴 신이나 이집트의 슈(Shu) 신 모두가 남성이다. 메소포타미아에서 식물(植物)과 채소의 신인 두무지(성경의 담무스[Tammuz], 겔 8:14)는 남성이고 지옥을 지배한다는 에레쉬키갈 신은 여신이지만 이집트의 오시리스(Osiris)는 남성으로서 식물과 채소 그리고 지옥을 다 관장하는 신으로 알려 있다.

메소포타미아에서 어머니신 닌후르상, 닌마흐, 닌투, 이렇게 셋을 가지고 있듯이 이집트에서도 그에 해당하는 어머니신 테프눗(Tefnut), 하토르

(Hathor), 넵튀스(Nephthys), 이렇게 셋이 있었다. 메소포타미아 수메르의 신화에서 많이 등장하는 엔키 신은 땅과 물의 신, 지혜와 마술의 신으로 고증되고 있으며, 난나(Nanna, 아카드의 신[Sin])는 달(月)의 신, 그리고 니다바(Nidaba, 아카드의 나부[Nabu])는 서기관의 신으로 세 신이 모두 남성인데 이집트의 토트(Thot) 신은 남신으로 지혜와 달과 서기관을 총괄하는 신으로 등장하여 이집트 제국의 새로운 면모를 제시하는 것일 수 있다.

메소포타미아에서는 수메르의 태양신이 우투(Utu)이고 아카드(Akkad), 즉 바빌로니아와 아시리아의 태양신은 셈족어 공통 어휘인 샤마쉬(Shamash) 신인데 남성이다. 이집트의 태양신도 남성으로 라(Ra), 호루스(Horus), 아문(Amun)으로 문헌에 따라 고증되고 있다.

메소포타미아에서 바람과 폭풍과 비의 신으로 수메르의 남성 이슈쿠르(Ishkur)와 아카드의 아닫(Adad)이 고증되고 있는데, 고대 바빌로니아의 함무라비 대왕 등극 이후로는 마르둑(렘 50:2, 개역성경: 므로닥; 새번역: 마르둑) 신을 추앙하여 이슈쿠르/아닫의 기능을 다 수행하는 신으로뿐만 아니라 바빌로니아 만신전의 주신(主神)으로, 그리고 '고매한 영도자,' '하늘과 땅(우주)의 왕,' '신들의 왕'으로까지 칭송하며 숭배했다.

그러나 중세 아시리아의 역사 서사시 투쿨티닌우르타에서 마르둑 신상(神像)은 포획됐고 성경의 예언자 예레미야는 "마르둑이 공포에 떤다"고 선포했다(렘 50:2). 마르둑의 단일신론(單一神論, henotheism)화(化)와 용해신학(溶解神學, Verschmelzungstheologie)의 경향에 대하여는 이미 앞서 논급했다. 이집트의 셋(Seth) 신은 남성으로 위에서 언급한 메소포타미아 신들의 분야를 다 맡고 있는 것으로 고증되고 있다.

성경과 지역적으로 밀착되어 있는 가나안의 만신전은 현재 시리아의 랏샤므라 지역에 대한 고고학 발굴 결과로 소상하게 밝혀졌다. 랏샤므라 지역은 고대 우가릿 왕국(B.C. 1450-1250)이 있었던 곳으로 1920년대 말(末)에 프랑스 고고학 팀이 발굴을 개시하여 지금도 프랑스 고고학자들에 의해 발굴이 계속되고 있다.

여기에서 약 20,000여 점의 설형 문자 토판을 비롯한 갖가지 왕궁의 기물들이 출토됐다. 설형 문자 해독 결과 세계 역사상 최초의 서른 자(字)로 된 셈족어 알파벳 발명 사실을 알게 됐으며 상당수의 신화들이 평행구의 기법으로 기록되어 셈족어 특유의 문장 기교를 확인할 수 있게 됐다.

더군다나 신화의 문장 중에 구약성경의 문장과 추호의 차착(差錯)이 없는 것들이 있어 성경 영감설에 대한 재고(再考)를 환기시킬 정도였다. 그러나 우리가 지금 다루는 고대 근동의 신전(神戰)에 입각하여 영감설의 진위를 가려야 한다.

우가릿 왕국은 성경에서 아주 철저하게 그 종교와 일상 행습의 모방 및 추종을 엄금한 대표적 바알 신 숭배의 가나안 도시 국가였다. 우가릿 왕국을 위시하여 가나안의 만신전을 살펴보면 하늘신 엘(El)은 메소포타미아의 하늘신인 '안'/'아누'와 이집트의 '눗'/'라'에 해당한다고 볼 수 있다. 아쉐라(Ashera)는 땅을 어머니로 섬기는 지모신(地母神)으로 메소포타미아의 아카드 신인 아루루(Aruru)와 이집트의 테프눗에 해당한다고 볼 수 있을 것 같다.

하지만, 바알(Baal) 신이 가나안 만신전에서 가장 세력 있고 주름을 잡는 신이고 폭풍과 비의 신으로서 메소포타미아의 아답이나 마르둑 그리고 이집트의 하토르에 해당한다고 볼 수 있다. 고대 근동의 만신전에서 포복절도(抱腹絶倒)할 풍경은 이집트의 하토르에 해당하는 메소포타미아의 여신 이슈타르(Ishtar)에 턱수염이 있는 석상이 고고학적으로 발견됐다는 사실이다. 이슈타르는 풍요의 여신인데 남자의 턱수염이 그 턱에 달렸다는 것은 오늘날의 초등 상식으로 이해하지 못할 웃음거리임에 틀림없다.

아스타르트(Astarte)는 메소포타미아의 이슈타르(Ishtar) 여신과 이집트의 이시스(Isis) 여신처럼 가나안에서 풍요의 여신이다. 코샤르(Koshar)는 메소포타미아의 에아 신이나 이집트의 오시리스 신 또는 프타흐(Ptah) 신처럼 가나안에서 지혜의 신이다. 메소포타미아 아카드의 네르갈(Nergal) 신은 수메르의 에레쉬키갈처럼 지옥을 관장하는데 이집트에서는 오시리스 신이 그러하고 가나안에서는 레쉡(Reshep)이 지옥을 다스린다고 하는 신이다.

성경에 나오는 다곤(Dagon) 신은 블레셋(the Philistines) 사람들이 섬기는 신으로 많이 고증되고 있다(삿 16:23; 삼상 5:2, 3, 4, 5, 7; 대하 10:10). 이 다곤 신은 가나안의 다간 신을 가리키는데 곡물의 신으로서 고대 가나안의 농경 사회에서 높이 추앙 받을 수 있는 신인 것을 쉽게 짐작할 수 있다.

그러나 블레셋 사람들이 삼손을 잡아 눈멀게 하고 감옥에 넣어 맷돌을 갈게 하다가 그들이 다곤 신에게 드리는 축제 때 삼손을 놀림감으로 끌어내어 흥을 돋구고자 했으나 삼손이 회심의 눈물로 창조자 하나님께 간절히 기도하고 힘을 씀으로 다곤 신전(神殿)은 여지없이 붕괴되고(collapsed) 말았다. 3천여 명이나 되는 남녀노소 빈부귀천의 축제 참가자들이 다곤 신상과 함께 환희의 절정에서 비운의 죽음으로 종지부를 찍었다. 삼손 하나 앞에서 허수아비 우상에 헛된 믿음과 소망을 둔 개인과 가정과 사회 집단과 민족 국가 전체가 모조리 파멸을 당했다.

우리가 고찰하는 신전(神戰)은 창조자 하나님의 혁혁한 역사의 승리와 예수 그리스도의 영원한 구원을 지향하는 것이다. 하나님의 언약궤를 탈취한 다곤 신 숭배의 블레셋 통치자들은 다곤 신의 도움으로는 도저히 이겨낼 수 없는 수난들을 당하다가 결국 헌납 제물까지 바치며 자진하여 언약궤를 흔쾌히 반환하고 만다(삼상 5:1-6:14). 신약성경에서 많은 악마들이 예수님 앞에서 붕괴되는 이야기들에 주목할 필요가 있다. 예수님께서는 세계를 이기셨다(요 16:33).

> I have told you these things, so that in me you may have peace. In this world you will have trouble. But take heart! I have overcome the world.
> 이것을 너희에게 이르는 것은 너희로 내 안에서 평안을 누리게 하려 함이라 세상에서는 너희가 환난을 당하나 담대하라 내가 세상을 이기었노라 (요 16:33).

오늘날 시리아에 있는 텔-마르디흐(Tel-Mardih) 지역을 이탈리아 고고학 팀이 1960년대부터 1970년대에 걸쳐 발굴했다. 결과 B.C. 2600-2300년 사이 에블라(Ebla) 왕국이 여기에 있었던 것으로 확인되고 설형 문자 점토판 문헌이 20,000여 점이 출토됐으며 해독 문헌 속에 성경의 다곤 신이 에블라 왕국의 다간 신으로 고증되어 이 지역 가나안의 주신(主神)이지 않은가 여겨지게 됐다.

독일 하이델베르크대학에서 수메르어 교수를 역임한 필자의 이탈리아 시실리(Sicilia) 친구 지오반니 페티나토(Giovanni Pettinato) 박사는 이 에블라 점토판 문헌을 해독했고 필자는 그에게서 직접 문헌 자료를 전달 받았다(1985년).

고고학 발굴은 로마대학교 고고학 교수 빠올로 마디애(Paolo Matthiae) 박사팀이 수행되었고, 출토된 점토판은 페티나토 박사에게 해독을 의뢰한 것 같다. 페티나토 박사의 문헌 해독 결과가 출판되자 그것이 이스라엘 성경의 해석에 활용된다 하여 시리아 정부에서는 일체 자료 공개를 중단시키고 이스라엘과 친이스라엘 학자의 접근을 국제적으로 엄격히 금지시켰다.

1997년 여름 시리아 고고학 답사 때 필자는 텔-마르디흐를 가 보았다.

필자의 팀은 아주 친절한 환영을 받았다. 필자가 메소포타미아 설형 문자 학자라는데 친근감을 주기도 했지만 대한민국의 기업이 여기까지 손을 뻗쳐 한국 상품은 잘 알려져 있고 우리를 안내하는 시리아 젊은이가 임대한 버스는 우리 쌍용차여서 그 성능도 좋았지만 서로 친근감과 호감을 갖게 하는 데 큰 몫을 한 것이다. 우리 고고학 답사 팀 일행은 모두 합하여 열두 명이었다.

시리아와 대한민국은 정식 국가 간의 외교 관계도 수립되지 않았지만 설형 문자를 알고 있는 학자가 있다는 것과 대한민국 기업이 생산 수출하는 제품의 성능과 품질이 좋다는 사실 인식은 국교 관계의 형식 절차 이상으로 낯선 두 나라와 민족 간 관계를 원활하고 돈독하게 할 수 있다는 산 경험을 몸소 익히게 됐다.

그러나 시리아 관리들은 조롱 섞인 어조로 지오반니 페티나토라는 이름은 입 밖에 꺼내지도 말라고 말했다. 이것은 시리아와 이스라엘이 서로 밀접히 연접한 이웃 나라이지만 적대 관계와 긴장 대결이 얼마나 심각한지를 단적으로 일러 주는 태도 표명이라 할 수 있다.

오늘날 서방 세계와 이스라엘은 고고학에 진주가 있는 것처럼 생각한다. 그러나 실상 고고학 발굴 출토품 속에 진주는 없고 오히려 그것들은 성경의 진리를 방증한다. 지금 유일신교를 철저히 숭상하는 이슬람교의 시리아에 다간 신에 대한 애착이나 미련이 있을 리 없다.

오히려 역설적으로 서방 세계와 이스라엘이 흥분하고 깊은 관심을 표명한다. 쿰란(Qumran) 사해 사본이나 문헌도 기실은 전혀 대수롭지도 않은데 법석을 떤다. 신약성경의 예수님께서는 하나님의 아들로 성육신하셨고 세례 요한은 그 예언자로서 약간 빨리 와서 회개의 세례와 심령의 변화 또 생활 개혁을 진작시켜 하나님 나라 준비에 길을 터놓았다.

이 우주적인 사실을 쿰란의 사해 사본이나 문헌은 바꾸거나 전복시키지 못한다. 또 랏-샤므라 우가릿 언어 문헌이 해독되어 구약성경 연구에 혁명을 가져왔다고 하지만(Cyrus Gordon) 심층 연구 분석하면 부패한 가나안 우상 문화의 실제를 확인할 뿐이다.

설형(楔形) 문자와 상형(象形) 문자로 쓰여진 고대 근동 문학, 기실 고대 근동 신화가 수십 년간의 노력 끝에 해독되어 서방 세계에 읽혀지게 된 후, 시대가 19세기 후반기와 20세기 초 중반이어서 반기독교 정서와 무신론과 합리적 비판 풍조가 팽배하던 때라 합리주의를 신봉하던 지성계는 성경의 영감설을 무자비하게 훼파했다. 성경의 영감설은 떳떳한 학설이나 성경관이 되지 못하고 고리타분한 옹고집으로 하시(下視)하기에 이르렀다.

필자도 수년간 설형 문자와 상형 문자 그리고 셈족어 원문으로 고대 근동 문헌을 읽는 사이 성경의 영감설과 근동 문학의 상관 관계에 대하여 언뜻 얼떨떨했다. 『길가메쉬 서사시』의 열한 째 토판 홍수 이야기와 성경의 노아 홍수 이야기 가운데 정말 똑같은 문구가 나온다. 함무라비 법전과 모세의 율법 사이에 똑같은 법조문이 나온다. 우가릿 문학의 평행구와 성경의 평행구 간에 똑같이 일치하는 것들이 많다. 이집트의 잠언과 성경 솔로몬의 잠언과 구구절절이 같은 것들이 있다. 결국 예수님께서 문제 해결을 위해 적확한 진리를 터득하게 하셨는데, 이에 대하여는 나중에 더 자세히 말하겠다.

고대 근동 문학이 성경 기록의 배경이 된다는 관념 아래 고대 근동의 방대한 수집 문헌들이 이미 독일에서는 1920년대부터 그리고 미국에서는 1950년대부터 해독되고 번역되며 출판하여 세계 학계와 지성계에 소개됐다.

이것은 1890년대에 독일 학자 프리드리히 델리취가 독일 황제 빌헬름 앞에서 강연한 "성경과 바벨"(Bibel und Babel)에 연계된다. 성경은 독창적인 영감의 소산이 아니라 고대 근동 문학의 모방 작품이라는 견해가 학계와 지성계에서 우세하기 시작했고 지금도 그 여파는 세차게 영향을 끼치고 있다.

종교사 학파(die religions-geschichtliche Schule)가 같은 또는 선도적 기능을 장악하고 있다고 볼 수 있을 것이다. 그래서 종교다원주의(Religious Pluralism)가 득세하게 됐다. 여기에서 우리는 이제 성경을 다시 바로 볼 줄 알아야 한다. 기독교 성경은 그 당시 사회 환경 속에서 평범한 서민까지 잘 이해할 수 있는 언어로, 또한 배우고 가르치기 아주 쉬운 셈족어 알파벳 22자로 쓰였다. 당시에 통용되던 언어 표현을 사용하여 한 분 창조자 야웨 하나님의 영감 지시(指示)와 하나님 찬양과 하나님과의 대화를 모두 알기 쉽게 쓴 것이다.

그 당시 통용되던 언어 표현, 문구가 성경에도 똑같이 나온다고 해서 성경 영감의 독특성이 결코 훼파되지 않는데, 왜냐하면 영감하고 계시하신 하나님의 인격이 전혀 다르고 살아 계시며 탁월하시기 때문이다. 당시 다신교 우상의 종교는 지금까지 살아 계속되고 있지 않으며 고고학의 유물로 사장됐다가 이제 출토되고 해독되면서 그 종교와 신들의 저질성(低質性)과 그에 따른 참담한 운명을 실증하고 있기 때문이다.

그 옛날 일반 서민 대중이 성경을 아주 쉽게 읽고 이해할 수 있었던 것처럼 오늘날에도 고대 근동 문헌 가운데 성경은 제일 쉽게 읽고 터득할 수 있는 기록 문헌이며 경전이다. 성경에 고대 근동 문헌과 같은 문구, 같은 법 조문, 평행구의 일치, 같은 잠언 구절이 나오고 있다는 사실은 성경 영감설을 조금도 훼파하지 못한다. 성경은 당시의 문화 상황과 생활 양식을 이해하는 데 도움을 주고 그런 속에서 어떻게 생각하고 믿고 행동해야 하는 것을 영감으로 계시받은 것이다.

계시하신 분이 피조물 신격화의 우상이 아니라 살아 계신 창조자 한 분 야웨 하나님이시라는데 궁극적 가치와 의의가 있는 것이다. 이 계시의 말씀이 한 분 창조자 야웨 하나님의 영감 및 지시(指示)와 하나님 찬양과 하나님과의 대화이기에 독특성을 지니며 개인과 가정과 사회와 국가 민족과 세계 역사에 파급하는 내용의 진지성과 진실과 장중함과 엄숙성이야말로 이루 형언할 수 없이 막중하고 위대한 것이다.

그래서 말씀이 육신이 되신 예수 그리스도의 역사 통치와 함께 오늘날도 성경은 구원과 영생의 진주를 담고 있다(마 13:45-46; 요 5:39). 하나님께서는 신약성경도 거창한 고전 헬라어의 서사시와 비극, 희극, 철학, 역사를 거쳐 헬레니즘의 간편한 언어 수준을 따라 아주 평이하게 기록되어 만인이 읽고 구원의 진리와 진주를 안을 수 있게 섭리하셨다.

신약은 헬레니즘 위에 영원하신 구원자 예수님의 하늘 세례를 베풀어 헬레니즘 판도 위에 지상 천국이 건설되게 했듯이 기독교 구약성경은 고대 근동 역사와 문화 속에서 창조자 한 분 야웨 하나님의 아브라함 선택과 함께 종교다원주의 문화를 유일신 체제로 성별하여 구세주 예수님을 맞아들이며 개인과 세계 운명의 소망을 은혜로 달성하게 한 터전을 가꾼 것이다.

그래서 성경은 결코 역사, 문화의 환경과 격리되어 어떤 상아탑이나 평범한 시민이 접근하기 어려운 금자탑에서 쓰여 특권층의 전유물이 되도록 쓰여진 것이 아니다. 고대 근동 문학은 예수 그리스도의 성육신 언어와 비추어 볼 때 오히려 기독교 구약성경의 참 가치와 품위와 위대한 영감 사실을 확증해 주고 있다.

이제는 고대 근동 문학을 대할 수 있는 방대한 자료들이 출판되어 기독교 구약성경과 나란히 놓고 대조하여 볼 수 있게 됐다. 제임스 프리처드(James B. Pritchard)가 편집한 ANET(*Ancient Near Eastern Texts Relating to the Old Testament* [3rd ed. Princeton: Princeton University Press, 1969], 『고대 근동 문학 선집』, CLC 역간)이 20세기 후반 영어권 또는 영어 사용 계층에 보급된 서적이다.

물론 독일어, 프랑스어, 이탈리아어 등으로 출판된 것들도 있다. 20세기 말에 21세기를 겨냥하여 세 권으로 이루어진 성경의 배경 문헌(COS: *The Context of Scripture*, Edited by W.W. Hallo, 3 vols. [Leiden:Brill, 1997-2002])이 있고 고대 근동 문명 전반을 소개한 네 권으로 이루어진 큰 부피의 책자가 있다(CANE: *Civilizations of the Ancient Near East*, Edited by J. Sasson. 4 vols. [New York: Scribner, 1995]).

이 문헌 자료들을 다 샅샅이 훑어 보아도 우리 기독교 성경이 전달하는 한 분 창조자 하나님의 빼어나신 영감 기별은 접할 수 없다. 한 분 창조자 하나님의 언어는 시대의 생활 풍속, 사상, 문화, 종교를 모두 순화하고 체질을 변화시키며 역사에 혁명과 변화와 개혁과 갱신을 도입한다.

결국 고대 근동의 농경 사회에서 곡물 신은 물론 높이 숭상을 받아서 다간 신이 에블라에서처럼 가나안의 주신(主神)인 것으로 보인다. 이 신은 메소포타미아의 두무지와 이집트의 오시리스에 해당하는 것 같다. 하지만 이 신들이 메소포타미아와 가나안과 이집트에서 그렇게 높이 추앙을 받고 숭배와 헌물과 제사를 받았지만 실제로 그들이 백성들의 일상 생활에 의식주의 제일 필수품인 곡물의 수확을 공급하는 데 만전을 기했는지 자문해 볼 때 수긍이 가지 않는다.

기독교 구약성경에서 곡물을 비롯한 모든 결실과 수확을 관장하시는 분은 한 분 창조자 야웨 하나님이시다(신 28:11, 12; 30:9 등). 오히려 가나안에서 아주 억세게 받들고 모신 신은 바알 신이다. 그 이유는 농경 사회에서 곡물의 수확이 풍성하려면 비가 제 때에 와서 농사가 잘 되어야 하는데 바알 신이 폭풍과 비의 신이기 때문이다.

그런데 바알 신이 정말 비를 관장하고 비를 잘 내려 주었는가?

우리는 기독교 구약성경 열왕기상 18장을 살펴볼 필요가 있다. 신들과의 전쟁인 신전(神戰)이 비와 관련하여 가장 격렬하게 치뤄진 이야기가 기독교 구약성경 열왕기상 18장에 쓰여 있다.

곡물의 신이며 가나안의 주신(主神)이라고 하는 다간 신보다도 구름과 폭풍과 비의 신인 바알이 가나안의 농경 사회에서 더 세력을 떨치고 기독교 구약성경에 더 많이 심각하게 고증되고 있다.

가나안의 만신전에서 신을 의미하는 셈족어 공통 어휘인 엘(El)이 메소포타미아 수메르의 하늘신 안(An)처럼 최고의 위치를 차지하고 있지만, 사람들은 만신전과 인간 사회의 실제 통치를 바알 신이 수상(首相)이나 국무총리처럼 경영하는 것으로 믿고 있었다. 바알은 그래서인지 가나안의 지명과 인명에 다수 고증되고 있다.

바알 신의 위엄과 기능을 나타내는 별명(別名)은 '구름을 타고 있는 자'라는 뜻으로 '운무(雲霧)의 승자(乘者)'(the rider of clouds, rkb. 'urpt)라고 우가릿어(Ugaritic)로 말하기도 했다. 1997년 고고학 답사 때에 시리아의 다마스쿠스(Damascus)와 알렙포(Aleppo) 박물관에, 발굴 및 출토 되어 전시된 엘(El)과 바알의 신상들은 사람 손가락 크기의 조그마한 노리갯감들에 불과했다.

사람들이 자연의 두려운 현상 앞에서 전율할 때 이러한 노리갯감 같은 우상들 속에 무슨 힘과 인간에 대한 악의가 있어서 위기에 처하는 것인가 의구심을 가지게 되며 공포에 휩싸여 사로잡힌다. 예수님의 제자들은 풍랑을 만났을 때 마찬가지로 공포에 떨며 어쩔 줄을 몰라 주무시는 예수님을 깨워 구조를 간청했다. 예수님께서 폭풍과 풍랑을 꾸짖으셨고 바다는 잔잔하게 됐다. 제자들에게 믿음이 없음을 꾸짖으셨다. 제자들은 폭풍과 풍랑과 바다가 순종하는 것을 보고 경악과 경탄을 금치 못했다(눅 8:22-25).

가나안에서 폭풍의 신으로 추앙받던 바알은 결국 예수님 앞에서 무릎을 꿇은 격이 된다. 비극과 재앙의 자연 현상 배후에서 발호하는 불순종의 악령과 불결한 귀신들을 꾸짖으시고 통제하여 괴멸(壞滅, 막 5:1-13; 눅 8:26-33)시키시는 예수님께서 드디어 근동과 세계 전체 신전(神戰)의 최후 궁극적 승리자이시며 이러한 맥락에서 예수님의 축신(逐神)과 치유와 이적을 이해해야 한다.

사람들을 먹여 살리는 곡물의 파종과 성장과 수확을 위하여 또 사람을 비롯한 생물 전체의 수분(水分) 섭취를 위하여 구름과 안개(雲霧)와 비와 더불어 태양 광선은 절대로 필요한 것이다. 예수님께서는 아버지 하나님께서 인간과 생물의 이 절대 필수품을 악한 자와 선한 자 그리고 의인과 악인에게도 내려보내 주신다고 하셨다(마 5:45). 세계사의 최후 승리자와 완성자로 이 구름을 타고 오실 분은 바알 신이 아니라 예수 그리스도이신 것이다(단 7:13; 마 26:64; 24:30; 22:44).

우리가 사는 미국 노스캐롤라이나 주(洲)에 2007년 혹심한 가뭄이 오니 많은 교회가 하나님께서 자비하심과 인자하심으로 비를 내려 주시라고 간절한 기도를 드렸다. 2008년에도 가뭄과 비와 물의 부족을 심각히 우려했었다.

이러한 인간사의 정황을 고려하고 참작하면서 실망과 좌절과 허위와 기만과 사기 전술의 바알 신 숭배자들과 한 분 창조자 야웨 하나님의 예언자 엘리야의 필사적인 결전을 살펴보아야 한다.

바알 신과 여신 아세라(왕상 18:19)의 예언자들이 모두 합하여 850명이나 되는 종교 사기 집단과 엘리야는 한 분 창조자 야웨 하나님의 유일한 예언자로 대결한다. 엘리야는 제안하기를 하늘에서 불을 내려 주는 신을 참 신으로 인정하자며 참 신이 바알 신인지 야웨 하나님이신지 보자고 했다.

> ²¹ וַיִּגַּשׁ אֵלִיָּהוּ אֶל־כָּל־הָעָם וַיֹּאמֶר עַד־מָתַי אַתֶּם פֹּסְחִים עַל־שְׁתֵּי הַסְּעִפִּים אִם־יְהוָה הָאֱלֹהִים לְכוּ אַחֲרָיו וְאִם־הַבַּעַל לְכוּ אַחֲרָיו וְלֹא־עָנוּ הָעָם אֹתוֹ דָּבָר:
> ²⁴ וּקְרָאתֶם בְּשֵׁם אֱלֹהֵיכֶם וַאֲנִי אֶקְרָא בְשֵׁם־יְהוָה וְהָיָה הָאֱלֹהִים אֲשֶׁר־יַעֲנֶה בָאֵשׁ הוּא הָאֱלֹהִים וַיַּעַן כָּל־הָעָם וַיֹּאמְרוּ טוֹב הַדָּבָר:

> ²¹ Elijah went before the people and said, "How long will you waver between two opinions? If the LORD is God, follow him; but if Baal is God, follow him." But the people said nothing …
> ²⁴ Then you call on the name of your god, and I will call on the name of the LORD. The god who answers by fire—he is God." Then all the people said, "What you say is good."

> ²¹ 엘리야가 모든 백성에게 가까이 나아가 이르되 너희가 어느 때까지 둘 사이에서 머뭇머뭇 하려느냐 야웨가 만일 하나님이면 그를 따르고 바알이 만일 하나님이면 그를 따를지니라 하니 백성이 말 한마디도 대답하지 아니하는지라 …
> ²⁴ 너희는 너희 신의 이름을 부르라 나는 야웨의 이름을 부르리니 이에 불로 응답하는 신 그가 하나님이니라 백성이 다 대답하되 그 말이 옳도다 하니라(왕상 18:21, 24).

바알과 아세라의 예언자들에게 우선권을 주어서 먼저 자기네 신의 이름을 부르고 기도하며 간구하고 춤을 추며 온 갖 종교 의식(儀式)을 수행하여 바알이 하늘로부터 불(火)을 내려보내 주십사 하고 빌게 하였으나 이 모든 수고는 부질없이 바알 신으로부터 응답은 없고 하늘은 말없이 무표정할 뿐이었다(왕상 18:29).

피조물 신격화의 억센 마(魔)의 기만 사기술은 그 허위와 치욕의 가면을 벗지 않으면 안되게 됐다. 엘리야가 조롱하기 시작한다.

וַיְהִי בַצָּהֳרַיִם וַיְהַתֵּל בָּהֶם אֵלִיָּהוּ וַיֹּאמֶר קִרְאוּ בְקוֹל־גָּדוֹל
כִּי־אֱלֹהִים הוּא כִּי שִׂיחַ וְכִי־שִׂיג לוֹ וְכִי־דֶרֶךְ לוֹ אוּלַי יָשֵׁן הוּא וְיִקָץ׃

At noon Elijah began to taunt them. "Shout louder!" he said. "Surely he is a god! Perhaps he is deep in thought, or busy, or traveling. Maybe he is sleeping and must be awakened.

정오에 이르러는 엘리야가 그들을 조롱하여 이르되 큰 소리로 부르라 그는 신인즉 묵상하고 있는지 혹은 용변을 보고 있을지 혹은 여행을 하고 있는지 혹은 잠이 들어서 깨워야 할 것인지 하매(왕상 18:27, 필자의 부분 사역).

엘리야의 비웃음과 조롱이 흥미진진(興味津津)하다. 엘리야는 바알을 사람처럼 묵상하고 화장실에 가서 대변보고 여행하고 잠이 들어 깨워야 하는 존재로 묘사하고 있다. 우리는 신이 대변을 본다는 이야기에 깜짝 놀라게 된다. 그런데 우리는 우가릿어 문헌 가운데 신들이 대변본다는 기록이 해독되어 출판까지 된 것을 발견한다.

"신들의 향연"("A Divine Banquet at Ugarit," *The Use of the Old Testament in the New and other Essays, Studies in honor of William Franklin Stinespring*, ed. by James Efird, [Durham, North Carolina:Duke University Press 1972], 170-203 참조) 이야기다. 어느 날 신들이 사냥가서 여러 짐승들을 잡아 가지고 와서 맛있게 구워 실컷 먹고 마신 뒤 자기네 궁성(宮城)으로 돌아가다가 참지 못해 대변을 보았다는 이야기가 쓰여 있다.

엘리야가 조롱하며 가나안 신들의 대변(*sîgh*, שׂיג, bowel movement, 왕상 18:27)을 언급한 것은 우가릿 신화에 고증되고 있는 것 같은 당시 신들의 신인동형론적(神人同形論的, anthropomorphic)인 저열한 행태와 추태를 확인해 주고 있다 할 수 있을 것이다.

기독교 구약성경에서 처절하게 부패한 가나안 신들을 비롯해 고대 근동의 신들을 가차(假借)없이 혹독하게 비판하며 그 정체를 폭로한 것은 지극히 합리적인 근거 위에서 이루어졌음을 이제 잘 알 수 있다. 창조자 야웨 한 분 하나님만을 믿고 그분께 순종하고 숭배하며 경배하고 충성하도록 계약 관계를 수립하시고 계명과 율례 법도를 제정해 주신 데에는 이제 극히 타당한 도덕적 근거가 있음을 확실히 인식할 수 있다.

고대 근동의 신전(神戰)에서 절대적인 패권을 창조자 야웨 하나님께서 장악하고 계시다는 것은 그 인격의 탁월하심과 도덕적 숭고함에 있는 것이며 우가릿 문헌이 이를 대조적으로 뒷받침해 주고 있다. 창조자 한 분은, 생명력 없고 나약하며 부질없고 사람이나 동물처럼 부부, 쌍(雙)을 이룬 다른 신들과는 엄격하고 현격하며 특출한 대조를 이루고 있다.

이미 약간 기술(旣述)했지만 야웨 하나님의 종교사적 기원과 배경에 대해서는 두 가지 견해가 있는 것 같다. 고대 근동의 지정학적 분포를 보면 먼저 도시 국가 형태의 실제를 감안해야 한다. 마찬가지로 고대 그리스의 정치 체제도 주지하다시피 도시 국가 체제였다. 도시 국가의 중심은 신전(神殿)이고 수호신(守護神, patron god)이 반드시 있었다.

따라서 야웨 하나님도 근동의 이러한 도시 국가 수호신으로 국지화시킬려고 학자들은 시도했다. 그래서 팔레스타인 남쪽 미디안 광야에 소재한 모세 장인의 거처 사람들이 야웨 하나님을 자기네 지방 내지는 자기네 도시 국가의 수호신으로 숭배했다는 가설을 제기했다. 그러나 확실성이나 신빙성이 결여하고 있다.

팔레스타인 남쪽 미디안 광야의 야웨 하나님이 우르 제3왕조의 메소포타미아 수메르에 와서 아브람을 불러냈다는 가설은 생각하기 어려운 추측인 것 같다. 기독교 구약성경의 전반적인 맥락을 설명하는 데 팔레스타인 남쪽 미디안 광야로는 적절하지 못하다.

야웨 하나님께서는 근동 전체 곧 메소포타미아, 이집트, 시리아, 팔레스타인을 총망라하는 역사를 펼치시고 이 역사의 중심점을 가나안으로 설정하신 것이다. 그리고 성경에 의하면 야웨 하나님께는 어떤 지방에 신전이 있지도 않았고, 특정 도시 국가도 없었다. 출애굽 후 오랜 세월이 지난 다음에 아니 480년(왕상 6:1)이 지난 다음에 솔로몬의 성전이 지어지기 시작했다.

וַיְהִי בִשְׁמוֹנִים שָׁנָה וְאַרְבַּע מֵאוֹת שָׁנָה לְצֵאת בְּנֵי־יִשְׂרָאֵל מֵאֶרֶץ־מִצְרַיִם בַּשָּׁנָה הָרְבִיעִית בְּחֹדֶשׁ זִו הוּא הַחֹדֶשׁ הַשֵּׁנִי לִמְלֹךְ שְׁלֹמֹה עַל־יִשְׂרָאֵל וַיִּבֶן הַבַּיִת לַיהוָה׃

In the four hundred and eightieth year after the Israelites had come out of Egypt, in the fourth year of Solomon's reign over Israel, in the month of Ziv, the second month, he began to build the temple of the LORD.

이스라엘 자손이 애굽 땅에서 나온 지 사백팔십 년이요 솔로몬이 이스라엘 왕이 된 지 사 년 시브월 곧 둘째 달에 솔로몬이 여호와를 위하여 성전 건축하기를 시작하였더라(왕상 6:1).

성전이 다 지어진 다음 봉헌식 때 드린 솔로몬의 기도를 참고할 필요가 있다.

כִּי הַאֻמְנָם יֵשֵׁב אֱלֹהִים עַל־הָאָרֶץ הִנֵּה הַשָּׁמַיִם וּשְׁמֵי הַשָּׁמַיִם לֹא יְכַלְכְּלוּךָ אַף כִּי־הַבַּיִת הַזֶּה אֲשֶׁר בָּנִיתִי׃

"But will God really dwell on earth? The heavens, even the highest heaven, cannot contain you. How much less this temple I have built!

그러나 진정 하나님께서 어떻게 땅 위에 거하시겠습니까?
보소서. 하늘과 하늘의 하늘도 당신께서 거주하시기에 좁고 좁을 터인데 하물며 제가 지은 이 집이 당신의 거처가 되겠습니까?(왕상 8:27, 필자의 사역).

기독교 구약성경의 내용은 이 기도문에서 보는 것처럼 도시 국가의 신전(神殿) 사상과 같이 협소하고 옹졸하지 않다. 전우주를 창조하시고 지배하시는 한 분 창조자 하나님을 받들고 경배하고 생활한다. 출애굽 이전 또는 신정국가 형성 이전에 야웨 하나님께서 어느 도시 국가의 수호신이었나 하는 문제를 역사적으로 또는 고고학적으로 아무리 심층 탐구해도 어떤 뚜렷한 해답이 없다.

또 성경만 보아도 아브라함과 이삭과 야곱은 어떤 특정의 도시 국가에 소속하고 있지도 않았다. 그러나 '예수님께서 내 영혼과 함께 하시는 신학'(Metatheology)의 입장에서는 야웨 하나님께서 에녹과 함께 하셨으며(과거), 함께 하시고(현재), 함께 하실 것(미래)을 전적으로 믿고 긍정하며, 아브라함과 이삭과 야곱과도 야웨 하나님께서 함께 하셨으며(과거), 함께 하시고(현재) 또 함께 하실 것(미래)(출 3:14-15; 마 22:29-32; 요 8:51-58)을 믿고 긍정한다. '예수님께서 내 존재와 함께 하시는 우리 신학'(Metatheology)은 요한복음 8:58을 경탄과 감사함으로 대하게 된다.

εἶπεν αὐτοῖς Ἰησοῦς, Ἀμὴν ἀμὴν λέγω ὑμῖν, πρὶν Ἀβραὰμ γενέσθαι, ἐγὼ εἰμί.

"I tell you the truth," Jesus answered, "before Abraham was born, I am!"

예수님께서 유대인들에게 대답하시기를 "아브라함이 태어나기 전에 나는 존재하고 있다(영원한 현재 시제)"고 하셨다(요 8:58).

예수님의 이 경탄스러우신 선언으로 고대 근동과 세계사의 수수께끼가 풀리며 예수님은 유대인이 아니시라는 사실도 확인된다. 예수님도 유대인이라는 말을 하는 사람이 있는가 하면 심지어 목사 중에도 그런 분이 있는데 예수님께서는 유대인 이전의 세계사를 통치하시는 하나님이신 것을 알 수 있고 그렇게 믿고 인식해야 한다.

고대 메소포타미아 수메르의 우르 제3왕조(Ur III Dynasty)는 수메르 역사와 메소포타미아 문명의 황금기였고 아브라함의 근동 출현 시기이다. 세

유일신 종교인 기독교와 이슬람과 유대교의 시조는 아브라함이라고 하는데, 그 먼저는 예수님이시라는 것을 인식할 때 역사관은 달라지며 아브라함 이전에 계셨고 아브라함이 흠모했던 예수님을 만나러 무슬림들은 시급히 다가오지 않으면 안 된다.

얼마전 전 세계 무슬림 대표들이 모여 전 세계 기독교 대표들에게 화해의 서신을 보낸 것은 '예수님께서 내 존재와 함께 하시는 우리 신학'(Meta-theology)의 입장에서 볼 때 충분한 성경적 근거가 있고 그 의의가 자못 큰 것 같다.

성경적 논리에 따르면 아브라함 출생 전에 계셨고 또한 계시는(영원한 현재 시제) 야웨 예수 그리스도 하나님이 근동 도시 국가 수호신으로서의 출현 시기와 국가 지역 공간 획정(劃定)은 성립이 되지 않는다. 이 하나님께서는 세계 창조 이전에 그리고 창조 때에 계셨고 그 후 지금까지 인간 자아와 함께 하시며 현재, 미래, 영원히 함께 하실 하나님이시다.

지난 근동의 대제국들과 소위 그 우상 수호신들은 역사의 무대에서 사라졌지만 야웨 하나님께서는 우리 주(主) 예수 그리스도로 계시하셔서 역사 속에서 죽음을 넘어 존재와 에너지와 능력과 권위와 기적과 생명과 부활의 원천으로 계신다. 그러므로 우리 주(主) 예수 그리스도 하나님께서는 역사의 특정 시점(時点)에 국한하여 인물을 선택하고 함께 더불어 계신 것이 아니라 선택하신 인물과 시공을 초월하여 간헐(間歇) 없이 함께 하시는 것이다.

그러므로 기독교 구약성경의 계시 하나님께서는 유일무이하시고 우주의 창조자이시며 역사에 함께 하시고 세계 역사의 완성자이신 것이다. 이 하나님께서 죄로 모두 소외된 세계에서 인간 구원의 공간으로 선택하신 곳이 근동이라는 사실을 알며 이 근동의 역사 속에서 성경이 차지하는 의의와 기능과 가치는 내 자아와 영혼에 영원한 상관 연계성을 가지고 있음에 새삼 소스라쳐 놀라게 된다.

고대 근동 문명의 사장된 비밀과 신비가 밝혀지기 전에는 그리스가 문명의 요람으로 간주됐다. 필자가 듀크대학교에서 1969-1971년 동안 박사과정을 밟고 있을 때에는 아직 고대 근동 문명이 무엇인지 알지도 못하고 히브리어, 아람어, 신약 헬라어, 시리아어와 성경 연구 이론을 공부했다.

존경하는 지도교수가 1971년 은퇴하면서 더욱 넓고 깊이 있는 학자가 되기 위하여 고대 근동 분야에 정진하는 것이 좋겠다고 추천해 주었다. 그래서 메소포타미아와 이집트 연구에서는 세계 굴지의 시설과 학적 무게를 갖춘 시카고대학교에 간 것은 다행이었다. 연이어 독일의 하이델베르크대학교와 뮌스터대학교는 세계에서 그 이상 바랄 것이 없는 배움의 전당이었다.

이제 그 배우고 연구한 것을 세계사, 인간의 자아와 존재와 운명과 관련하여 관조하여 보는 기회는 뜻깊은 일이다. 그리스의 지성은 앞서 펼친 고대 근동 문명을 관조하는 사색과 명상과 토론의 계기를 아주 짜임새 있게 펼쳤다. 우리가 지금 생각한 웬만한 것은 이미 그때 그리스에서 다 생각했고 토론하며 운치 있는 문장으로 기술하여 후대에 남겼다.

그리스의 철학과 종교와 학문은 세계 문화의 골격을 만든 것이었다고 해도 과언이 아니다. 그러나 그 전통은 메소포타미아와 이집트의 유산을 인간 본위의 합리적 체계로 발전시키는 놀라운 업적을 성취한 것이었다. 그들은 인간 자아의 존재와 운명을 관장하는 우주의 창조자와 지배자인 신에 대한 예감도 가졌으나 이 신에 대해서 만큼은 인식 해명의 혜안과 형안(炯眼)을 확보하지 못하고 애석한 실망과 체념의 늪과 수렁에서 헤맬 수밖에 없었다.

이것이 바로 사도 바울이 아테네에서 발견한 어떤 제단(祭壇, βωμός)에 새겨진 인간 사색과 인식의 최후 한계를 나타내는 '미지의 신에게'('Αγνώ στῷ Θεῷ, 행 17:23)라는 그리스의 고백이었다. 고답적 이론과 세련된 문장과 풍부한 어휘로 존재의 모든 문제를 세심하게 논급하고 진리의 금자탑을 수립하려고 지성의 전력을 경주했으나 우주의 창조자 자신의 본질 자체에는 도달하지 못하고 역시 똑같은 그리스 우상 숭배의 허식(虛飾)과 위선의 헛바퀴를 맴돌고 있을 뿐이었다.

사도 바울은 소크라테스와 플라톤과 아리스토텔레스를 낳은 그리스의 애석한 한계를 연민의 정(情)으로 쳐다보며 이 철학자들과 종교인들이 알지 못하는 하나님을 선포하고 복음을 전하겠다고 말했다. 사도 바울의 문명 비판(행 17:24-30)과 부활 소망 소식(행 17:31-32)은 우리가 지금까지 시행하여 온 고대 근동의 우상 문명에 대한 관찰 비판과 질적인 내용 면에서 추호의 차착(借錯)을 배제하고 진배없음을 인식할 수 있다. 살아 계신 창조자 참 하나님과 부질없는 우상신들과의 대조를 여기에서 명료히 간파할 수 있다.

그리스의 철학과 윤리도덕은 또 동양의 것과 질적인 면에서 다른 바가 없는 것도 알게 된다. 이제 세계 역사와 문명은 그 바닥이 훤히 들여다보인다. 신전(神殿)/사찰의 "수고"와 "무거운 짐"(마 11:28) 아래서 고통받으며 신음하는 인간 영혼과 자아에 휴식을 제공하는 분을 우리는 갈망하게 되어 있다.

인간은 지성이 창조자에게서 전향하여 자아, 즉 자기 본위와 피조물에 시선과 인식이 고착될 때 아브라함보다 먼저 세계에 계셨던 분을 만나도 오관(五官)과 육감(六感)이 마비되어 돌을 들어 그를 죽이려 들게 된다(요 8:59). 사도 바울은 그러한 자기 본위의 전통적 세계관과 율법주의의 모순에서 은혜로 해방됐기에 마비된 오관과 육감이 치유되고 지성이 바른 방향 위에서 기능을 발휘하게 된 것이다(행 9:8, 18; 17:22-34 참조).

이 모든 일은 한갓 지난날의 사건 기록에 불과하고 바로 오늘날 자기 본위의 인간성과 그에 따른 문화 몰이해가 야기시키는 역사적 비극을 반전시켜야 한다. 즉 과거를 회고하며 절치부심(切齒腐心)으로 회개하고 이 회심의 눈물(마 5:4)로 강퍅한 마음(cardiomorphemes)을 순화(順化)롭게 하여 역사의 비극을 반전시켜야 한다.

예수님께서 말씀하신 "아브라함이 태어나기 전에 나는 존재하고 있다 (영원한 현재 시제)"(πρὶν Ἀβραὰμ γενέσθαι, ἐγὼ Εἰμι, 요 8:58)의 영원 존재론은 유대교를 포함한 다른 모든 근동의 종교들과는 기독교가 독특하고 현격하며 현저하게 다름을 증명하고 있다. 이렇게 해서 참으로 구약성경은 기독교 교회와 기독교 신자들의 경전임이 확인될 뿐만 아니라 여기에서 구약성경을 영원한 승리의 확신 속에 올바르게 해석하게 된다.

구약성경은 일견 실패사로 끝나고 있으나(왕하 25장; 대하 36:20) 세계 완성을 선포하시고 세계 종말까지 우리와 예수님께서 함께 하심으로, 즉 예수님께서 내 영혼과 함께 하심으로(with Metatheology) 신·구약이 승리와 완성을 보는 것이며, 신약과 예수님께서 함께 하시지 않을 때 구약은 절름발이의 불구상(不具像)을 면할 수 없다(Walter Eichrodt, *Die Theologie des Alten Testaments* 참조). 예수 그리스도의 영이신 보혜사 성령님께서 함께 하실 때 구약성경 본문과 문맥의 의미 또한 역사 및 사회와 맺고 있는 상관 관계를 깨달을 수 있다.

그래서 사도 베드로는 로마 제국의 시대, 세계 종교의 중심 본부인 예루살렘에서 선언했다.

καὶ οὐκ ἔστιν ἐν ἄλλῳ οὐδενὶ ἡ σωτηρία· οὐδὲ γὰρ ὄνομά ἐστιν ἕτερον ὑπὸ τὸν οὐρανὸν τὸ δεδομένον ἐν ἀνθρώποις, ἐν ᾧ δεῖ σωθῆναι ἡμᾶς.

Salvation is found in no one else, for there is no other name under heaven given to men by which we must be saved.

이 예수님 밖에는 다른 아무에게도 구원은 없다. 사람들에게 주신 이름가운데 우리가 믿고 구원을 얻을 이름은, 하늘 아래에 이 이름 밖에 다른 이름이 없다(행 4:12, 필자의 사역).

베드로의 이 선포를 들은 자들은 대제사장급들과 종교 정치 원로들, 서기관 계열의 신학자, 법조인 등 최고의 지성인들이었다.

συναχθῆναι αὐτῶν τοὺς ἄρχοντας καὶ τοὺς πρεσβυτέρους καὶ τοὺς γραμματεῖς ἐν Ἰερουσαλήμ, καὶ Ἅννας ὁ ἀρχιερεὺς καὶ Καϊάφας καὶ Ἰωάννης καὶ Ἀλέξανδρος καὶ ὅσοι ἦσαν ἐκ γένους ἀρχιερατικοῦ·

the rulers, elders and teachers of the law met in Jerusalem. Annas the high priest was there, and so were Caiaphas, John, Alexander and the other men of the high priest's family.

관리들과 장로들과 서기관들이 예루살렘에 모였는데 대제사장 안나스와 가야바와 요한과 알렉산더와 및 대제사장의 문중이 다 참여하여(행 4:5-6).

그들은 기독교를 제외하고 당시까지 세계 종교가 발전할 수 있는 최고 정점의 위치 수준에 있는 계층의 인물들이었다.

세계 종교는 동서를 막론하고 궁극적으로 계율과 법전으로 종합 정리되고 대변된다. 그러나 계율과 법전은 구원을 보장하지 못한다. 인간은 죄를 지어 계율과 법전을 실천할 능력을 상실했기 때문이다. 그러므로 계율과 법전을 다루는 사람들은 아무리 유식하고 박학할지라도 알고도 실천할 능력을 결여하고 있기 때문에 자아 모순의 위선자와 외식자(外飾者)로 머무르고 만다.

그러므로 예수님께서는 승천하시기 전에 제자들에게 "위로부터/하늘로부터" 능력(δύναμις)을 받을 것이라고 약속하셨다(행 1:8). 능력을 받고 예루살렘과 유다와 사마리아와 땅 끝까지 예수님의 증인이 되리라고 약속하셨다.

베드로는 예루살렘의 세계 최고 지성, 그러나 지성의 자산인 지식과 법을 실천할 능력이 없는 모순당착의 나약한 존재들 앞에서 예수님의 이름 안에 있는 영혼의 영원한 구원을 선포했다(행 4:12).

베드로의 이 힘있고 웅대한 구원의 선포를 듣고 예루살렘의 지성인과 사제들과 법조인들은 베드로와 요한이 학력 없는 무식자들인 것을 아는 터라 경악했다. 그들은 베드로와 요한과 그 그룹이 예수님과 함께 더불어 있었다는 것을 알고는 경탄했고, 예수님의 이름으로 치유한 앉은뱅이를 대동하고 있는 것을 확인한 뒤에는 아예 함구불언, 일언반구의 반박도 하지 못했다(행 4:13-14).

여기서 우리는 위로부터 능력을 받을 때 비로소 세계사의 밑바닥을 샅샅이 훑어볼 수 있는 형안과 통찰력이 확보되며 희망과 환희의 복음을 증거할 수 있다는 것을 깨닫게 된다. 베드로와 사도 그룹은 고대 근동과 그리스를 포함한 전 세계 판도의 신전(神戰)에서 영원히 승리하신 예수 그리스도, "하늘과 땅의 모든 권세가 나에게 주어졌다"(마 28:18)고 선언하신 분의 대열에서 행진하고 있다고 확신하는 까닭에 역사상 최대의 증언(행 4:12)을 했고, 그분을 위해서 어떠한 고난과 역경과 박해와 치욕을 당하더라도 감사하고 기쁘다는 위대한 인격을 확보했다(행 5:41-42).

예수님께서 영원부터 영원까지 계신다는 영원의 존재론은 기독교 구약성경의 출애굽기 3:14보다 이전, 아브라함 이전(요 8:58), 우주 창조 이전(요 17:5)까지 소급되는 것 같다.

καὶ νῦν δόξασόν με σύ, πάτερ, παρὰ σεαυτῷ τῇ δόξῃ ᾗ εἶχον πρὸ τοῦ τὸν κόσμον εἶναι παρὰ σοί·

And now, Father, glorify me in your presence with the glory I had with you before the world began.

아버지, 세계가 존재하기 전에 제가 당신과 함께 가졌던 그 영광으로 지금 저를 바로 당신 앞에서 광영(光榮)을 차지하게 하소서(요 17:5, 필자의 사역).

πατήρ ὃ δέδωκάς μοι, θέλω ἵνα ὅπου εἰμὶ ἐγὼ, κἀκεῖνοι ὦσιν μετ' ἐμοῦ· ἵνα θεωρῶσιν τὴν δόξαν τὴν ἐμήν, ἣν δέδωκάς μοι, ὅτι ἠγάπησάς με πρὸ καταβολῆς κόσμου.

Father, I want those you have given me to be with me where I am, and to see my glory, the glory you have given me because you loved me before the creation of the world.

아버지, 제가 있는 곳에 당신께서 저에게 주신 자 그들도 저와 함께 있도록 하게 하고 싶습니다. 그래서 세계 창조 전에 당신께서 저를 사랑하셨으므로 저에게 당신께서 주셨던 제 영광을 그들이 보게 하고 싶습니다(요 17:24).

하나님 아버지와 성자 예수님과 성령이 일체라는 성경 진리는 이해하기 위해 오랜 설명이 필요할지도 모른다. 우선 예수님의 간단하고 짧은 언급(요 10:30)을 간절하게 살필 필요가 있다. 이 성경 구절에 대한 대부분의 성경 번역이 오역으로 나타나고 있다.

> ἐγὼ καὶ ὁ πατὴρ ἕν ἐσμεν;
> I and the Father are one(NIV를 비롯하여 대부분의 영어 번역 성경);
> We, I and the Father, are one(필자의 사역);
> 나와 아버지 우리는 하나다(요 10:30, 필자 사역).

> καὶ οὐκέτι εἰμὶ ἐν τῷ κόσμῳ, καὶ αὐτοὶ ἐν τῷ κόσμῳ εἰσίν κἀγὼ πρὸς σὲ ἔρχομαι. πάτερ ἅγιε, τήρησον αὐτοὺς ἐν τῷ ὀνόματί σου, ᾧ δέδωκάς μοι, ἵνα ὦσιν ἓν καθὼς ἡμεῖς;
> I will remain in the world no longer, but they are still in the world, and I am coming to you. Holy Father, protect them by the power of your name—the name you gave me—so that they may be one as we are one;
> 저는 이제 더 세계에 있지 않습니다.
> 그러나 그들은 세계에 있습니다.
> 저는 당신께로 갑니다.
> 우리처럼 그들이 하나가 되도록 당신께서 저에게 주신

이름 가운데 그들을 지키시옵소서(요 17:11, 필자의 사역).

κἀγὼ τὴν δόξαν ἣν δέδωκάς μοι δέδωκα αὐτοῖς, ἵνα ὦσιν ἕν, καθὼς ἡμεῖς ἕν;
I have given them the glory that you gave me, that they may be one as we are one;
우리가 하나인 것처럼 그들도 하나가 되도록 당신께서 저에게 주신 영광을 저는 그들에게도 주었습니다(요 17:22. 필자의 사역).

이 하나로 일체(一體) 됨은 보혜사(保惠師) 성령님에 의해서 유지되고 존속된다.

ὁ δὲ παράκλητος, τὸ Πνεῦμα τὸ Ἅγιον, ὃ πέμψει ὁ πατὴρ ἐν τῷ ὀνόματί μου, ἐκεῖνος ὑμᾶς διδάξει πάντα, καὶ ὑπομνήσει ὑμᾶς πάντα ἃ εἶπον ὑμῖν ἐγώ;
But the Counselor, the Holy Spirit, whom the Father will send in my name, will teach you all things and will remind you of everything I have said to you;
아버지께서 내 이름으로 보내실 보혜사 성령이 너희에게 모든 것을 가르치고 내가 너희에게 말한 모든 것을 너희에게 상기시킬 것이다(요 14:26; 참조. 요 14:16-17; 15:26).

성삼위일체(聖三位一體) 하나님의 실재는 우리의 마음 자세와 태도(cardiomorphemes)가 예수님의 은혜로 죄 용서에 대한 감격과 감은(感恩)의 정에 사로잡혀 기탄없이 하나님 아버지께 진지하고 성실하게 지향할 때 인식되고 이해되는 것이다.

마음이 청결해야 하나님을 뵙게 되는 것이며(마 5:8) 이웃, 형제, 자매에 대한 잘못과 허물을 지닌 채 의로우신 하나님을 뵙는 것은 불결한 마음으로 전지전능자에 접근하는 것이다(마 5:23-26; 22:34-40; 창 32:24-30; 33:8-11; 50:15-21 등 참조).

다시 말해서 우리가 하나님의 은혜인 진리의 선포와 복음의 씨앗을 파종받고 마음의 역기능이 정상화되어 회개로 죄 용서를 받게 될 때(눅 8:4-15; 행 2:37-41) 성령님께서 우리 안에 계시게 되며 예수님께서 성령님과 함께 우리 마음의 길잡이가 되신다(요 14:16, 26; 마 10:20). 우리 자아의 생각과 언어가 성령님의 지혜와 명철로 관장된다(마 10:20; 막 13:11; 눅 12:11-12; 21:14-15).

'예수님께서 우리 자아의 영혼과 더불어 함께 하시는 신학'(Metatheology)과 우리 마음의 지·정·의(知情意, cardio-morphology)를 살피시는 역할을 이 공간에서 지금(*hic et nunc*) 성령님께서 수행하신다. 인간 자아는 실제적인 필요와 이유로 매 순간마다 하나님과 해후하게 되어 있다. 이 감격적이고 경탄스러운 하나님과의 해후함으로써, 기도의 대화와 사유와 언어 행동의 과정에서 성삼위일체 하나님(the Trinity)께서 완전무결(完全無缺)하신 조화로 역사(役事)하신다.

성삼위일체 하나님 설명은 인간의 제한된 사변적 논리로 논술을 전개하는 것이 아니고 예수님과 더불어 함께 하는 신앙 안에 있을 때 은혜와 감격으로 체험하고 감사와 찬양 속에 고백하는 것이다.

성삼위일체 하나님께서는 보다 구체적으로 우리 일상(日常) 삶의 과정과 지·정·의의 동태(動態) 속에서 우리의 구속(救贖)과 구원을 위하여 역사하신다. 유일신 하나님에 대한 1인칭 복수 대명사(히브리어, '*anahnu*; 헬라어,

hemeis; "we")는 기독교 구약성경 창세기 1:26과 3:22에 나온다.

그리고 이슬람의 코란에 부지기수(不知其數)로 언급되고 있다. 코란의 이 유일신 하나님에 대한 1인칭 복수 대명사(아라비아어, *nahnu*)를 우리 신학(Metatheology)의 성삼위일체 하나님과 연계하여 '하나님 계시 및 대화의 1인칭 복수'(divine revelatio-communicative first person plural)로 명명(命名)할 수 있을 것 같다.

신약성경에는 이 1인칭 복수 문제가 성삼위일체 하나님의 성자 예수님께서 성육신하시므로 자명하게 됐다(요 10:30; 17:11, 22 참조). 헬라어 1인칭 복수 '헤메이스'(*hemeis*)는 성부(聖父) 하나님과 성자 하나님을 지칭하고 보혜사 성령님께서는 시공을 초월하여 독자적 위상을 지니시면서도 성부 하나님과 성자 하나님을 대변하시므로 인간 사유를 초월하시는 오묘의 극치이신 존재다.

성삼위일체 하나님께서는 우리 인간 영혼과 자아와 더불어 함께 하신다. '하나님께서 나와 우리와 함께 하시는 신학'(metatheology with me and us)의 본질적인 역할을 성령님께서 이행하신다.

성자 예수님은 성육신하시므로 이 지상(地上)에 계셨고 나와 인류의 죄 까닭에 고난받으시고 그 용서를 위하여 십자가에서 피흘려 돌아가셨으며 사흘 후에 부활하시고 승천하셔서 지금은 하나님 오른편에 앉으셔서 내 자아와 영혼을 위하여 간구하시며 나를 당신의 영원하신 나라로 영접하시기 위하여 준비하시고 계시고, 성자 예수님을 대리하고 대표하며 대변하시는 역할을 성령님께서 이행하신다.

제7장

역사의 기적 그리고 삶과 영원의 지표

　우리가 추구하는 신학(Metatheology)에 입각하여 볼 때 성경은 기독교 구약에서 신약 끝에 이르기까지 중요하지 않은 부분이 하나도 없지만, 각별히 요한복음은 고대 근동과 구약성경의 전체상(全體像)과 영원의 지표를 환하게 조명해 주고 그 중요성이 심원하다.

　요한복음은 아예 세계 문제 전반을 해명하고 지구촌의 개개(個個) 영혼과 자아에 영속(永續)과 영존과 영원의 차원을 도입하고 소개하기 위하여 기록된 것처럼 보인다(요 8:58; 3:16; 히 13:8 참조).

　요한복음은 익명의 저자지만 예수님의 특별한 측근에서 들은 담화와 사건의 기록사를 우리에게 은근하고 친근하며 가슴에 와닿게 전달하면서 저술의 의도와 목적까지 명료하게 제시하고 있다(요 20:30-31; 21:24-25). 저자가 예수님의 사랑하는 제자 요한이라고 단정하도록 기록 과정에서 넌지시 일러 주고 있다.

　인간 개인 자아가 "예수님께서 하나님의 아들 그리스도 메시아라는 사실을 믿고, 믿음으로 그분의 이름 안에서 영생을 얻도록" 요한복음이 기록된 것이다(요 20:31). 문자는 역사(歷史)상 세계 최초로 바로 성경의 땅인 고대 근동에서 발명됐다.

특별히 고대 메소포타미아에서 발명됐다. 문자를 발명하여 최초로 기록하기 시작했을 때 그 목적은 상용업무(商用業務)나 영수증, 행정, 사법 문서 기록 보존을 위한 것이었다. 인간의 문자 발명은 동물과 달리 문화 문명의 대표적 상징이었으며 선사(先史)와 역사(歷史)를 구분 짓는 획기선(劃期線)이었다.

그러나 문자 발명이 이루어지므로 죄와 허물과 악행으로 죽게 된 인간의 운명과 숙명의 해결책이나 죽음을 극복하는 묘책이 고안되고 발명된 것은 아니다. 문자는 죽이고 영은 살린다(고후3:6).

문자가 발명되어 기록 활동 역사가 시작된 이래 인간 자아가 예수님의 이름 안에서 '영생을 갖도록' 언어 대화와 사건이 기록됐다(요 20:31)고 한 것은 요한복음이 최초인 것 같다. 결국 문자와 기록과 문학 문예 활동은 사멸의 인간 자아에게 생명과 진리와 길(요 14:6)을 일러 주어야 그 궁극적 목적이 달성됐다고 할 것이다. 성경이 그렇게 하고 있다(요 5:39).

언어는 인격적 만남의 기본 형식이다. 인격적으로 대화의 시도 접근을 시행하는 능동적 개체와 그것을 피동적으로 듣고 태도 결정을 하는 개체 간의 상호 해후, 관계 형성, 유지 또는 파괴 작용이다. 언어는 일방적이지 않다. 말하는 화자만 있고 듣는 자(聽取者)가 없으면 그 말은 한갓 잡음에 불과하다.

그래서 언어는 반드시 인격체 사이의 해후 및 만남이며 관계의 파괴 또는 관계의 형성 유지로 역사 창조의 계기를 이루기도 한다. 요한복음에서는 언어와 인격 관계의 상호 작용이 자아와 우주의 차원에서 전개되고 있는 것을 볼 수 있다.

'하나님께서 내 자아 영혼과 세계와 더불어 함께 하시는 우리 신학'(meta-theological divine coexistence)에서 우주사상 유일무이(唯一無二)의 기적인 성육신 말씀 곧 언어의 화신이며 성육신 언어(成肉身言語, ὁ σὰρξ γενόμενος λόγος)는 위와 아래, 하나님과 인간 간의 관계가 단절됐다는 것을 전제한다. 하늘과 땅 그리고 하나님과 인간의 관계가 단절된 살벌한 긴장 적대 상황 속에서 성육신 언어는 해후와 대화의 혁명을 세계에 도입한다.

이 해후와 대화는 하나님의 눈부신 광채와 영광을 가리면서도 인간 자아의 양심에 그 위선과 자기모순을 심장형태론적 접근으로(in a cardiomorphological way), 즉 양심의 심근(心筋)과 심금을 조명하고 감동하여 자책과 회한 속에 최후의 궁극적 양중택일/양자택일(兩中擇一/兩者擇一, Entweder/Oder: Either/Or) 앞에 서게 한다.

진실이든가 허위든가(요 8:44), 즉 우리의 구세주 예수님이든가 우리 영혼의 영원한 파괴자 마귀든가, 삶이든가 죽음이든가, 영원이든가 시간이든가, 하늘이든가 땅이든가, 둘 중에 하나를 선택하는 엄숙한 양중택일/양자택일 앞에 서게 된다. 인간 자아 모순의 가장 심각하고 심오한 근거는 궁극적 차원에서 공간적으로는 하늘과 땅의 분리(天地分離)와 시간적으로는 영원과 시간의 분리에 있다.

원래의 창조자(요 1:1-3)이신 성육신 언어의 진실에 찬 은혜 계시(恩惠啓示)가 하늘과 땅을 연합시키고(요 1:51; 3:12-16), 부활과 영생(요 11:25-27)을 완성하며 운명과 법의 차원과는 다른 은혜와 진리의 세계를 건설한다(요 1:17).

성육신 언어의 진실에 찬 은혜 계시가 죄인과의 인격적 해후와 대화 속에서 죄인인 내 자아 영혼에게 하나님의 본질, 인격, 뜻, 진리, 의, 심판, 사랑, 죄 용서를 알뜰하고 은근하며 친절하고 쉬우면서 심오하고 관대하며 엄격하게 설명하고 주석(註釋)하며 해명하신다.

요한복음 1:18의 헬라어 동사는 '엑세게오마이'(ἐξηγέομαι: tell, relate, explain, report, make known, reveal)이며 이 동사에서 서구어(西歐語) 내지 영어의 'exegesis'(주해[註解], 석의[釋義])라는 어휘가 유래(由來)했다. 곧 성육신 언어 로고스, 즉 성자(聖子) 예수님께서 이 지상에 탄생하셔서 친히 우리 인간 자아와 만나 대화하시면서 보이지 않으시지만, 영원하신 하나님의 본질, 인격, 뜻, 진리, 의, 심판, 사랑, 죄 용서를 알뜰하고 은근하며 친절하고 쉬우면서 심오하고 관대하며 엄격하게 설명하고 주석하며 해명하신 것이다(요 1:18). 따라서 요한복음 1:8의 말씀은 요한복음 1:19부터 마지막까지 정독한 다음 어렴풋하게나마 이해되기 시작한다.

성자 예수님의 성육신하신 언어 로고스가 성취하고자 하는 참 경륜의 목적은 세계와 인류의 궁극적인 문제 곧 죄(요 1:29)를 제거하는 것이다. 세계의 죄를 짊어지고 가는 하나님의 어린양이 성자 예수님의 성육신하신 언어 로고스라는 것을 세례 요한이 증거할 때 인물 평가의 기준이 이제부터는 전혀 달라진다. 메시아관(觀)도 기존 관념을 불식하고 새로 정립해야 할 계기가 조성됐으나 세례 요한의 증거 후 아무도 메시야관을 바로 정립하고 이해한 사람은 없었던 것 같다.

드디어 요한복음의 저자가 보혜사(保惠師) 성령님의 인도하심과 감동 속에서 문제 파악을 바로 하고 은혜의 복음서를 기록하여 전승하게 했다고 말할 수 있다. 요한복음의 독특한 성격은 세계와 내 자아 영혼의 구원을 위한 필수 사건과 사항 또는 그 요건이 여기에서 밝혀지고 있다는 것이다.

죄는 하나님으로부터의 소외(die Entfremdung von Gott: alienation from God)에 소급되고 있으며 그것은 하늘과 땅의 분리로 귀결된다. 하늘과 땅의 분리는 우주와 세계의 모든 비극과 모순이 발생한 진원이며 선과 악, 정의와 불의, 삶과 죽음, 진실과 허위, 영원과 시간, 화해와 반목, 화목단합(和睦團合)

과 배신불화(背信不和), 사랑과 미움의 상반된 현실에 대한 상징이라고 할 수도 있다.

그러나 성육신 언어 곧 성육신 하신 예수님께서 바로 대립되고 상반된 현실의 상호 해후, 대화, 화해를 하늘과 땅의 연합(天地聯合, 요 1:51; 창 28:12; 요 3:3-16)으로 표현하여 실현한다. 이 모든 해후와 대화 과정을 통해 하나님 아버지의 뜻과, 범죄의 왜곡된 인간 자아가 요한복음에서 선명(鮮明)하게 대조적으로 밝혀지고, 동시에 화해, 해결의 길과 진리와 생명도 제시되고 있다(요 14:6).

모신 숭배(母神崇拜) 관념은 하늘과 땅의 연합을 위하여 성육신하신 예수님의 해후와 대화 과정에서 제외된다. 하늘과 땅의 연합은 범죄하여 소외된 인간과 창조자 하나님과의 연합을 일컫는다고 볼 수 있는데 혼인 예식과 결혼 잔치가 그 상징이 된다고 볼 수 있다(요 2:1-11; 마 22:1-4; 계 19:7-9; 21:2).

그러나 가나의 혼인 잔치 이야기에서 그 어머니 마리아와 예수님께서 나누신 아주 짧은 대화는 시사하는 바가 아주 크다.

> 예수님의 어머니가 예수에게 말하기를 그들에게 포도주가 없다 하니 예수님께서 말씀하시기를 '여자여 그것이 나와 무슨 상관이 있습니까 내 때가 이르지 않았습니다'(요 2:3-4).

예수님께서 육신의 어머니 마리아를 헬라어 호격으로 '여인'/'여자'(귀나이, γύναι, woman)라고 부르시지(눅 22:57 참조) '어머니'라 부르시지 않는다.

모신 숭배와 여신 숭배에 대한 신화와 문학 작품이 수다(數多)하지만 어머니 마리아와 예수님의 이 대화는 모신 숭배를 권장하는 어조(語調)를 번연히, 전혀 내포하고 있지 않다. 예수님의 진실한 효심(孝心)은 십자가에서 사랑하는 제자에게 마지막 부탁하시는 말씀에서 잘 표출되고 있다 (요 19:25-27).

요한복음 2장에서 각별하게 우리의 시선과 관심을 유도하는 것은 마태, 마가, 누가복음을 합해서 일컫는 공관복음(共觀福音)과 달리 예수님 활동 초기에 혼인 잔치 기적 행사 후 얼마 되지 않아 바로 유월절에 임박하여 예루살렘에 가셔서 성전(聖殿) 정화의 일을 개시하고 계시다는 사실이다 (요 2:13-23).

고대 문명에서 문자보다 먼저 고증되고 있는 것이 신전(神殿), 사원, 사찰로서 성경에서는 B.C. 9세기의 솔로몬 성전을 들 수 있으며 이 모두를 영어 내지 서구어로는 'temple'/'Tempel'이라고 한다.

솔로몬 이전의 고대 근동에서 신전은 사회생활과 문화의 중심이었다. 성전은 본래 인간 운명을 지배한다고 여겨지는 초월적인 존재의 짓궂은 변덕과 그 임의, 자의, 성냄, 또는 진노를 진정시키거나 화해하기 위해서 온갖 제사 제도 및 종교 의식(儀式)과 더불어 기원(起源)하여 발전했다.

고대 근동은 도시 국가 체제였는데 각 도시는 수호신을 비롯하여 다신 숭배에 몰입했으며 수호신을 받드는 신전을 중심으로 하여 생활 문화가 전개됐다. 구약성경에서는 솔로몬의 성전이 구약 국가와 국민과 백성에 있어 정치와 사회와 문화와 종교의 정점을 이룬다. 또 헤롯의 성전은 46년 동안 지어진 것이므로 그 규모가 대단한 것임이 틀림없다.

인간 자아가 창조자 하나님께 죄를 짓고 하늘로부터 소외된 이래 운명과 숙명의 처절한 지배 밑에서 이 해결 또는 화해를 위하여 신전 문화는 전 세계 도처에 어떠한 형태로든 존재하고 있다.

그러나 예수님께서는 성전 정화와 함께 성전 파괴를 명령하셨고 예루살렘의 멸망과 더불어 예루살렘 성전의 완전 괴멸을 예언하시기도 하셨다(막 13:2; 마 24:2; 눅 21:6). 세계 역사상 가장 위대한 혁명이면서 전환점은 예수님께서 십자가에 못 박혀 돌아가심과 동시에 성전 문화의 종식과 지양이 이루어졌다는 사실이다.

성전의 휘장이 위로부터 아래로 갈라졌다는 기록이 있다(막 15:38; 마 27:51; 눅 23:45). 이것은 비단(非但) 예수님 당시의 헤롯 성전에 국한한 것이 절대 아니며 구약 성전 의식의 종지부(終止符, 히 7-10장을 상세히 참조하라)이면서 신전, 사찰을 중심으로 한 전 세계 오대양(五大洋) 육대주(六大洲)의 문명 문화가 지양됐음을 선언한 것이 된다. 이래서 전 세계 오대양 육대주의 운명에 시달리며 괴로워하고 피로에 지친 백성들에게 바로 기독교 복음이 가장 반가운 희소식인 하늘 복음이 되는 것이다.

성전, 신전, 사찰 문화 건설과 그 운영, 유지에 드는 노력과 비용은 엄청난 것이다. 메소포타미아의 각 종 신전들과 지구라트, 이집트의 거대한 신전들과 피라미드, 그리스의 파르테논(Parthenon) 신전 그리고 인도와 동남아의 크고 작은 사찰들 또 공자(孔子)와 유교 사당들 그리고 조상 숭배의 사당들 등 세계에는 어마어마하게 많은 사찰과 신전들이 있다. 중남미의 역사 유적에도 정교하게 지어진 고대의 신전들이 있다. 세계 7대 불가사의가 대부분 신전류의 것들이다.

오늘날의 경제학적 시각에서 보면 이 사찰, 신전, 사당들에서 인간의 의식주와 관련된 생필품의 생산이나 이윤은 전혀 없다. 그럼에도 불구하고 탁월한 설계를 비롯하여 금, 은, 동의 온갖 귀금속과 귀중품 또한 농업과 목축의 일등 수확, 사람 솜씨의 빼어난 공예 작품이 모두 사찰과 신전, 사당들의 건축과 장식에 수반됐다. 그 국가, 사회, 집단, 씨족, 부족, 가정은 희생과 봉사, 헌신, 헌물과 함께 막대한 노동력을 투입했다.

경제적으로 생산성이 없는 수고와 희생과 헌신을 왜 이와 같은 신전, 사찰, 사당들의 건축과 운영 지원과 사제(司祭) 부양에 쏟는가?

이 의문(疑問)을 예수님께서도 암시하시며 당신께서 문제의 해결자이심을 밝히신다(마 11:28-30).

²⁸ δεῦτε πρός με πάντες οἱ κοπιῶντες καὶ πεφορτισμένοι, κἀγὼ ἀναπαύσω ὑμᾶς.

²⁹ ἄρατε τὸν ζυγόν μου ἐφ᾽ ὑμᾶς καὶ μάθετε ἀπ᾽ ἐμοῦ, ὅτι πραΰς εἰμι καὶ ταπεινὸς τῇ καρδίᾳ· καὶ εὑρήσετε ἀνάπαυσιν ταῖς ψυχαῖς ὑμῶν·

³⁰ ὁ γὰρ ζυγός μου χρηστὸς, καὶ τὸ φορτίον μου ἐλαφρόν ἐστιν.

²⁸ "Come to me, all you who are weary and burdened, and I will give you rest.

²⁹ Take my yoke upon you and learn from me, for I am gentle and humble in heart, and you will find rest for your souls.

³⁰ For my yoke is easy and my burden is light."

²⁸ 수고하고 무거운 짐 진 자들아 다 내게로 오라 내가 너희를 쉬게 하리라

²⁹ 나는 마음이 온유하고 겸손하니 나의 멍에를 메고 내게 배우라 그리하면 너희 마음이 쉼을 얻으리니

³⁰ 이는 내 멍에는 쉽고 내 짐은 가벼움이라 하시니라(마 11:28-30).

모세오경과 열왕기상, 에스겔 40-48장 등은 성전 건축의 설계도를 잘 제시하고 있다. 성전은 종교 의식과 기도 생활의 핵심적 요소로 되어 있다. 경제적 생산성이 없음에도 불구하고 사찰, 신전, 사당들에 문화 문명의 정수(精髓)가 담겼다고 보고, 막대한 수고를 하며 짐을 지는 이유는 운명의 해결, 고통과 죽음 후의 생명 문제에 대한 집요한 욕구 때문이다.

운명과 생사를 자의와 변덕으로 지배하는 신들의 마음을 달래기 위해서는 어떠한 수고와 물질적 헌납과 육체적 고통도 불사한다는 일념에 기인한 것이다.

필생의 수고와 노력, 전 재산의 헌납도 소기의 목적을 달성하지 못하고 삶에 종언을 고할 때, 죽음은 영원하고 평화스러운 휴식이 되지 못하고 쓰디쓴 비극의 일막극(一寞劇)에 그치고 말 것이다.

이제 예수님께서는 세계 문화 문명의 역사와 인간의 운명사에 일대(一大) 혁명적 전환점을 확신 있게 알리시며 운명 및 숙명에 노예 된 자들을 모두 초대하시고, 와서 참 휴식을 향유할 것을 권고하신다. 고귀한 휴식을 제공하시는 분은 성육신하신 언어 로고스이신데 자신의 인품이 온유하고 겸손하시다는 자아(自我) 천명은 자의와 무질서의 변덕으로 불안과 전율을 주는 마(魔)의 우상신과는 질적으로 다르시다는 사실에 우리는 안도감을 가지게 된다.

말과 소의 목에 얹어 수레나 쟁기를 끌게 하는 둥그렇게 구부러진 막대인 멍에는 농경 사회에서 말과 소를 토지 경작과 일반 교통 운반 및 수송에 사용하도록 길들이는 데 필수적인 기구이다.

고대 근동의 전쟁에서 승전한 강대 종주국의 왕이 패전국 왕의 목에 멍에를 씌우게 되면 이로써 후자는 종속국이 됐다는 사실을 자인한 것이 된다. 종속국은 종주국의 온갖 압제에 시달리도록 노출되어 있다. 종속국 백성의 서러움은 비참하고 처절하다.

우리 구세주 예수님께서는 마음이 온유하고 겸손하시니 내 자아 존재 전체를 맡기고 그분의 가벼운 멍에를 맨 뒤 영원을 향유하며, 우주의 신비와 수수께끼이시며 무한히 고매하신 그분의 인격과 삶의 진리를 배울 것을 권고하시고, 그때 우리 마음과 영혼이 휴식과 평화를 향수(享受)할 것이라고 약속하신다.

우리는 이렇듯 성전, 신전, 사찰 문화 문명과 연계된 운명 문제의 완전 해결과 세계 완성 그리고 하늘과 땅의 화합 성취 보장을 예수님께 가서 받는다는 것이 나와 인류에게 얼마나 소중하고 절실한 것인지 겸허히 깨달아야 한다.

우리가 신전, 사찰, 사당 문화 전통과 그 인습의 질곡에서 예수 그리스도의 십자가와 부활로 해방되어 자유를 구가하며 가볍고 힘찬 발걸음을 옮길 때 사회 경제적 경이의 혁명이 성취된다.

지금 세계를 돌아보면 고대 수천 년의 역사를 지닌 국가와 민족이 세계 선진국이 되어 있지 않다. 오랜 역사의 나라이며 그 문화 전통을 자랑하는 나라들은 신전, 사찰, 사당 문화 전통 인습의 족쇄와 질곡에 얽매어 기동성이 미약하고 진취적 기상이 박약하다. 새로운 도전에 비겁하고 개척자적 용맹과 결단력이 부족하다.

예수님께서는 세계사를 그 십자가와 부활로 간결히 정리하심과 동시에 세계의 끝에서 끝까지 지구촌 방방곡곡(坊坊曲曲)으로 가볍고 경쾌하게 나아가 이 반갑고 즐거운 희소식인 복음을 전하라고 부탁하셨다(마 10:5-15; 눅 10:1-20; 막 16:15-18; 마 18:18-20; 24:14). 여기에 운명의 극복과 삶의 기적이 뒤따를 뿐만 아니라 환희와 희망이 샘처럼 분출하고 사회 경제적인 질서와 평등과 눈부신 발전이 경탄스럽게 성취된다.

그런데 이 복음과 하나님의 말씀을 인간의 이성과 지성의 농락물(籠絡物)로 만들어 신의 서거(逝去)나 불신(不信)의 기치를 들고 비평과 분석의 바벨 금자탑을 쌓을 때 침체의 늪에서 악취가 발산하며 신선하고 우렁찬 전진의 행군 행렬 대신 패잔병의 처절한 탄식과 신음 소리가 들린다.

미국의 짧은 역사는 늪에서 발산하는 악취에 익숙하지 못하고, 신선하고 우렁찬 전진의 행군 행렬을 지켜나가는 이점을 발휘하기에 오히려 유리하다고 볼 수 있을 것 같다. 예수님을 무조건 사랑하는 신약의 인물들이 방방곡곡 없는 곳이 없다.

아직도 한국의 명절 때 나타나는 인구(人口)와 차량 이동 그리고 여기 따른 노동력과 경비(經費) 지출을 예수님을 따르는 믿음 안에서 절약하여 세계 선교와 사회 경제적 발전에 활용한다면 세계와 국가의 모습이 달라질 것이다.

또한 무슬림 형제자매들에게 간곡히 부탁하고 싶은 게 있다. 그들이 예수님 안에서의 구원과 자유 속에서 라마단 축제와 순례의 엄청난 경비와 시간과 수고를 인류 평화와 복지에 활용한다면 세계와 중근동의 모습이 정녕 달라질 것이다.

이 메시지(message)는 예수님 안에서 역사의 전환을 모르는 모든 민족과 국가의 형제자매들에게 다 해당되는 소망과 염원일 것이다.

니고데모는 성육신하신 언어 로고스이신 예수님께 조용히 밤에 찾아왔다. 하나님께서 함께 하시는 자에게 기적과 표적이 있다는 전제와 함께(요 3:2) 그는 예수님께서 하나님에게서 오신 스승이시라는 것을 시인한다. 바리새인이며 유대인 지도자라는 신분 의식을 탈피하지 못한 상황에서(요 3:1) 그는 예수님께 유대인의 메시아 표적을 부탁하기 위한 대화를 시도하는 것 같다. 그러나 예수님께서는 단도직입적으로 다음과 같이 말씀하셨다.

ἐὰν μή τις γεννηθῇ ἄνωθεν, οὐ δύναται ἰδεῖν τὴν βασιλείαν τοῦ Θεοῦ.

누구든지 다시(또는 "위로부터") 태어나지 않으면 하나님 나라를 볼 수 없다 (요 3:3).

유대인이며 바리새인이며 그 지도자는 하늘 아래 땅에 결박되어 미처 위를 생각하지 못하고 '위로부터'(ἄνωθεν), '다시'(ἄνωθεν) 태어난다는 개념마저 이해하지 못하고 있다. 유대교는 현재도 그러하다.

예수님께서는 니고데모의 신분과 배경을 숙지하시고 자아 반성과 겸허한 자책과 함께 소외된 하늘과 땅의 연합, 곧 구원의 섭리에 대한 형안(炯眼)을 열어 주신다. 땅, 물리학적 세계관, 형이하학적 정치 야심, 경제적 실리주의에 얽매인 지구촌의 주민이 그 시선을 하늘에 전향시키는 위업을 예수님께서는 성취하신다.

요한복음의 지극히 인상적인 측면은 마가복음과 마태복음에서처럼 "회개하라. 천국이/하나님 나라가 가까이 왔다"(마 3:2; 4:17; 막 1:15)라는 메시지보다도, 찾아온 니고데모의 시선을 위와 하늘에 전향시키시면서, 운명의 타격에 시달리며 번민하는 백성의 구원 사례(요 3:14; 민 21:8-9)를 상기시키시고 십자가의 구원과 결부시키신다.

이것이 바로 영락(零落)에 방기(放棄)된 세계와 인간 자아의 구원을 위한 하나님 아버지의 한량없이 큰 사랑이다(요 3:6). 이 사랑 안에 들어온 축복의 인격체는 '물'과 '성령'(요 3:3, 5)의 세척 과정과 새로운 창조 인간(고후 5:17; 갈 6:15)의 완성 영역에 진입한다. 산상수훈의 실현을 방증하는 인물이 출현한다(갈 5:22-24; 엡 4:21-24; 빌 3:20-21; 골 3:1-4).

예수님께서 니고데모에게 물과 성령으로 위로부터 다시 태어나야 한다는 말씀을 하셨을 때 니고데모는 사람이 나이 들어 어떻게 태어날 수 있는지, 그리고 어머니의 태(胎)에 다시 들어갈 수 있는지 여쭈었다(요 3:4). 이것은 인류가 물을 수 있는 최대의 경이와 기적을 예수님께 질문한 것이다.

예수님께서는 질문의 해답을 물리학이나 생물학과 같은 형이하학의 차원에서 제공하지 않으신다. 이것은 인간 본질이 죄악적 육신 속에서 번뇌와 고통을 겪으면서도 해결자를 쳐다보지 않고 있는 데 문제의 근본 원인이 있다. 해결자를 싫어하고 미워하며 질투하고 시기하여 자기반성은커녕 의인인 그를 십자가 죽음으로 몰고 가는 죄악적 육신의 모순당착(矛盾撞着)과 맹목과 무지몽매(無知夢寐)에서 깨어나야 한다. 이러한 문맥을 감안하여 요한복음 3:6-14를 읽어야 하고 기독교 구약성경을 이해해야 한다.

요셉의 꿈 이야기(창 37:5-11)가 실현되는 과정에서 그의 이복 형들이 아버지 몰래 숨기고 꾸민 음모는 육신(肉身, bāsār, σάρξ[sarks], flesh)의 죄악적 근성을 고스란히 담고 있다. 수년 후 요셉이 자기들 생사 문제의 해결자로 이집트의 총리직에 위풍당당(威風堂堂)하게 엄연히 생존한 현실 앞에서 그의 형들이 꾸민 음모는 명명백백(明明白白) 하게 폭로된다.

그들은 거짓과 잘못을 부인하고도 태연히 적반하장(賊反荷杖) 자세를 유지할 구실이나 힘이나 금전이나 재산이나 권위를 완전히 박탈당한 초라한 처지에 놓이게 됐다.

그들이 마지막까지 두려워하고 겁이 난 것은 요셉의 앙갚음(보복)에 대한 '네메시스 콤플렉스'(Nemesis Complex)였다. 이 지구촌 어디를 둘러보아도 기댈 데가 없었다. 아벨을 죽인 가인이 가진 공포(恐怖)도 앙갚음에 두려워 떠는 네메시스 콤플렉스였다(창 4:14). 궁극적 해결자는 위에 계시고 내 마음의 심장형태소(心臟形態素, cardiomorphemes)와 양심(良心)을 살피시는 하나님이시다(창 50:15-21).

요셉은 창세기에서 예수 그리스도를 예표한다. 형들은 이집트의 더함 없이 높은 권좌에 앉아 있는 요셉을 만나 그가 바로 자기들이 아버지를 숨기고 감쪽같이 노예로 팔아넘긴 그 동생이라는 사실의 실토를 들었을 때 혼비백산(魂飛魄散)하여 양심이 철퇴를 맞는다. 뱀에 물린 자들은 구리 뱀을 쳐다보고 살게 됐다(민 21-8-9; 요 3:14).

사도 베드로는 오순절 설교에서 유대와 예루살렘 사람들이 무고하신 예수님을 십자가에 못 박았는데 하나님께서는 바로 이분을 영원하신 주(主) 그리스도, 메시아로 삼으셨다고 분명하게 선언했다(행 2:36). 설교를 들은 자들은 양심이 철퇴를 맞은 듯 가슴이 찔려 어떻게 해야 할지를 알려 달라고 사도들에게 애원했다(행 2:37). 베드로는 명쾌하게 말했다(행 2:38).

> Πέτρος δὲ πρὸς αὐτούς, Μετανοήσατε, καὶ βαπτισθήτω ἕκαστος ὑμῶν ἐν τῷ ὀνόματι Ἰησοῦ Χριστοῦ εἰς ἄφεσιν τῶν ἁμαρτιῶν ὑμῶν καὶ λήμψεσθε τὴν δωρεὰν τοῦ Ἁγίου Πνεύματος.

> Peter replied, "Repent and be baptized, every one of you, in the name of Jesus Christ for the forgiveness of your sins. And you will receive the gift of the Holy Spirit.

> 베드로가 이르되 너희가 회개하여 각각 예수 그리스도의 이름으로 세례를 받고 죄 사함을 받으라 그리하면 성령의 선물을 받으리라(행 2:38).

이제 어느 정도 요한복음 3:6-16의 말씀을 이해할 수 있을 듯하다. 구약성경을 니고데모는 눈으로 읽기는 하지만 도무지 깨닫지 못하고 어린아이 같은 질문만 했다. 예수님의 십자가가 구약성경을 이해하는 열쇠가 된다. 또한, 그래서 구약은 기독교의 구약성경이 되는 것이다. 내 자아와 세계의 영원히 해결 불가능한 죄 문제를 독생자 예수 그리스도를 보내셔서 십자가에서 해결하시고 부활로 확증하셨으므로 그 사랑은 필설로 다 형용할 수 없고 상상의 극치를 초월한다.

예수님께서 죄와 반역으로 땅에 포박된 내 자아에 초월자의 진실과 영원과 삶과 믿음을 일깨우시고 성령의 한량없는 역동적 교분(交分)을 안배(按排)하신다.

제8장

선악: 선악과와 세계사, 실락원 그리고 득락원의 성취

인간 바람과 열망의 세계 최고(最高) 정상(頂上)을 유린하고 십자가에 못 박은 맹목의 인간 지도자들이 저지른 과오와 만행을 사도 베드로가 과감히 지적하고, 규탄을 선포했다.

이것을 들은 청중들은 억누를 수 없는 양심의 가책과 심장의 충격을 받고 "우리가 어떻게 하면 좋겠습니까?"라고 물었다. 베드로는 단도직입적으로 말했다.

> 회개하고 너희 각자 예수 그리스도의 이름으로 세례를 받음과 함께 죄 용서함을 받으라. 너희도 성령의 선물을 받으리라(행 2:38).

베드로는 또 덧붙여 은혜와 박력과 확신에 넘치는 권고를 많이 하고 특히 "이 시대의 왜곡된 탈선과 배신의 늪에서 신앙의 구출을 받고 성령의 인도와 가호 속에서 자유를 누리라"(행 2:39-40)는 내용의 메시지를 전달했다.

이날 심장을 꿰뚫고 정신을 깨우치며 몸 전체를 사로잡는 전대미문(前代未聞)의 역사적 메시지를 듣고 회개와 동시에 세례를 받고 인간 바람과 열망의 세계사 최고 정상 예수 그리스도에 대한 신앙을 굳게 지키기로 나선 심령들이 무려 3천여 명이나 됐다. 하늘의 이 보배로운 영혼들은 제각기 다른 출신 배경의 사람들이나 인간 바람과 열망의 세계사 최고 정상이신 예수 그리스도의 은혜와 사랑과 생명의 기치 아래서 모두가 하나같이 전대미문의 하늘 향연을 이 지상에서 개최했다(행 2:2-47). 이것이 득락원(得樂園, the Paradise regained)의 효시인 것이다.

예루살렘 성전 입구에는 모태로부터 절름발이로 태어나 연민을 자아내게 하는 한 동냥하는 동포가 앉아 있었다. 이 동냥하는 불쌍한 동포는 마침 오후 3시 기도 시간에 성전으로 입장하는 사도 베드로와 요한을 보고 한 푼 적선을 기대하며 애걸하는 표정을 지었다. 두 사도는 이 동포 형제를 눈여겨보며 마음속으로부터 용솟음치는 감격과 환희의 메시지를 금은(金銀)의 차원을 넘어서서 말했다.

인간 바람과 열망의 세계사 최고 정상이신 예수 그리스도의 이름으로 이 불구자의 소원성취(所願成就)가 선포됐다. 그는 일어나 걷고 뛰며 사도들을 따라 감사 찬양을 하며 성전으로 들어갔다. 이것을 본 모든 군중은 어안이 벙벙하여 경악과 감탄에 사로잡혀 있을 뿐이었다(행 3:1-10).

치유의 기적은 복음서에서 항용(恒用) 집요하고 요지부동(搖之不動)의 확고하고 경탄할 만한 신앙의 소산임을 깨닫게 한다. 우리 인간 바람과 열망의 세계사 최고 정상이신 예수님께서 모태로부터 소경으로 태어난 동포를 발견하신다. 제자들은 이 맹인의 불행한 탄생이 맹인 자신의 죄 때문인지 아니면 그 부모의 죄 때문인지, 인류 불행 근본의 핵심 사항을 질문했다(요 9:1-2).

이 세계사 원초의 죄와 병고와 죽음과 그 해결의 문제에 대해서 우리의 일반적 인식은 선악과를 범한 인간 원죄와 낙원의 상실과 죽음 까닭에 흙으로의 귀환이 인간 운명이며 죄 용서의 바람과 열망을 충족시키는 자는 지구촌 안에는 존재하지 않는다는 것이다. 이러한 사실에 대한 불가항력적 시인하고 고백할 수밖에 없다. 죄 용서는 인간의 능력 밖에 있으며(창 50:16-19), 죄 용서를 사람이 자처(自處)하게 되면 신성모독(神聖冒瀆)이라고 단죄했다(막 2:7; 마 9:3; 눅 5:21).

창조자 하나님께서만 인간의 죄를 용서하실 수 있다. 또 창조자 하나님께서만 병고와 죽음의 운명을 바꾸실 수 있다. 그런데 예수님께서 한 중풍병 환자의 믿음을 보시고 "네 죄가 용서를 받았다/받는다"(막 2:5; 마 9:2; 눅 5:20)라고 하셨으며, 사람의 아들(人子)이 이 지구상에서 죄 용서의 권위를 가지고 계심을 나타내시기 위하여 중풍 병자에게 "일어나 자리를 들고 걸으라!"(마 2:11-12; 마 9:6-7; 눅 5:24-25)라고 하셨다.

이 광경을 목격한 사람들 모두 놀라 경외감에 차서 하나님께 영광 돌렸다(막 2:12; 마 9:8; 눅 5:26). 인간 원죄의 결과로 입은 병고(막 2:1-12)와 불구(요 9장)와 죽음의 문제(요 11장 참조)를 해결하신 분께서는 옹졸하게 누구의 죄 때문인지에 관한 시시비비(是是非非)를 따지지 않으시고 하나님의 위업을 수행해야 한다고 역설(力說)하시면서 인간 바람과 열망의 최고 정상이신 예수님께서는 당신께서 세계의 빛, 지구촌의 광명이라고 귀띔하셨다(요 9:5; 8:12). 빛은 인간의 심장 속에 험상궂은 모습으로 웅크리고 있는 죄악의 어두운 모습을 밝히 촬영한다.

또 나아가서 예수님께서는 이 세계에 오신 예수님의 목적과 사명이 무엇인지를 세례 요한의 제자들에게 직접 전달하신다. 세례 요한은 헤롯 왕에게 정의의 질책을 한 까닭에 감옥에 갇혀 있는데, 예수님의 석방 의사(意思)가 있지 않겠는가 하는 의구심을 가지고 자기 제자들을 보내어 문의한 것 같다. 곧 예수님께서 우리가 기대하는 분이신지 아니면 다른 분을 기다려야 하는지의 질문이었다.

예수님께서는 세례 요한의 제자들에게 바로 지금 현장에서 무엇을 당신께서 하고 계신지 그들이 목격하고, 일어나고 있는 것을 본 그대로 돌아가서 세례 요한에게 보고하라고 하셨다.

> 소경들이 보고, 절름발이들이 걷고, 문둥병자들이 깨끗이 낫고, 귀머거리들이 듣고, 죽은 자들이 일어나고, 가난한 자들이 기쁜 희소식을 듣고 있다 (마 11:2-6).

이 예수님의 업무성취(業務成就) 속에는 인간 운명의 궁극적 해결인 죽은 자들의 부활이 포함되어 있다. 세례 요한의 관심사 이상으로 예수님께서 하시는 일은 인간이 원죄로 상실한 실락원(失樂園)의 완전 회복이고, 인간 바람과 열망의 최고 정상의 실현이라고 말한다. 사도행전 3장의 절름발이 치유가 바로 그 일환이다. 이 치유 사건은 엄청난 파장을 일으키며 전 세계 선교의 중요한 단초가 되는 것을 볼 수 있다.

왜냐하면, 이 치유 받은, 복음의 동포는 사도들과 헤어져 홀로 사는 것이 아니라 너무나 큰 감격에 사로잡혀서 베드로와 요한을 바짝 따라다니며 인간 바람과 열망의 최고 정상이신 예수 그리스도의 위업과 그 기적에 대한 산 증인 역할을 유감없이 훌륭하게 수행하기 때문이다.

절름발이에서 완전 치유를 받은 복음의 이 산 증인을 에워싸고 놀라 어안이 벙벙하여 사람들이 인산인해(人山人海)로 모여들었다. 베드로와 요한의 예리하고 명쾌한 해명의 음성이 대기권에 메아리치며 사람들의 심장을 창칼보다 더 따갑게 찔렀다. 이 완쾌의 기적적 치유는 배후에 하나님의 원대하시고 장엄하신 권능의 섭리가 숨어 있었다는 인자(人子)의 수난사를 웅변으로 알려 준다.

빌라도는 전혀 예상치 않게, 사랑하는 아내의 애틋한 호소까지 듣고(마 27:19), 예수님을 무죄 석방, 즉 특사(特赦)하기로 작정했으나, 그 앞에서 무지몽매(無知蒙昧)하고 철면피하게 이 판결을 번복했다. 살인자인 사형수를 특별 사면으로 풀어 주게 획책했던 모든 군중 앞에 부활하신 예수님의 산 증인들이 서 있게 됐다.

세계 지구촌 인간 가슴 깊숙이 준동(蠢動), 발호하는 인면수심(人面獸心)의 잔인, 잔학, 극악무도(極惡無道)의 진상(眞相)이 백일하에 폭로됐다. 예수님의 이름과 부활은 창세기의 요셉 이름과 그 살아 있는 지위처럼 자성과 회개의 촉진제며 특효약이고 말씀(성육신 언어[成肉身言語], 요 1:14-18)의 효능과 일치하여 상부(相符)한다(히 4:12-13).

완매(頑昧)와 강퍅의 바알세불과 그 추종자들은 부활을 부정(否定)하는 사두개인들을 필두로 세속 권력과 야합(野合)하여 잔존한다. 그들은 부활이라는 말에 신경쇠약(神經衰弱)이 걸린 부류처럼 반응한다. 십자가와 부활을 타도하는 부대로 편성되어 활동을 개시한다. 그러나 하나님의 사랑과 예수님의 은혜가 그들을 떠나 새로이 지구촌을 풍미하기 시작한다(마 28:19-20).

베드로와 고넬료, 빌립과 구스 내시, 스데반과 바울, 바나바, 실라, 디모데 등 다수의 하늘 전령들이 지구의 모습과 세계사의 모습을 바꾸기에 나선다. 사도행전의 막(幕)이 이후 어떻게 열리고 어떻게 내리는지 살피면서 세계사의 조명을 주목할 필요가 있다.

오순절 날 외친 선포와 마찬가지로 이날도 베드로는 인간 삶의 길잡이와 영도자와 주창자이신 예수 그리스도(*ho archegos tes zoes*, 행 3:15)를 죽인 청중들에게 하나님께서 그를 죽은 자 가운데서 살리셨고 자기들은 이 부활의 증인들이라고 설파(說破)했다. 무지의 소치로 저지른 실수와 죄를 참회하며 회개하고 행동 노선을 바꾸어 죄의 용서를 받으라고 간곡히 설득했다.

여기에 우주적인 약속이 수반한다. 전능자(全能者)로부터 새로운 역사 창조의 기틀을 받고(anapsucsis, 행 3:20), 만유는 회복된다(apocatastasis, 행 3:21). 득락원의 무대가 환희의 서곡을 울리며 막(幕)이 오른다.

베드로 일행이 백성 수천 명에게 이 세계사의 전환을 갈파(喝破)할 때 제사장들과 성전 수비대장과 사두개인이 몰려 왔다. 그들은 사도들이 백성들에게 예수님 안에 죽은 자들의 부활이 있다고 가르치는 것에 질색하여 그들을 체포할 때, 이미 저물었으므로 다음 날 심문을 위해 감옥에 구류했다.

하지만 이 날 사도들의 말을 듣고 믿은 사람들의 수는 남자만 해서 무려 5천 명이나 됐다. 이 세계에서 크거나 작거나 무슨 일에 성공하려면, 또는 성공한 사람이면, 자기편에 자기와 뜻을 같이하는 사람이나 그룹이 있어야 한다. 민주사회에서 다수의 지지를 받아야 지도자로서 득세할 수 있다. 왕정 체제에서도 다수가 반기를 들면 통솔하기가 힘들다. 그러므로 세계에서 가장 어려운 것이 사람을 잡는 것, 곧 사람을 낚는 것, 인간 어획(漁獲)이다.

예수님께서 제자들을 부르실 때, 바다에서 고기를 잡는 어부들에게 사람을 잡는 어부로 직업을 상승(上昇, upgrade)시킬 터이니 당신 뒤를 따르라고 말씀하셨다. 이것은 인간의 지혜로 상상도 할 수 없는 일이다. 더군다나 사람을 생포(生捕, zōgrōn < zōgreō, 눅 5:10)하는, 아니 살아 있는 채로 사람을 잡는 어부가 되게 하리라고 약속하셨다.

이 세계 부호나 지도자나 정치가나 사업가는 사람을 권력으로, 돈으로 또는 속임수로 사람을 잡는다. 사람을 자기 도구로 이용하고 착취하고 부리기 위하여 잡거나 돈을 주고 노예로 사기도 한다. 형편이 어려우면 스스로 몸을 팔기도 한다. 그런데 예수님께서는 사람이 자기 개인 자유의 인격을 완전히 전적으로 존중받으면서 즐겁고 자발적인 의사(意思)로 당신과 함께 하기를 원하신다.

사람의 인격을 최대한 보장해 주며 인간 어획을 하는 어부가 되게 하신다는 이 엄청나게 매력적인 약속에 제자들은 자기 가진 모든 것을 버리고 예수님을 뒤따랐다.

그들은 예수님을 따르면서 가슴 속 깊이로부터 복받쳐 오르는 신앙의 감회 속에서 감사와 찬양과 영광을 돌리는 인간 군상을 대하면서 감개무량(感慨無量)함을 금치 못했었다. 예수님께서 바닷가에 모인 수많은 사람에게 하늘나라의 신비와 진리를 말씀하실 때 그들은 바스락거리는 소리 하나 내지 않고 조용히 귀를 기울였다. 그런데 예수님께서는 이 어업을 성령의 매개와 함께 제자들에게 맡기시고 하늘 위로 가셨다.

하루 3천 명 혹은 5천 명의 자발적인 자유 인격의 사람들이 예수님의 제자인 사도들을 에워싸고 있다. 예수님을 십자가에 못 박게 한 종교 지도자들이 겁을 먹게 된 것은 불문가지(不問可知)의 사실이다.

구류됐던 예수님의 제자 사도들인 베드로 일행을 감옥에서 데리고 나와 유대와 예루살렘 최고 지도자들이 임석(臨席)한 자리 앞에 세웠다. 거기에서는 유대의 지도자들인 산헤드린 회원과 원로 장로들, 율법학자들, 대제사장 안나스, 가야바, 요한, 알렉산더 외 기타 대제사장 가문의 사람들이 최고 권력과 지식과 경륜과 권위를 과시하며 자리에 앉아 묻는다.

그대들은 누구의 이름으로 또 무슨 권위로 이러한 행동을 했는가?(행 4:5ff.)

베드로는 예수님의 십자가행(十字架行)에서 취한 행동과는 전혀 달리 조금도 두려워하는 기색 없이 담대하고 우렁차게 증언했다. 절름발이 쾌유는 바로 이 모임의 주동 멤버들이 공모하여 십자가에 못 박게 했으나 하나님께서 죽은 자들 가운데서 부활시키신 메시아(ho Christos) 나사렛 예수의 이름으로 성사된 것임을 인식하라고 촉구했다(행 4:8-10). 이 자리는 전대미문의 세계사 노선 변경을 선포하는 절호의 기회를 베드로에게 제공한 공간이었다.

> [11] 여기 상석(上席)에 앉은 역사의 건축 설계가들이 버려 버린 돌이 새 역사 창조의 중추 역할을 하는 머릿돌이 되었다.
> [12] 바로 이 메시아 예수 이름 밖에는 구원이 없다. 사람들에게 주어진 이름 가운데 우리에게 구원을 줄 어떤 다른 이름이 없다(행 4:11-12).

이렇게 베드로 일행은 인간 바람과 열망의 최고 정상을 알리고 그와 함께 하는 인간 생포(生捕)의 어업을 온 천하에 선언했다.

이날 산헤드린 자리에 착석한 세계의 박학다식(博學多識)한 인물들은 베드로와 요한의 자신만만(自信滿滿)한 역사(歷史)적 선포를 대하고 이들이 그들의 교육 기관에서 배운 바가 없는 무학자 출신이며 평범한 비전문가들인 줄 알고 경악을 금치 못하다가 그들이 예수님과 함께 더불어 있었다는 사실을 간파하고 또 절름발이의 엄연한 쾌유 사실 앞에서 반박, 논박, 사실부정(事實否定) 등 아무것도 할 수 없이 패배(敗北)하고 말았다.

예수 이름으로 말하거나 행동하지 말라는 불법적이고 비겁한 위협만 했으나 온 군중이 알고 하나님을 찬양함에, 그들은 군중에 대한 두려움에 사로잡혔다. 이제 또 반박할 근거와 방법은 없고, 속수무책(束手無策)에 걸린 나머지, 예수 이름만 들먹이지 말라는 위협과 엄포를 계속 놓고, 내심속수무책으로 피눈물을 흘리며 베드로 일행 사도들을 자유 석방했다.

이제 인간 바람과 열망의 최고 정상이신 예수님께서 함께 더불어 하시는 세상이 됐다. 드넓은 세계는 인간 바람과 열망의 최고 정상이신 예수님의 낚시터가 된 셈이다. 예수님께서는 세계 만방 지구촌 전체를 다니며 인간 바람과 열망의 최고 정상이신 어린양의 가르침과 지혜와 이상향(理想鄕), 득락원 희소식을 알리라고 하신 것이다(마 28:19-20).

아브라함의 탄생과 활동 시기가 신생 수메르의 우르 제3왕조 시대였고 무려 B.C. 2000여 년으로 소급된다고 할 때 이후 20세기 동안 지배해 온 유일신교 신앙의 최대 열망인 메시아 출현에 집중된 관심이 베드로 일행을 쳐다보는 고등 학문 권력층의 비위에 맞지는 않는 것이었다.

예수 이름과 어린양의 역할 기능은 설형 문자(楔形文字)로부터 셈족 알파벳에 이르기까지 그들의 축적된 문화 문명, 교육, 학문, 즉 서기관 전통(scribal tradition)과 그 구미에 맞지를 않았다. 모세의 율법과 다윗과 솔로몬의 대제국 개념에 부합하지 않았다. 그러나 그들은 베드로와 요한의 자신만만하고 우렁찬 세계사의 진로 변경 선언(행 4:11-12)을 반박하거나 논박하지 못했다.

실제 그들의 지식 내용은 서기관 전통으로 대변되는 고대 문화 문명의 역사며, 신전/사찰/성전 문화와 계율/법전의 집대성으로 요약된다. 철학은 서기관 전통의 체계화에 공헌하고 기여하고 이바지한 시녀 역할을 수행했을 뿐이다. 이 문화 문명 전체가 지향하고 표방하는 목표는 인간 운명의 해결이고 인간 영혼의 구원이다.

그러나 이 속에는 인간 자신의 지혜와 노력이 꿈틀대고 있다. 인간의 자만과 오만과 아집이 심장의 완고와 강퍅과 증오로 뭉치면 인간은 자가당착

(自家撞着)과 자아모순(自我矛盾)에 빠져 감관역기능(感官逆機能, sensory malfunctions)의 유희를 연출하고 자멸의 늪에 침잠한다(사 6:9-10).

그들은 베드로 일행이 배운 것이 없고(*agrammatoi*) 서민 출신의 백치(白痴, *idiōtai*, 행 4:13)들인 줄로 여겼으나 예수님과 함께 하여 이렇게 놀랍고도 유식하고 합리적인 웅변가가 된 것을 알고는 실로 경탄할 수밖에 없는 일이었다.

베드로 일행의 속에는 인간 스스로의 지혜와 노력이 꿈틀대고 있지 않다. 예수님을 십자가에 못 박도록 공모한 장본인들 앞에서 자만과 오만과 아집이 심장의 완고와 강퍅과 증오로 뭉치지도 않고, 자가당착과 자아모순에 빠지지도 않으며, 감관역기능의 이상한 유희를 연출하지도 않고 자멸의 늪에 침잠할 까닭도 없다.

예수님을 십자가에 못 박도록 공모한 장본인들은 회개하여 죄 용서를 받고 예수님을 배우려고 하기는커녕, 베드로 일행에게 예수님의 이름을 들먹이지도 말고 또 그 이름으로 가르치지도 말라고 엄격히 경고했다(행 4:18). 이제 여기에서 베드로와 요한이 무어라고 답변하는지 들어 보자.

> 하나님 앞에서 하나님 말씀을 우리가 들어야 할지 또는 너희 말을 들어야 할지 판단해 보라. 우리는 우리가 보고 들은 것을 말할 수밖에 없다(행 4:19-20).

베드로와 요한은 추호의 감관역기능의 기미(機微/幾微)도 없이 당돌하고 야무지고 명쾌하게 선포했다. 세계 철학의 전체 지평선 위로 예수님과 그 바른 제자 사도/신도들의 인식론만 오로지 자아모순을 극복하고 감관역기능의 모순당착을 노정하지 않는다.

인간 바람과 열망이 지향하는 최고 정상의 존재이신 어린양 예수님께서는 이 문제의 올바른 선교 전개를 위하여 산헤드린 좌석에 앉아 모순당착의 고민에 빠져 감관역기능의 비극을 연출하던 바울을 친히 만나 그를 타일러(회개시켜) 세계 지성의 모순을 타개시키셨다(행 9:1-22; 26:24, 29; 28:25-28; 고전 1:20-25; 2:1-16=행 4:8 the Holy Spirit; 마 10:20 등; 롬 7:14-24; 7:25-8:11; 고후 3:1-18; 롬 1:16-2:29).

ὃς καὶ ἱκάνωσεν ἡμᾶς διακόνους καινῆς διαθήκης, οὐ γράμματος ἀλλὰ πνεύματος· τὸ γὰρ γράμμα ἀποκτέννει, τὸ δὲ πνεῦμα ζῳοποιεῖ.

그가 또한 우리를 새 언약의 일꾼 되기에 만족하게 하셨으니 율법 조문으로 하지 아니하고 오직 영으로 함이니 율법 조문은 죽이는 것이요 영은 살리는 것이니라(고후 3:6).

[16] Οὐ γὰρ ἐπαισχύνομαι τὸ εὐαγγέλιον, δύναμις γὰρ θεοῦ ἐστιν εἰς σωτηρίαν παντὶ τῷ πιστεύοντι, Ἰουδαίῳ τε πρῶτον καὶ Ἕλληνι.
[17] δικαιοσύνη γὰρ θεοῦ ἐν αὐτῷ ἀποκαλύπτεται ἐκ πίστεως εἰς πίστιν, καθὼς γέγραπται·

[16] 내가 복음을 부끄러워하지 아니하노니 이 복음은 모든 믿는 자에게 구원을 주시는 하나님의 능력이 됨이라 먼저는 유대인에게요 그리고 헬라인에게로다
[17] 복음에는 하나님의 의가 나타나서 믿음으로 믿음에 이르게 하나니 기록된 바 오직 의인은 믿음으로 말미암아 살리라 함과 같으니라(롬 1:16-17).

우리는 바울이라는 인물에서 세계사의 독특한 기적의 실현 성취를 만나게 된다. 그는 디아스포라(Diaspora)의 히브리 혈통으로 베냐민 지파의 후손이고, 아나톨리아(지금의 터키)에 있는 다소(Tarsus)에서 태어나 자랐으며, 구약성경과 유대교 사상에 대해서는 당시 최대의 석학이라고 말하는 유대 예루살렘 가말리엘의 문하에서 일등 교육을 받았다. 다소는 동서양 문화 문물의 교역 중심지였으며 헬레니즘(Hellenism)의 국제화에 앞장선 지정학적 요충지였다고 볼 수 있다.

바울은 출생으로부터 거주 지역 혜택에 의해 로마 시민이었다. 그래서 국지적으로 편협한 아전인수식(我田引水式) 동포들의 무모한 살해 계획에서 로마의 보호를 받아 유럽 선교의 기초를 든든하게 놓을 수 있었다. 물론 희랍 사상과 문화 학문에도 어려서부터 효통(曉通)한 인물이었다. 우리는 새삼 우리 구세주 메시아 예수님의 인재 인물 등용의 천하 기발(奇拔) 묘수에 경탄하지 않을 수 없다.

바울 사상은 세계 문화 문명의 요약과 새 시대의 진로 방향을 진단 파악 제시한다.

> 누구든지 어떤 인물이건 간에 예수님 안에 있으면 새로운 창조 인물이며 옛 것은 다 지나가고 모든 것이 새로워졌다(고후 5:17).

> 나는 복음을 부끄러워하지 않는다(롬 1:16).

사도 바울은 자신이 복음을 부끄러워하지 않는지에 대한 그 원인 규명을 위한 구명(究明)을 놀랍게 전개하고, 유대인과 헬라인에게 이 복음은 다 적용된다고 설파하며 참 믿음의 효능을 적확하고 체계 있게 정연히 입증한다

(롬 1:16-32 이하, 로마서 전체).

바울이 복음을 부끄러워하지 않으며, 복음은 유대인과 헬라인에게 다 적용된다는 입장과 믿음과 의의 불가분리적(不可分離的) 상관성 지적은 기독교 복음 선교의 전체 내용과 그 윤곽을 심오하게 파악하여 일러 주는 것이다.

공관복음에서 복음을 부끄러워하여 예수님 고백을 부인하는 사례에 대한 지적과 언급이 있다(막 8:38; 눅 9:26). 이와 관련하여 참 믿음과 예수님의 절대적인 찬사와 칭찬과 의와 기적적인 치유 선언을 의미심장(意味深長)하게 심사숙고(深思熟考)할 필요가 있다(마 8:10; 9:2, 22, 29; 15:28; 17:20; 21:21; 막 2:5; 5:34; 10:52; 11:22; 눅 5:20; 7:9, 50; 8:48; 17:6, 19; 18:42; 참조. 행 3:16; 6:5; 7장; 11:24 등).

참 믿음은 담대하고 부끄러워하지 않으며 두려워하지도 않고 예수님을 부인하지도 않는다. 부끄러워하는 것과 부인하는 것은 동질적인 마음 상태이고 행동 표현이다. 예수님과 성령으로 믿음의 밀착 관계가 형성되어 있지 않으면 수줍어하고 부끄러워하며 당연한 귀결로 부인하게 된다.

예수님께서 베드로를 그렇게 사랑하시고, 베드로도 예수님을 받들었지만, 베드로는 성령의 함께 하심과 도움 없이 수줍어하고 부끄러워하고 부인하게 되는 심각한 실수를 저질렀지 않은가?

누가 자기 스스로 자신만만할 수 있을까?(마 26:34, 35, 75; 막 14:30, 31, 68, 70, 72; 눅 12:9; 22:34, 57, 61; 요 13:38; 18:25, 27)

고백과 부인은 상반된 마음과 행동 자세이다(마 10:32-33; 눅 12:8-9; 요 1:20; 12:22). 현대 지성인은 단순하고 솔직하게 예수님을 고백하기보다 어렵고 우회적으로 고답적인 철학, 심리학, 문학 용어와 어휘를 활용하여 예수님 고백을 중화시키거나 회피 시도를 하는 경우가 비일비재(非一非再)하기도 하다.

이런 의미에서 사도행전의 사도들과 사도 바울과 그의 서신들을 눈여겨 보고 깊이 관찰할 필요가 있다. 사도 바울은 베드로도 마찬가지지만 고대 세계 헬레니즘과 유대교의 철학과 신화를 잘 알고 있겠지만 그것들을 모두 무용지물(無用之物)이라고 타기(唾棄)했다(딤전 1:4; 4:7; 딤후 4:4; 딛 1:14; 벧후 1:16; 골 2:8; 참조. 행 17:18).

신화가 기록된 언어와 문헌 배경을 보면 농경 정착의 생활 환경에서 부딪치는 자연의 불가사의를 꿰뚫고 안정 기조를 확립하고자 하는 인간 염원의 간헐(間歇) 없는 몸부림을 먼저 추리하여 볼 수 있다.

비옥한 대지와 대기권과 천공(天空)과 계절과 기후와 비와 물과 관개(灌漑)와 태양 광선과 농기구와 농업가축과 종자와 파종과 풍성한 수확과 영구적인 삶의 보장 대책을 강구하는 인간 노력의 전체 과정에 말로 다 할 수 없는 불안과 애로(隘路)와 경쟁과 투쟁까지 깃들어 있다.

삶의 걸음걸음마다 그리고 의욕과 사유 하나, 하나에 인간의 속절없는 나약과 안타까운 불안과 의구심이 맺혀 있어서 기실 인간 실존은 허무하기 짝이 없다.

그러므로 맹목 속에 인간은 자신의 삶을 받들어 줄 존재를 찾아 숭배하고자 하는 동경과 충동에 사로잡힌다. 이렇게 해서 인간은 가시세계(可視世界)의 피조물을 부지불식간(不知不識間)에 신격화하게 된다. 이것이 소위 피조물신격화(被造物神格化, die Kreaturvergoetterung)의 신전 문화(神殿文化)며 종교의 기원이고 신화의 배경이다.

세계에서 제일 오래된 언어 문자인 설형(楔形), 상형(象形) 모두 그 기록된 문헌에는 만신전(萬神殿)이나 신전들에 안치된 부지기수(不知其數)의 잡다한 신들이 기형적인 가면을 쓰고 희화적이며 역겨운 군웅할거(群雄割據)

를 연출(演出)하고 있다.

그들은 말로 다 표현할 수 없을 만큼 많은 헌금, 헌물, 제물을 접수하지만 바친 자들의 소원과 염원과 기도와 간구를 들어주기는커녕 애타게 냉정한 침묵을 지키고 있을 따름이다.

신화 속에서는 결국 초월적 존재의 음성은 들리지 않고 인간이 신격화시킨 허위와 기만의 인간 독백(獨白, soliloquy)이 역겹게 환멸과 절망과 파탄을 최촉(催促)할 따름이다. 그러므로 사도 베드로와 사도 바울은 신화를 멀리하라고 권고한 것이다.

원시형이상학(原始形而上學)이 신화(神話)와 신전 문화라 할 수 있는데 형식은 웅장한 마희(魔戲)의 가면연출(假面演出)이지만 내용은 공허한 절망의 나락이다. 오늘날의 영상매체에서 마희의 가면연출이 홍행되고 있는 것을 보면 현대와 역사 진보 또한 과학 선진화의 모든 자긍심과 자존심이 일조일석(一朝一夕)에 붕괴되어 버리는 것을 느끼게 한다.

특히, 음악에서 또는 심지어 성곡(聖曲)에서도 험상궂고 기만 투성이인 악마의 하수인을 천사마냥 융숭히 추대하는 괴기한 변태 가사(歌辭)와 편곡은 21세기 과학 발전이 역이용되는 허장성세(虛張聲勢)의 지극히 수치스러운 단면이다. 과학이 오늘날의 과학 부산물을 고대 공허하고 마술적인 신화 시대처럼 변칙 작용으로 역이용한다면 교회가 악기 사용을 폐지하고 무악기 예배를 권장하거나 하나님께 마음으로 찬송 드리기를 권장한 사도 바울의 권고(엡 5:19)가 무슨 의미인 것을 깨닫게 된다. 사도 바울은 바로 이러한 신화의 인간적 마희의 측면을 미리 알고 2천 년이 지난 오늘날의 교회에 권고문을 작성한 것 같다.

신화 시대에서 철학 시대로 옮겨졌을 때를 되돌아보며 기독교 신앙과 철학의 연결점을 추구하려는 시도는 끊임없이 있었다고 볼 수 있다.

그런데 어떻게 해서 사도 바울은, 베드로도 마찬가지지만, 고대 세계 헬레니즘과 유대교의 철학과 신화를 잘 알고 있었겠지만, 그것들을 모두 무용지물(딤전 1:4; 4:7; 딤후 4:4; 딛 1:14; 벧후 1:16; 골 2:8; 참조. 행 17:18)이라고 타기했을까?

철학은 지혜의 사랑(*philosophia*)이라고 말하고 있지만, 이 지혜는 솔로몬이 구한 지혜나 하나님께서 솔로몬에게 주신 지혜와는 전혀 차원과 성격을 달리한다. 철학은 인간의 지성으로, 즉 인간의 생각으로 세계와 자연과 인간을 탐구하는 것이지 전혀 위로부터 하늘의 음성을 듣는 것(왕상 3:9; 히 3:15 등)이 아니다. 따라서 희랍 철학에서 현대 철학에 이르기까지 이원론(二元論, dualism)과 관념적 이상론(idealism) 대(對) 실제적 현실론(realism)의 괴리는 정직히 술회(述懷)해서 해결되지 못했고 이 지구가 존속하는 한 인간의 지성으로는 해결될 수도 없다.

헤겔의 변증법은 이성의 간지(奸智)(die List der Vernunft)로 역사 과정을 창조적이고 합리적으로 설명하지도 못하고, 그 좌경 유물 변증론은 20세기에 살벌(殺伐)한 인류 학살과 세계 전쟁과 파멸의 비극을 초래했다. 이성의 간지는 예수님께서 밝히 말씀하신 "사람의 마음에서 나와 사람을 더럽게 하는 첫 번째 악한 생각"(*dialogismoi kakoi*, 막 7:21)의 첨단 말초 파괴의 인자(因子)로 판명됐다.

인간은 죄를 지은 죄인이기 때문에 이 죄 문제가 해결되기 전에는 인간 사유는 악한 범주를 벗어나지 못한다. 사도 바울은 헤겔과 그 이전 또는 그 이후 모든 철학자를 향하여 세계에 "학자나 지식 탐구자가 어디 있느냐?"(고전 1:20)라고 물으며 십자가에 달리신 예수 그리스도와 그 성령을 언급할 때, 그분께서는 인간의 사유로 감히 상상이나 몽상도 못한 전지전능(全知全能), 무소부재(無所不在)의 창조 능력의 원천임을 고백하면서 기적적 은총을 입어 바로 만유 구원자의 지성과 이성(*nous*), 즉 그리스도의 이성(세계와 역사와 만유의 이해 능력)을 소유하고 있다고 밝히 말했다(고전 1:16).

그러므로 우리는 예수 그리스도 안에서 영원한 세계를 호흡하고 있는 것이며 득락원의 고지(高地)에서 영원의 조감도를 펼치게 되는 것이다.

인간 사유를 인간 자신에게 방기할 때 인간 이성의 능력에 대한 과대망상적 과신과 오만에 붙들려 사람은 궁극적으로 영혼불멸(靈魂不滅)의 구원론을 제창하는 데까지 이른다.

사회 환경이 안이하고 경제 생활이 비교적 안정 상태에 있어 사유의 여유가 있을 때 지구촌의 인간 사색 탐험은 일견 상이한 양상을 띠지만 본질에서는 동일한 영혼불멸의 구원론을 수립한다. 그러나 어떤 문화권에서건 간에 불멸영혼(不滅靈魂)의 윤리도덕이 성별되어 승화하는 과정은 확인되지 않는다.

이집트, 인도, 그리스 모두 영혼불멸 사상이 있는 문화권이었으나 윤리도덕의 궁극적 해결인 최후 심판과 종말론은 결여하고 있는 것 같다. 오로지 예수 그리스도의 양(羊) 우리 안에서만 실제로 구체성 있게 모든 것이 실현되고 확인되고 검증된다. 십자가에 달리신 예수님께서 성육신하신 하나님의 아들이셨기에 종말과 심판과 구원과 영원한 자아 정죄와 자기 파멸이 확립되어 있다. 예수님께서 십자가에 달리셨을 때 조롱하는 무리들 모두가 "남을 구원한 자여, 네 자신을 구원하라!(*soson seauton*)"고 소리 질렀다.

여기에 인류 역사의 최고 전환점이 설정되어 있다. 흠 없고 완벽한 어린 양의 희생 제물이 드려질 때가 인간의 죄에 대한 하나님의 진노가 화해되는 결정적 순간이며 이것이 예수님의 십자가 죽음이다. 역사의 최대 과제는 화해의 문제지 사유와 지혜 추구의 작업이 아니다.

끊임없는 지혜 추구의 진로는 절망의 장애물 앞에 서게 된다. 솔로몬은 지혜 추구의 불안정한 진로에서 허우적거리지 않았다. 그는 전지전능하신, 우주의 창조자께서 일러 주시는 지혜의 계시에 "듣는 마음"(왕상 3:9, 하늘에서 내린 이해 능력 [ouranios nous])을 주시라고 기도 드렸다.

이 기도가 전능자의 마음을 흡족하시게 하여서 간구하지 않은 것까지 풍성하게 주셨다. 예수님의 마지막 부탁은 "서로 사랑하라"는 것이었다. 이것이 영원의 윤리도덕이고 이 진로선상에서 삶의 경험은 자아가 상상하지도 못하는 인격 형성의 무궁한 다양성을 창조적 기적으로 수(繡) 놓아 가는 것이다.

베드로는 선행(善行)하면서 고난받는 것을 미덕으로 권했고, 바울은 그리스도를 뒤따르며 다른 그리고 이전 것 모두를 허접쓰레기로 버렸으며, 예수님께서는 핀잔과 욕설과 중상모략을 들을 때에 기쁘고 즐거워 흥겨운 춤을 열정적으로, 박력 있게 추라고 일러 주셨다.

이러므로 예수 그리스도 안에서는 이 세계에서 이미 득락원의 활기찬 인물이 가꾸어 지고 있다. 신화와 철학의 허망하고 구겨진 인간상이 아니고 그 마음속에는 희망찬 샛별이 떠오르고 있다(벧후 1:19). 영원의 심장 수술을 받았기에 오물과 암적 요소가 씻은듯이 가신 가슴 바탕에는 천국 미덕이 꽃을 피고 우주의 환희가 미소를 띠우며 청아한 목소리로 영원을 노래하고 여기에서 진실과 불변의 가치를 안은 지혜의 샘물이 분출한다.

하나님의 어린양 안에서 보장되는 영원한 삶과, 영원한 죽음의 분명한 심판을 확신하며 사도 바울의 세계사와 선교 해명을 마음을 가다듬고 배울 필요가 있다.

성경에서 예수님의 세계 선교 사명을 가장 확실하게 터를 닦은 인물이 사도 바울이 아닌가!

그러기에 사도행전 7-28장의 주인공이 스데반에 이은 사도 바울이며 신약성경의 주요 서한들이 이미 사복음서 기록 이전의 그의 저술 기록으로 전래되고 있다.

선악과의 선악 문제도 사도 바울의 로마서에서 심오하게 잘 다뤄지고 있다. 그는 유대나 예루살렘에서 태어나지 않고 당시 동서 문화의 교류중심지인 다소에서 태어났다. 인류의 소망, 내 운명의 영원한 해결자, 세계사상(世界史上) 최고 정상이신 예수 그리스도께서 나와 함께 하신다는 은총의 여명(黎明)과 예명(叡明)이 사도 바울과 더불어 고대 중근동(中近東) 팔레스타인(Palestine)과 예루살렘(Jerusalem)으로부터 시리아, 터키를 거쳐 마케도니아 그리스-로마로 전 세계를 밝히 비추기를 비롯했다.

세계사와 인간 운명의 핵심 과제는 농경 정착의 생활 터전 가꾸기에 앞서 인간 죄의 대속 문제 해결이 최우선 순위 과제인 것으로 아담의 아들 아벨은 정확히 파악했고 양(羊)의 제사를 드렸으며 가인은 곡식의 수확으로 제사를 드렸으나 전자의 양 제사는 하나님께서 받아들이셨으나 후자가 드린 농경 수확의 제사는 받아들이지 않으셨다(창 4:2-6; 히 11:4).

아벨은 이 제사로 의로운 자라는 인증을 받았고 죽었으나 그는 생존자로 말하고 있다(히 11:4). 아벨은 하나님의 어린양이신 예수 그리스도의 십자가 죽음을 예시하는 삶과 신앙과 하나님 섬김의 모본을 보였지만, 가인은 어린양 없이 인간 중심의 사고방식으로 하나님을 대했기에 신앙의 실패자로 시기·질투에 사무쳐 인간 친족 및 동족 살인의 극악한 범죄를 저지르고 말았다(창 4:8-12). 그는 살인에 거짓말까지 서슴없이 하고 책임 회피에 무거운 범죄 의식과 복수에 대한 공포인 네메시스 콤플렉스에 시달리게 됐다.

아벨 대신 셋의 계보가 형성되어 하나님께서 함께 하신 에녹(창 5:21-24)과 함께 지구촌의 어린양 교회가 유지됐지만, 성속(聖俗)의 구별이 붕괴되고 지구촌은 하나님의 감동하시는 영(靈)이 떠나면서(창 6:1-3) 선을 찾아볼 수 없는 악으로 가득차게 됐다. 사람이 마음으로 생각하는 모든 계획과 꾀가 언제나 악한(ra') 것뿐이었다(창 6:5).

선지자 예레미야도 "만물보다 더 거짓되고 아주 많이 썩은 것은 사람의 마음이니, 누가 그 속을 알 수 있겠느냐?"라고 묻고 "각 사람의 마음을 살피고, 심장을 감찰하며, 각 사람의 행위와 행동에 따라 보상하는 이는 바로 나 야웨니라"(렘 17:9-10)라고 설파했다. 예수님께서 세계 진단을 그렇게 하셨고(막 7:21-23), 사도 바울도 더욱 구체적으로 인간의 추악한 죄악상을 실감 나게 열거했다(롬 1:18-32).

인간 심장형태의 완악과 강퍅에서 유래되는 파국의 처절히 부패한 세계상은 결국 노아 홍수의 대심판으로 지각의 일대 변동을 야기시키고 창조적 소수의 은총 가족을 선택하고 보존하여 득락원 하게 하는 섭리 기획의 역사를 창조자께서 전개하신다. 홍수의 대심판과 관련하여 인간성의 건망증과 치욕적 죄악의 향락벽(享樂癖)을 경계하고 대각성 속에서 근신하며 절제하고 인내하며 영원자의 뜻에 철저히 순종하는 창조적 행위 방식을 펼쳐 나가야 한다(마 24:36-51 참조).

세계사가 대홍수 이후의 역사를 말한다면 고대 근동의 문화 양상과 성경사를 대조 관찰하는 것이 지극히 중요하고 온당할 것 같다. 언어 분산과 문자 발명이 역사 시대의 특색을 이룬다면 문화의 내용은 신전 문화의 집대성으로 발전했다고 말할 수 있다. 바빌론의 대표적 신전이 '에상길라'로 불렸는데 그 의미는 신전 머리나 꼭대기가 하늘에 높이 솟은 신전이라는 뜻이며 이원론의 세계에서 위와 하늘을 동경하는 인간 의지의 표상이라고 볼 수 있을 것이다.

고대 근동사의 결말이면서 세계사적 의의는 유일신론의 등장과 알파벳 문자 간소화로서, 세계는 지금도 이 역사 영향권 안에서 발랄하게 움직이고 대결하고 투쟁하고 있다. 이 역사 발전 전개의 대표적 중심인물이 아브라함으로 세계 3대 종교, 즉 기독교, 이슬람교, 유대교가 모두 아브라함을 조상으로 받들고 있다는 사실은 아무도 부인할 수 없을 것이다.

아브라함은 복의 원천으로 세워진 인물인데 이 후손들은 피를 흘리며 대결하고 싸우고 있다. 이 문제는 단순 과제가 아니고 지극히 진지하고 심각하게 고려해야 할 사항이다. 바로 이 아브라함이 바라고 동경하고 믿었던 대상이 하나님의 아들 예수 그리스도(요 8 58)라는 사실을 진정으로 믿고 고백한다면 세계는 일조일석(一朝一夕)에 조용하고 평온하여질 것이다.

세계 평화의 관건은 아주 간단한데 세계 인간들의 심장형태, 즉 마음 바탕(cardiomorphemes)인데 이것은 지구(地球) 오대양 육대주 만큼이나 복잡다단하게 얽혀 있다. 아브라함은 예수 그리스도의 십자가와 부활의 구원 능력(창 22:1-18)을 예표적으로 체험하고 기뻐했다.

그러므로 이 역사의 현실을 직시하며 믿음과 생명의 영도자이신 예수님을 받들고 모시는 삶을 가꾸어 나가야 한다. 사도 바울의 가르침도 그렇게 이해해야 할 것이다.

먼저 사도 바울은 로마의 성도들에게 자기는 복음을 부끄러워하지 않는다고 서두에 밝혔다(롬 1:16). 기독교 전통 가정이나 문화 배경에서 자라지 않고 갑자기 전도 및 선교를 받고 복음의 제자며 추종자요 예수님의 제자라고 아무에게나 고백하고 자랑하기란 결코 쉬운 일이 아님을 우리는 경험했다. 그것은 모욕, 비난, 소외, 배척, 증오, 박해, 핍박, 축출, 학대, 방해, 장애의 위험과 모험에 노출되기 때문이다.

복음은 지구촌 전체의 가치 체계를 도전한다. 동시에 영원 가치와 천상 보배, 천상 보물, 천상 보물함이 열린다. 복음에서는 지구촌이 상상하지도 못한 신비와 기상천외(奇想天外)의 능력이 발휘된다. 바울은 돌에 맞아 쓰러져서 모두 죽은 줄로 알았으나 벌떡 일어나서 다시 성 안으로 들어갔다(행 14:19-20). 복음으로 소아시아 지역에서 활동하던 때 예수님의 영은 사도 바울에게 마케도니아로 가라고 하셨다(행 16:6-10). 갑자기 여정을 바꾸어 유럽 마케도니아와 그리스로 가는 것은 인간적으로 예상 외의 이만저만한 모험이 아니었다.

세계사상 전대미문의 생소한 기별과 소식을 가지고 어떠한 구체적 정보도 입수하지 않은 채 낯선 지역을 무작정 들어 간다는 것은 백치나 천치의 무모하기 짝이 없는 모험이나 만행일 수도 있다. 그런데 복음은 믿는 자 모두에게 인간의 상상을 불허하는 하나님의 구원 능력(*dynamis*)이 된다는 약속과 보증이 있다(롬 1:16).

바울이 마케도니아의 빌립보에서 점장이 여자 하녀로부터 점쟁이 영(靈)을 몰아냈더니 그 주인은 이 하녀의 점술(占術)로 돈을 벌던 수입이 없게 되자 화가 나서 사람들을 선동하여 바울과 실라를 체포했다. 바울과 실라는 혹독한 구타를 당하고 감옥에 갇혀 처참한 철창 신세가 됐다. 그러나 바울과 실라가 이 철창 안에서도 하늘의 기쁨과 즐거움에 넘쳐 찬양의 노래를 부르니 이 찬양의 감동적인 메아리가 감옥 전체에 울려 퍼졌다.

그때에 갑자기 큰 지진이 일어나서 감옥의 초석이 흔들렸다(행 16:26).

바울과 실라만 자유의 몸이 된 것이 아니라 감옥 감방의 모든 문이 열리고 감방 죄수들은 또 모두 자유의 몸이 되어 버렸다. 형무소장은 이 불가항력(不可抗力)의 기이한 사태에 변명의 돌파구를 찾지 못하고 직무유기(職務遺棄)에 대한 책임을 지고 사전(事前)에 칼을 빼어 들고 자해자초(自害

自招)와 자결자살(自決自殺)을 감행하려고 하자 바울과 실라는 큰 소리를 질러 형무소장의 마음을 안정시키며 스스로 목숨을 끊는 위기로부터 그를 구출했다.

형무소장은 이 두 위대한 구원의 특수 사절단 앞에서 몸을 굽혀 다음과 같이 통사정했다.

나리들이시여! 제가 어떻게 하면 구원을 얻으리이까?(행 16:30)

이 부탁의 질문은 죄로 인해 낙원을 잃은 인류 동포 하나 하나가 처해 있는 인간 공통 운명의 질곡에서 필연적으로 복받쳐 솟아 나오는 질문이다. 지금까지 마케도니아와 그리스를 비롯하여 유럽과 세계 전체의 고답적(高踏的)인 현자들이 추구하여 온 문제의식(問題意識)은 인간 존재인식(存在認識, gnothi seauton, 네 자신을 알라!)을 맴돌고 있었다.

지구촌의 비교적 안정적인 생활권에 있는 귀족 계층은 이 존재 인식의 심층 추구로 세월을 보내고 그것도 모자라 이 인식 욕구는 죽음 후에도 영혼 불멸의 연장(延長) 기획으로 존립한다는 망상에 사로잡혀 온 것이다.

안일한 존재인식에서 인간 존재위기(存在危機)가 매섭고 가혹하고 혹독하게 저촉되자 불현듯 부득불 불가항력적인 위기의식(危機意識)에 사로잡혀 생명연장(生命延長)과 영혼구원(靈魂救援)의 필연적 욕구로 물불을 헤아리지 않고 몸부림치게 된다.

성경 역사는 구원사(救援史, die Heilsgeschichte)이고 예수 그리스도의 성육신과 지상(地上) 생애는 바로 이 존재구원(存在救援, soson seauton, 네 자신을 구원하라!)의 필수 지상과제(至上課題)로 관철되어 있다.

마케도니아 빌립보 지역 형무소장이 제기한 존재구원을 위한 절실한 요청 과제인 "제가 구원받기 위하여 무엇을 해야 하겠습니까?"라는 부르짖음은 바로 여기 지금(hic et nunc) 질문자와 그 가족을 비롯하여, 알렉산더 대왕이 출생하여 자란 마케도니아와 그리스로부터 유럽 전체, 헬레니즘 문화권을 지금 총괄하고 있는 로마 제국과 전 세계의 존재 영혼이 부르짖는 구원에 대한 뜨겁고 절실한 절규라고 말할 수 있다.

이 광활한 지역 공간의 숫자로 다 헤아릴 수 없는 영혼들이 빌립보의 감옥 죄수들처럼 죄의 굴레에 사로잡혀 묶여서 갇혀 있다.

여기에 영원한 득락원의 환희에 찬 구원 송가가 울려 퍼지며 지축이 흔들리고, 죄악의 저주로 묶인 인간 영혼의 처절하고 가련한 쇠사슬이 땅이 요동하는 진동에 휩쓸려 풀려나야 한다. 용서와 석방과 자유의 행진곡이 땅끝까지 메아리쳐야 한다.

예수님께서 친히 사도 바울에게 아나톨리아에만 머무르지 말고 유럽으로 건너가라고 환상을 보여 주신 이유가 여기에 있다. 드넓은 지구촌 세계 구원과 도움의 요청을 환상으로 보여 주셨고 죄에 사로잡혀 갇힌 영혼들의 상황을 맞대하게 하신 것이다.

나중에 바울은 빌립보의 사랑하는 천국 동포들(참조. 빌 4:20)에게 우주공간의 지상(至上) 미덕을 알려 주었다. 하나님의 신분(morphe, 빌 2:6ff.)으로 계시던 성자(聖子)께서 스스로를 텅 비우시고(공허), 스스로를 겸비하게 하시므로 인간의 형상을 갖추셨다.

그 뒤 성자 예수님은 종과 노예의 신분(morphe)으로 피조 인간을 받들고 죽음에 이르도록 아버지 하나님께 순종 곧 십자가의 죽음으로 땅 아래까지 내려 가셨는데, 아버지 하나님께서 그를 우주의 정상에 영광과 영예의 격상을 하셨다. 이 역사의 신비를 바울은 빌립보 천국 동포들에게 선포했다.

또한 바울은 예수님을 배우는 과정에서 자기의 전통적인 혈통, 신분, 자격 등을 모두 배설물로 여기고, 과거를 모두 버리고 잊고 미래의 목표를 올바로 설정한 뒤 그리스도를 따르며 그리스도의 인격 함양에 전심전력하는 삶의 자세를 견지한다고 말했다.

여기에서 확보하게 된 바울의 자신감은, 생활 현실에 자족하고, 자기에게 능력을 부과하시는 분 안에서 불가능이 없다는 것이며(빌 4:11-13), 세계 안에 존재하나 천국의 인격 소지자라는 시민 의식과 동시에, 예수님께서 설계하시는 우주 존재의 재조정과 천국 승화 차원을 굳게 믿고 있다(빌 3:20-21).

사도 바울이 빌립보의 강가에서 복음을 선포하자 예수님께서 루디아 자매의 마음을 여시고 이 자매와 가족 전체가 세례를 받음으로 그리스도 예수님을 믿는 가정교회가 설립됐으며 유럽 선교의 첫 터전이 갖추어 졌다(행 16:14-15, 40).

빌립보 형무소장과 그 가족이 루디아와 그 가족 다음으로 세례를 받고 신자가 되어 감옥의 기적을 체험한 많은 죄수를 전도하여 예수님을 믿기로 결신하게 했을 것이다. 바울은 데살로니가, 베뢰아, 고린도, 아테네에서 세계의 구원자 예수 그리스도를 알리고 죽은 자들의 부활을 말했다. 유럽이 천국 복음의 진리로 조명되면서 득락원 입장(入場)을 개시한 것이다.

사도 바울의 어떤 행동과 가르침이 유럽을 복음화하고 이방 지역과 그 민족들의 가슴에 소망과 기쁨을 안겨 주었는지 살펴 본다는 것은 극동(極東) 아시아권 이방 동포들에게 얼마나 소중하고 가치 있고 영예와 영광이 되는지 필설로 형용할 수 없을 것이다. 구세주 예수 그리스도의 복음은 유럽의 독점물이 절대 아니며, 그렇게 될 수도 없다.

호러스 언더우드 III세(Horace Underwood III)는 미국의 큰 교회에 와서 선교 보고를 하는 중에 세계에서 제일 큰 장로교회가 한국에 있고 한국이 이제는 미국에 새로운 목회, 선교, 신학의 모델을 제시하게 된 것을 자랑한다며 데살로니가교회의 귀감을 언급했다(살전 1:6-10).

대한민국의 3대(大) 명문대학교인 연세대학교를 그의 할아버지 선교사 호러스 언더우드 I세(Horace Underwood I)가 최초로 건립했거니와 그 아들과 손자는 대학교를 지배하고 경영하는 것이 아니라 교수로 섬길 뿐 한국의 유능한 졸업생에게 경영권을 완전히 위탁하여 대학교를 한국의 자주독립, 민주 경영 체제로 발전시켰다.

필자가 1985-1987년에 미국 뉴욕 주 이타카(Ithaca) 소재(所在) 코넬대학교에 교환교수로 있으면서, 부탁을 받아 주로 주말이면 한국에서 온 대학원 유학생들에게 성경 공부와 목회를 한 적이 있었는데 그때의 대학원생 중 한 명이 현재 연세대학교 총장이 됐다는 희소식을 들었다.

한국 연세대학교의 한국 총장으로는 백낙준 박사를 위시하여 대부분 이북 평안도 출신인 줄 알았는데 송자 총장을 비롯하여 인격과 능력 위주로 총장이 선임된다는 사실을 확인했다. 정갑영 총장은 전북의 전주고등학교 출신이라고들 한다.

연세대학교는 한국의 고질 폐단인 지역감정을 탈피하여 신앙, 인격, 능력, 본위의 대학교 경영 체제이기 때문에 한국의 명문이면서 세계의 명문으로 달음질치며 나아가고 있다. 그리고 군부 독재와 치열한 투쟁을 감행하여 총칼을 이기고 자랑스러운 민주 한국을 수립하는 데 막중한 기여를 했다.

장로교회와 칼뱅주의는 신앙을 고취시킬 뿐만이 아니라 교회 제도를 민주주의 원칙에 따라 자주독립 정신 기강 위에 운영하여 나가기 때문에 독재나 이단성 또는 편파적 경향에 휩쓸릴 수가 없다.

한국의 대표적 장로회신학교들이 100년 역사가 있는데 모두 보면 그 학장이나 총장들의 출신 지역 성분이 균등하게 신앙, 인격, 능력 본위로 안배되어 온 것을 규시(窺視)할 수 있다.

따라서 신학대학교와 교수들이 신앙, 인격, 능력 본위로 자격이 구비되어 있으면 훌륭한 목회자, 신학자, 선교사들이 필연 배출될 수밖에 없다.

약간 빗나간 이야기일지 모르나 한국 지역은 남북이 대치하여 전쟁 위협에 휩싸여 있을 뿐만이 아니라 미국을 비롯하여 세계가 주목하고 있다. 근본 원인을 보면, 북한에서는 반기독교 무신론 공산주의 세력이 1945년 이후 집권하여 무차별 박해, 살인, 구류하여, 인권 사각지대를 촉진하므로 기독교 박애에 의해 무사기(無邪氣)한 목회자들이 상당수 순교당하기까지 했다.

또한 북한은 6.25 동란을 유발하여 수백만의 인명이 살해되고 이산가족이 생기게 됐다. 이 피비린내 나는 동족상잔의 비극은 필묵(筆墨), 필설로 다 형용, 기록, 등재할 수 없다.

이 분단 비극의 역사가 벌써 반세기를 넘어 섰다. 70여 년이 지난 지금 남북 양 진영을 비교하여 보면 너무나 뚜렷한 대조가 역력하다. 남한은 예수 그리스도의 복음과 사랑과 선교로 세계를 앞서가고 있다. 그래서 이미 북한에 엄청난 양의 선교 및 구제 헌금이 몰려갔고 수많은 목회자가 북한을 다녀오고 평화 통일을 기도했다. 그 목회자 중에 부친이 순교당한 자들도 있는데 그들은 예수 그리스도의 사랑으로 원수를 사랑하고 용서하는 박애를 몸소 실천하는 사람도 있다.

소망교회 곽선희 목사, 강변교회 김명혁 목사 등 대표급 평안도 출신 목회자들은 평양과학기술대학교 설립을 비롯하여 다원적인 북한 구제의 조직과 운영을 몸소 실천하고 있다. 이러한 목회자들은 예수님을 신학교에서 잘 배웠고 목양을 잘 하면서 조건 없는 사랑을 북한 동포에 베풀고 있다.

전쟁 중 부상한 북한군 장교를 등에 업고 서울에서 평양에 이르기까지 데려다준 함경도 출신의 유재신 목사의 수기(手記)『조건 없는 사랑』이라는 책이 있다. 이 부상한 북한군 장교가 '왜 원수인 자기를 이렇게 데려다주느냐'고 묻고 '평양에 같이 들어가자'고 권했으나 당시 유재신 청년은 사랑은 죽음보다 강하고 원수를 사랑하라는 예수님의 사랑을 피력한 뒤 예수님께서 계시는 정치 체제인 남한으로 그 험준하고 위험한 길을 밟아 내려온 것이다. 그리고 그 청년은 전쟁 후 신학교 졸업하고 목회자가 됐다.

원자탄의 핵무기에 생명이 달렸다고 고함치는 북한의 철부지 애송이 지도자가 속을 차릴 때가 됐다. 이 애송이를 에워싸고 있는 흑심(黑心)의 강퍅한 말썽꾸러기들이 회개해야 할 차례가 된 것이다. 조건 없는 사랑으로 감싸 주는 예수 그리스도의 복음으로 복귀해야 한다.

예수님께서는 사도 바울의 선교 일정(日程, itinerary)을 급히 변경시켜 그가 유럽으로 가게 하셨다. 유럽 스위스 쪽에는 네로와 같은 폭군이 있었으나 네로에게 술을 따라주는 신하(臣下)는 로마의 원형극장에서 네로를 버리고 '왕의 왕' 되시는 예수 그리스도를 위하여 진군하겠다고 소신을 밝히었다(Karl Heim, *Jesus der Herr*).

필자가 실제로 들은 이야기를 기술하려고 한다. 1990년대 후반부의 시기로 기억되는데, 당시 필자는 대학교의 교수면서 육군 장교 출신이라, 퇴역한 군의 국방의무인 민방위 교육의 강사로 지목되어 월 1회씩 민방위 대원들에게 강의했다. 민방위 강사라 하여 김현희 자매의 간증 집회에 초청받아 경기도 군포시 산본 어느 장로교회에 갔는데 군포시장과 국회의원 등 지역 유지, 인사들이 대거 참석한 것을 보았고 서로 인사도 나누었다.

김현희는 바로 1980년대 중반 대한항공기 폭파 사건의 주범이자 간첩인 인물이다. 폭파 후 체포, 심문되고, 자백, 전향하여 자유의 몸이 됐다. 김현희는 자신의 잘못을 시인, 회개하고 한국 통일에 대한 자신의 견해를 피력하면서 남북통일은 무기나 무력 또는 정치 외교로 이루어지는 것이 아니고 오직 복음으로만 성취 가능하다고 서슴없이 자신 있게 말했다.

복음의 근본 핵심은 원수에 대한 무조건 사랑이라고 바꾸어 말할 수 있다. 예수님께서는 스데반 순교에 제일 앞장선 사울(바울의 이전 명칭)을 무조건 용서하셨을 뿐만 아니라 복음 선교의 가장 위대한 사도로 지목, 선택, 사용하셨다. 김현희는 바로 이 복음의 무조건적 은혜와 사랑에 자신의 마음 바탕(cardiomorphemes)과 존재 전체가 용해되어 버린 새로운 사람이었다. 대한민국은 예수 그리스도의 복음이 은혜와 사랑의 변화 인물을 창조하는 기적을 수용하고 장려하는 나라며 정부도 그러하다.

예수님께서는 사도 바울을 선택하셔서 복음의 기적이 유럽에서 은혜와 사랑의 새 인물들을 창조하도록 예정하신 것이다. 유럽이 이 막중한 사명을 소홀히 하고 오만방자(傲慢放恣)해지니 미국이 그 사명을 인수한 것이고, 한국이 복음을 받고 그 사명을 감당해야 할 의무가 있다고 봐야 한다.

대한민국은 지리적 여건을 감안하면 유럽보다도 땅이 훨씬 넓고 인구도 비교를 불허할 만큼 많은 아시아 대륙의 기독교 선교 교두보와 선교 요충지라고 하지 않을 수 없다. 그리하여 기실(其實) 평양은 공산 치하 이전에는 동양의 예루살렘이라고 말했다고 한다.

아시아에 기독교 선교단이 유럽과 미국으로부터 몰려 왔으나 선교 사명 이전에 서구의 식민지 개척 흐름을 타고 오지 않았는가 고찰된다. 서구는 문명국들이고 동양은 미개한 지역으로 간주된 것으로 보인다. 서구는 동양에 근대화의 파도를 몰고 온 것이다.

그러나 동양은 근대화의 가치 인식을 체계 있게 하기도 전에 일본이 잽싸게 서구 근대화의 면목으로 단장하고 근대 무기의 생산 역량을 갖추어 접근하니까, 구세대의 후진적 보호 체계 속에서 일본의 급진적 접근을 상대할 준비를 갖추지 못한 한국뿐만이 아니라 중화민국 같은 큰 나라도 대항할 수 없게 됐다. 인도와 베트남, 인도네시아 등을 제외하고는 동북, 동남 아시아권 전체를 풍미하여 일본은 동양사 최대의 일본 제국을 건설한 것이다.

예수님께서 이 아시아 백성을 긍휼히 여기시고 인간 숭배, 황제 숭배, 신사참배 강요 아래서 나라까지 빼앗기는 비참한 영혼들을 구원하실 섭리를 강구하셨다. 유럽이 서로 식민지 개척에 비상한 열을 올리고 식민지가 없는 나라만 바보 나라 취급하다시피 하는 판국에 세상에서 일본을 나무라고 꾸짖는 나라가 없었다.

미국은 유럽에서 격리되어 그저 은혜와 사랑의 천사인 선교사들만 부지런히 파송하고 그중에는 박해와 순교를 당한 선교사들도 있었다. 일본은 독일로부터 근대화를 배울 때 성경과 신학도 배웠겠지만, 독일은 예수님을 제쳐두고 유럽과 러시아까지 쳐들어가니 일본이 하는 일을 잘한다고 칭찬할 수밖에 없었을 것이다.

인간 숭배, 황제 숭배, 신사참배의 폐단과 폐해와 오류를 지적할 필요성을 느끼지 않았던 것 같다. 거대한 마풍이 세계를 휩쓸었다. 동양의 일본 세력권 안에 있는 예수님의 양심 선교사들은 모두 축출했다.

패망에 선행하는 것은 굽힐 줄 모르는 오만과 제어할 수 없는 과욕이다. 동양의 울타리 저쪽 태평양에 있는 평화로운 마을까지 일본이 넘겨 보고, 갑작스럽게 북태평양 하와이(Hawai) 섬에 배치한 미국 군대의 시설들을 폭격한 연고로, 미국을 감동시켜 인간 숭배의 광기와 폭정과 야망으로 불타는 일본을 하늘이 꺾게 했다.

　무수한 영혼들의 앓는 소리, 기도, 간구, 울부짖음 모두, 하늘은 모른 체만 하고 있지 않다. 그래도 일본이 미국에 패배했기 때문에 군사적으로는 야망을 펴지 못하지만, 그 외 경제 문화적으로는 배전(倍前)의 부강(富强)과 또한 과학 기술의 발전을 보게 됐다.

　일본의 만행을 견제하지 않고 같은 동맹국으로 역시 전대미문의 독재와 군사력을 투입하여 유럽과 소비에트까지 흔들려고 했던 독일도 제2차 세계대전을 치르다가 미국에 패망하므로 미국에 언짢은 감정을 가질는지 모르나 많은 불쌍한 영혼들이 구제받게 됐다. 역시 미국에 패망했기 때문에 전쟁 전보다 더 부유하게 재건된 것 같다.

　대한민국은 미국이나 연합국의 도움으로 독립하여 바로 곧 부흥 재건될 좋은 계기를 맞이했으나, 전혀 예상치 않게 남과 북으로 분단되고 이념으로 대결하게 되어 현재까지 지구촌 유일한 비통일(非統一) 분단국가로 세계 이목을 끌고 있다. 분단된 지 올해로 68년 된 현실에서 사도 바울의 유럽 선교에 비견하여 한반도의 몫을 신중히 고찰할 필요가 있다.

　난해난삽(難解難澁)한 제반 여건을 기독교 성경이 일목요연(一目瞭然)하게 메타신학(Metatheology, 하나님과 예수님께서 함께 하시는 신학)과 심장형태소의 촉매 반응에 입각하여 해명해 주고 있다.

　20세기 전반부 유럽의 형세는 독일이 주축을 이루어 제1차 세계대전과 제2차 세계대전을 치르고, 독일의 문화적 영향을 직접 받아 근대화를 이룬 일본이 동양에서 승승장구(乘勝長驅)하여 심지어 맥아더 장군이 주둔하고 있는 필리핀까지 빼앗았는데, 그들의 정복 행각을 하늘 하나님과 '만왕의 왕'이신 예수님께서 수긍하시고 진정 그들이 동양과 서양(西洋)을 제패하도록 하셨는가?

지금 심각하게 반성할 필요가 있다.

독일의 프리드리히 델리취(Friedrich Delitzsch)는 모든 정치적 곡선의 고려를 배제하고 우주의 창조자 하나님과 '만왕의 왕'이신 예수님께서 시각적으로 보이지 않으신다 하여 심장형태소의 촉매 반응(cardiomorphology)에 입각하여 고찰할 적에 고대 바빌로니아에서 섬기던 "마르둑(Marduk) 신이 독일을 보호해 주옵소서"라는 기도문을 황제에게 올리는 서한(書翰)의 서두에 썼다.

프리드리히 니체(Friedrich Nietzsche)는 "신은 죽었다"(Gott ist tot) 그리고 "우리는 신을 암살(暗殺)했다"(Wir haben Ihn ermordet)고 말했으며 '초인'(超人, Uebermensch: Superman) 사상을 제창했다. 그 전에 헤겔의 변증법에서는 인간 '이성의 간지'(die List der Vernunft)가 세계사와 독일의 운명을 낙관적으로 주도하는 듯이 호언장담(豪言壯談)했다.

그러나 이 이상주의적 관념론은 제1차 세계대전이 서글프게 종식되면서 산산조각으로 붕괴되고 말았다. 제2차 세계대전에서는 아돌프 히틀러(Adolph Hitler)가 인간 아리안(Aryan) 족의 우월성을 제창하며 나치즘(Nazism)의 발상으로 나치당(Nationalsozialistische Deutsche Arbeiterpartei)을 결성하여 당수(黨首)로 세계사상 유례가 없는 독재 정권을 유지했다.

그리고 히틀러는 막강한 군사력을 동원하여 승승장구하여 유럽의 식민주의 국가들을 타도하고, 러시아의 상트페테르부르크(레닌그라드)와 볼고그라드(스탈린그라드)에 진군했으나 패전하여 회군했다.

동양의 일본은 신사적인 식민주의 정책을 시행하지 못하고 무엇보다도 신사참배인 우상 숭배를 강요했다. 창조자 하나님의 자리에 인간이 앉고 서로 사랑하고 인격을 존중해야 할 인류가 인면수심의 인권 유린을 감행하다가 아브라함 링컨(Abraham Lincoln)을 모신 나라의 채찍을 모두 맞고 군사적으로 몰락했으며, 제2차 세계대전 이후에는 유럽이 전반적으로 자성하고 회개하여 그 식민지 국가들이 모두 자주독립을 찾고, 잃었던 낙원(樂園, Paradise)을 되찾은 셈이 됐다.

독일과 일본도 과욕과 야심을 버리고 모두 근면히 일하고 노력하며 평화를 추구하게 되니까 세계 굴지의 낙원 복지국가로 인류 번영과 공존에 그 기여하는 바가 이루 헤아릴 수가 없다.

이제 이야기는 헤겔(Hegel)의 변증법이 좌경하여 인간 증오의 화살이 불평등과 압제로 시달리는 각 국가 민족 내부의 프롤레타리아(무산 계급[無産階級], Proletariat)로부터 부르주아(자본 계급[資本階級], Bourjeois)로 겨누어지는 20세기 혁명의 비극 그리고 냉전역사와 연관하여, 하나님의 독생성자(獨生聖子)께서 보여 주신 수범(垂範, 막 10:45; 빌 2:5-11; 요 13:1-20)을 감안하며 낙원의 뜻을 음미(吟味)해 볼 필요가 있다.

헤겔의 정신현상학(Die Paenomenologie des Geistes)은 인간 심리를 분석할 때 인간관계에 있어서 자기를 압제하는 인간 대상에 대해서 대체로 반발, 대결, 투쟁 심리가 작용한다고 보고 있는데, 여기에 일리가 있다고 말할 수 있다. 인류 역사의 모든 굴곡과 비극이 여기에서 비롯되고 있다고 해도 과언이 아니다.

그러나 보다 고차적인 이성의 작용(die List der Vernunft)으로 창조적이고 건설적인 낙관 현상으로 귀결되는 것이 인류 역사의 발전, 발달이라고 본다면 이것은 철학의 이름 모를 맹신이고 논리적 검증 없는 소망이다.

아직도 기독교 신앙의 기반과 전통 위에서 입장과 형식은 범신론적 자세와 태도를 취하고 있다. 기독교의 범주를 벗어 난 논리와 용어를 사용한다. 그런데 아직 남아 있는 기독교적 자세를 아주 과감하게 불식, 타파하고 종교 아니 기독교를 아편이라고 말하며 인간을 숭고한 정신의 가치 구조로 평가하기보다 생물학적, 물질적, 경제적, 동물적 존재로 취급하면서도 하나의 혁명을 성취할 힘의 존재로 간주, 이용하려는 유물사관적 변증법은 독일에서 수용, 채택되지를 않아 영국으로 건너갔다.

그러한 사상을 가진 이들은 영국이 산업 혁명 후 자본가들이 노동자의 임금을 착취하고 부의 축재를 획책하고 있었기 때문에 모순, 갈등, 알력이 야기되는 현상이 벌어져 유물사관적 공산당 프로레타리아의 혁명이 성취될 수 있는 절호의 계기가 영국에 조성되어 있는 것으로 의당(宜當) 믿고 자신만만해 있었다.

프로레타리아에게 공산당 혁명 이념과 구호는 노동자 농민을 열광과 흥분에 몰입시키기에 충분한 자극제였다. 경제학을 가르치거나 공부하는 교수와 학생 또는 지식층 인사들도 모두 공산당 이야기나 강연회는 부흥성회만큼 신이 나고 기분을 우쭐하게 하는 것이었다.

그러나 영국에서 구세군을 비롯하여 기독교 지도자들과 신앙인들은 노동자와 농민들에게 자본가나 부자들을 원수로 여기지 말고 사랑할 줄 알고 사랑해야 예수님의 제자라는 것을 강조, 역설하여 공산당 혁명은 영국에서 발붙이지를 못하고 완전히 실패했다.

다시 언급하지만, 미국에서는 아브라함 링컨 대통령이 성경 말씀을 늘 읽고 그대로 실천하는 삶을 살았기 때문에 노예 제도가 철폐되고 자본가와 노동자, 농민 간의 혁명적 대결 없이 세계의 최강 부요국이 됐다.

미국에서 태어나지 않고 미국 시민이 되어 현재 필자가 미국에 살고 있지만, 미국에는 예수님을 사랑하는 사람들이 놀랍게도 많다. 예수님을 사랑하고 그 뜻과 말씀을 실천할 때 반드시 역사 창조의 기적이 일어난다.

필자는 맥아더 장군이 제2차 세계대전 당시 아침 새벽이면 성경 말씀을 정성스럽게 읽었다는 글을 읽고 경탄을 자아낸 적이 있다. 아이젠하워

(Eisenhower) 장군의 성명은 분명 독일계인데 그가 바로 독일과 싸우는 연합군 사령관의 직분을 훌륭하게 수행하여 결국 유럽과 세계 평화와 독일의 운명 전환을 가져오는 위대한 역사를 성취한 것은 그의 전략에 앞서 마음 바탕(cardiomorphemes)이 하늘의 뜻과 부합되어 있었다는 것을 짐작하고 남음이 있다. 그가 젊은 청년에게 보낸 편지에서 사도 바울이 제자 디모데에게 보낸 서신을 인용한 것을 본 적이 있다.

미국은 유럽보다 역사가 짧고 인구 구성 분포가 복합적이고, 다양하지만 예수님을 사랑하는 사람이 많아서 그런지 나라도 극진히 사랑하여 오랜 역사의 나라보다도 더 잘 세계 주도권을 의미심장하게 잘 행사하고 있다. 예수님께서는 "먼저 된 자가 나중 되고 나중인 자가 먼저 될 자가 많으리라"고 말씀하셨다.

인간의 지혜는 한계가 있으나 하나님의 지혜와 능력은 무한대(無限大)며, 하나님께서는 인종, 신분, 계급, 빈부, 귀천의 차별 없이 공평무사(公平無私)하게 형편, 처지, 필요, 자격을 고려하셔서 분배, 할당, 부여, 수여, 공급하신다.

독일과 영국과 미국에서 실패 좌절한 공산주의 혁명은 어찌된 영문인지 제정 러시아의 농민들에게 수용되면서 20세기 초반 러시아 공산당 혁명이 일어나고 공산당 혁명 사상이 아시아 각지로 은밀히 확산되었다. 그때 1945년 제2차 세계대전 종식 후 한반도는 38선을 경계로 북한에는 소련군이 주둔하고 남한에는 미군이 주둔했다.

동일 언어를 사용하는 단일 민족이 분단되고 인간관계가 소외되기 시작하면서 38선 철책을 중간에 두고 가까우나 멀고 먼 적대 국가, 민족이 되어 지금까지 70여 년을 겪는 사이 말로 다 못할 슬픔과 비극과 울분과 안타까움과 쓰라림을 이 지구의 다른 나라와 다른 민족은 이해나 상상도 못하게 한반도 민족은 겪어 왔고 지금도 겪고 있다.

특히, 북한은 예수님을 사랑하는 형제자매들이 대부분인 지역인데 종교는 아편이라고 무신론을 국시(國是)로 표방하는 정권이 수립되어 무차별 박해를 가하기에 피난, 순교, 추종, 굴종 등 말로 형용할 수 없는 수난을 당했다.

북한 정권은 아시아의 한 구석 한반도의 북쪽에서 1945년 이후 아예 남쪽까지 통합시키려고 무력 전쟁과 공산주의 혁명의 달콤한 사상 주입을 준비하여 1950년 6월 25일에 남침(南侵)했다.

남한의 머슴들이나 소작인들은 때를 만난 듯이 그들의 주인이나 고용인들인 지주들을 몽둥이로 쳐 죽이는 끔찍한 사건들이 합법적으로 이루어지고 마을과 동리(洞里)는 아예 머슴과 소작인들로 구성된 혁명 대원들의 수중에 있었다. 1개월 또는 2개월 사이에 남한 전체가 북한 공산군의 점령 통치 밑에 있었고 겨우 부산과 대구만이 끝까지 남한 군대가 사수했다.

그 당시 북한군 통치를 겪은 사람들은 어린애일지라도 공산치하라는 것이 무엇이며 공산당의 소행을 골수에 사무칠 정도로 잘 안다. 원수에 대한 사랑은커녕 사람에 대한 인정도 없고 비정(非情)의 살벌한 지옥이 바로 이런 곳일 것이다. 지금도 2천만 이상의 북한 동포들은 이러한 비정의 지옥 생활을 할 것이다.

다행히 인천 상륙 작전으로 3개월여 만에 1950년 9월 국군과 연합군이 실지회복(失地回復)을 하여 공산치하의 악몽이 가시긴 했으나 남한이 안정을 찾기까지는 물론 시간이 걸렸다. 이 기간에 북한의 많은 기독교 형제자매들이 남한으로 요행히 피난 올 수가 있었다.

또한 인민군으로 남침한 많은 북한 청년들이 포로로 잡혀 수용소에 있다가 공산 북한에 돌아가지 않겠다는 의사(意思)를 표명한 자들은 모두 석방하여 자유의 몸이 되게 했다. 그들은 거의 모두 남한에서 기독교 복음을 신실하게 전하는 복음의 전령이 됐다.

　남한은 축복의 낙원이 되는 것이다. 북한은 70여 년이 지난 지금까지도 군비 확충으로 아시아 저 말단 구석에 있는 남한을 송두리째 삼켜 버리려는 야욕에만 불타고 있으며 세계의 눈에 걸림돌로 말썽꾸러기 노릇만 하고 있다. 백성은 굶어 죽어 가고 있는 데 소수의 지도자들은 비만으로 대조를 이루고 있어 공산당의 공(共) 개념과 상호 모순, 상치되고 있다.

　북한은 종이호랑이인 원자핵을 제대로 갖추지도 못했으면서 핵 공격 위협을 세계 무대에 창피하지도 않은 듯 토로하고 있으니 유엔 경제 제재 조치만 강경해지고 원조의 길은 경색되고 백성은 아사(餓死) 상태에서 허덕이고 있다.

　공산당 구호는 무산 계급의 혁명으로 빈부의 격차를 해소하고 균등한 생활 수준을 유지하는 것인데, 오히려 빈부의 격차가 방대해서 국가 유지나 국민 건강 관리에 위태로운 차질을 초래하지 않을까 심히 우려되기까지 하는 것이다.

　바로 현재 전 세계 문제의 최고 협의기구가 유엔 총회인데 바로 이 유엔의 사령탑을 관장하는 사무총장을 남쪽 대한민국이 배출하여 전 세계 민족 국가의 어려움을 해결하는 일을 도왔다. 북한은 이러한 평화의 인물을 배출하기는커녕 핵무기 전쟁, 허망하지만 악랄한 불바다 위협을 인면수심의 철면피를 깔고 토로하는 것이다. 시간과 공간의 차원에서는 가장 근접한 거리에 위치하여 있지만, 그 마음자리(Cardio morphemes)를 누가 또 무엇이 점유하고 있느냐에 따라서 노출되는 현상은 천차만별(千差萬別), 천양지차(天壤之差)임이 확증된다.

남쪽 대한민국과 대조적으로, 북한은 1945년 전까지만 해도 하늘과 우주의 창조자 하나님과 인류의 구세주 예수님을 섬기던 때, 동양에서 꼽히는 천국 복음 낙원이었던 곳이었다.

그러나 북한은 기독교를 아편(阿片)이라고 박해하는 비인간(非人間) 냉혈동물들이 정권을 장악하고 독재 인간 숭배, 반공산당적 해괴망측(駭怪罔測)한 세습군주제로 이탈, 왜곡, 전락하여 자가모순당착(自家矛盾撞着), 기만, 사기, 술수라는 창피하기 짝이 없는 희화를 연출하는 곳으로 이제 변질, 타락하고 말았다.

공산당 혁명의 본산지인 러시아는 현재 공산당을 아예 방기했고 KGB 건물 앞에는 예수 그리스도의 십자가가 모습을 나타내었다.

중화민국은 말로만 공산주의 체제라고 표방하지 기독교가 널리 전파되었고 완전한 자본주의 체제로 전환됐으며 이 사실을 그 누구도 부인하지 않을 것이다.

그래서 이제 북한은 거대한 러시아와 중화민국의 변화와 발전을 관찰할 시력(視力)마저도 상실(喪失)한 감관역기능도착증(感官逆機能倒錯症:Sensory Malfunctions and Perversions)에 걸려 "보고도 알지 못하고 들어도 깨닫지 못하는" 양심마비(良心痲痺)와 심장강퍅(心臟剛愎)의 맹인불구자(盲人不具者)로 연민을 자아내게 하고 있다.

이와 반대로 한반도의 남쪽 대한민국은 종교의 자유에 대해서는 헌법이 보장하는 사항이고, 군사 정부도 이 헌법 조항을 말살하지 못했다. 북한 피난민이나 반공 포로는 아무런 사상 의혹의 제약 없이 환영, 자유를 구가하는 지상 낙원에서 살게 한다.

대한민국의 기독교 선교가 가장 어려웠던 대상은 유교적 양반 계급인데 이 양반 인구 계층에게 하나님께서는 역사의 굴곡을 오히려 선물로 주셔서 오만하고 강퍅한 마음을 변화시키시고 겸손히 복음을 수용하도록 하신 것 같다.

이조(李朝)의 유교적 양반 계급 계층이 기독교를 선뜻 수용하기란 인간적으로는 쉬운 것이 아니다. 동양에서 제일 큰 걸림돌이 조상 숭배와 제사이며 그에 따른 문제들인데, 이것이 가정과 인간 개인 또는 가족 가문의 길흉화복(吉凶禍福)과 연관되기 때문에 이 운명, 숙명의 문제를 극복하기란 인간적으로 쉬운 것이 아니다. 박해와 순교와 핍박이 따르는 사항이다.

1945년 전 북한 주민은 복음을 극히 용이하게 수용했다. 거기에는 유교적 양반 계급이 별로 없었기 때문이다. 이씨조선(李氏朝鮮)의 조정에서 북한 출신은 거의 등용하지 않고 차별 정책을 쓴 것 같다. 북한 동포는 조정에 불만이 많았고 늘 욕구불만으로 혁명을 꿈꾸었는지 모른다. 그런데 기독교의 복음 선교가 차별을 배제하고 누구에게나 소망을 불어넣어 주었기에 북한 인구 대부분이 쉽게 기독교인이 됐던 것 같다. 그들이 공산 정권을 만나니 남한으로의 피난을 생각할 수밖에 없었다.

그리고 그들이 피난 와서 남한 사람들에게 전도를 아주 잘 수행했다고 보아야 한다. 대한민국의 초대 대통령도 기독교인이었으나 이 정부는 부정부패와 장기 집권 획책으로 국민으로부터 신망을 잃고 1960년 4월 19일 학생 혁명으로 실각했으며 새 정부 인사들은 새로운 내각을 구성하기는 했으나 부정부패에 찌든 인물들이어서 국민의 신망을 얻지 못해 사회적 불안이 팽배하고 민생고의 해결은 어려운 처지였다.

1961년 5월 16일 군사 쿠데타가 발생하여 계엄령이 선포되고 구정치인들은 모두 체포 구금당했으며 처음에는 참신한 기풍을 진작시켰으나 군사 정부가 장기화하면서 학생들의 군정 반대에 대한 데모가 끊임없이 일어났다. 또한, 기독교 지도자들을 주축으로 하는 군사 정부 반대 데모가 일어나면서 군사 정부가 학생과 교회를 탄압하는 사건들이 빈발했다. 그러나 교회 탄압과 함께 기독교 인구는 감소하지 않고 오히려 더 많이 증가했다.

군사 정권은 이씨조선의 잔재인 양반 계급의 유교 전통 사상을 불식하고, 옛날의 양반 계급들이 역설적으로 기독교 복음을 수용하는 데 다대(多大)한 촉매역할을 했다고 볼 수도 있다. 군 출신이 아니면 정부 사회 요직에 등용될 수가 없으므로, 교회에서 더욱 높은 하늘과 하나님 예수님께 호소하는 대열에 서게 되는 지식 계층과 명사들이 늘어나게 됐다.

군대의 기풍에는 전략 목표를 설정하고 그 목적, 목표 달성을 위하여 돌격 전술을 전력을 다하여 용감무쌍(勇敢無雙)하게 실행하는 측면이 있다. 그 목적이 달성되는 것으로 민주화에 대한 국민의 아우성과 절규를 무마시키려고 군사 정권은 자신을 합리화시키려고 했다. 그래서 제3공화국이 무려 20여 년에 이르는 장기 집권을 기도했고 그 다음의 다음까지 군 출신이 집권했다. 이 기간에 기독교 신자 수는 괄목할 만하게 증가했다.

동시에 첫 번째 군사 정권의 목표인 조국근대화와 경제 부흥의 돌격 목표는 제1, 제2 공화국과는 현격하게 달리 성취됐고, 계속 차기 정권에서 경제 부흥과 함께 1988 서울 올림픽의 성공적인 개최로 공산권 북한과 기타 동유럽과 소비에트 연방 산하 공화국들과의 비교에서 월등하게 경제 부흥, 민주, 기독교 등 대한민국의 발전 양상이 인정됐다.

이를 계기로 그다음 군 출신 정권은 북방 외교에 아주 많이 용이하게 성공하여 공산 소련과 중국과 외교 수립을 달성하면서 눈먼 북한을 지구촌 국가 사회와 심지어 최대 공산 강국으로부터도 고립화시키는 데 성공했다고 볼 수 있다.

동시에 북한은 공산 국가라기보다 인간 숭배 세습제로 지구촌 역사상 유례가 없는 일당 독재에 백성은 기아(饑餓) 선상(線上)에서 허덕이며 나무껍

질을 먹고 인분(人糞)을 도적질한다고 한다. 백성이 혁명을 일으킬 힘과 기운이 없도록 피골이 상접하도록 만들어 놓은 것이다.

반면에 남쪽 대한민국은 기독교 탄압과 함께 교회를 부흥시키고 기독교 인구를 세계 역사에 유례가 없도록 증가시켜 전 세계 최대 교회가 한국에 있어 세계 주요 기독교 교단의 최대 교회들을 한국에 와야 볼 수 있게 됐고 교회 탄압 속에서도 기독교도들 대부분이 기업에서 월급을 많이 주든 적게 주든 열심히 일하여 경제 성장의 주축 역할을 했다.

군사 정부는 기업을 장악하여 노동쟁의를 통제했는데 기독교도들은 기업을 위하여 열심히 일했고 복음주의 목회자들은 임금 인상 데모보다도 국가, 민족, 경제 부흥, 평화 통일, 세계 선교 등을 위하여 새벽 기도, 금요 밤샘기도, 금식 기도 등 세계에서 기도를 제일 많이 하는 교회, 목회자, 성도들이 되어 나라는 부강하게 됐다.

민주화 데모는 주로 대학생들이 주축이 됐는데 경제 성장으로 그들이 잘 먹고 기운이 넘치고 힘이 있으니까 데모를 제재하는 경찰들을 이겨내고, 정부가 계엄령을 내리면 군인들까지도 능가할 정도로 완강한 민주 투사가 되었다.

결국 군 장성 출신은 퇴각하고, 민주화 운동으로 혼신의 힘을 기울이고 고난을 겪은 기독교의 인물들이 정권을 장악하여 군 장성 출신 대통령들의 많은 비리를 청문회, 입건, 체포, 구금, 법정판결, 투옥에까지 이른 과정을 통해 척결하므로 온 세상에 민주화의 귀감을 선양한 실례를 제시한 것이다. 따라서 북한은 원자핵을 떠들지만 나약하기 짝이 없는 정권이다.

대한민국은 모두 잘 먹어서 기운이 세다. 민방위대, 군대, 대학생, 고등학생, 중학생, 초등학교 모든 학생이 기운이 세다. 그리고 불바다를 소방(消防)하고 의기양양하게 북진할 힘이 끓어 넘친다. 왜 그것을 북한은 알지 못하는지 답답할 따름이다. 대한민국이 북한을 도전하거나 침략한다는 말을 한 적은 한 번도 들어 본 적이 없다. 그만큼 신앙과 신념과 긍지로 충일해 있기 때문이다.

세계 선교와 관련하여 사도 바울의 유럽 선교와 21세기 우리의 선교 과제를 착안, 탐구할 필요가 있다. 한반도의 나라 크기로는 남·북한을 다 합쳐 봐야 미국 필자가 사는 노스캐롤라이나보다 더 작다. 대한민국이나 한반도는 종래 유럽이나 미국과 다른 지구촌 지역에 알려진 바가 별로 없다. 20세기 후반부에 들어서 6.25 동란으로 유엔군에 편입하여 참전한 나라 군대들이 있어서 아시아 냉전의 왜소한 일각(一角) 지대라고 여겨졌을 정도에 불과했을지 모른다.

그러나 조국근대화와 경제개발을 제일 우선 과제로 세우고 최선을 다한 덕택에 국위가 상향되고 대한민국의 제품이 세계 시장에서 한 자리를 차지하게 되면서 남한은 좋은 인상을 받으면서 잘 알려졌다.

1960년대와 1970년대 천연자원과 재원이 넉넉하지 못할 때 월남전에 참전하고 서독 광부와 간호원으로 노임(勞賃)을 획득하거나 중동 사막 지역의 건설 사업에서 재원을 확보하면서 경제 부흥을 거국적으로 시행한 효과가 큰 성과를 거두었다 할 것이다. 국내적으로는 조림 사업을 성공적으로 성취하고 식량 증산과 개량을 전 세계 으뜸으로 수행하여 기아 인구가 없어지고 오히려 식량이 남아 북한과 제3세계의 어려운 국가 국민을 원조하게 됐다.

6.25 전쟁 때 대한민국을 도와준 나라와 그 백성들에게도 은혜를 갚는 처사(處事)를 이행하게 됨에 따라 국가 민족의 긍지가 살아나게 됐다고 볼 수 있다. 이 모든 과정에 그리스도의 은혜에 감사하고 보답하는 기풍이 발랄하게 생동감 있게 작용했다.

따라서 자연스럽게 피선교국의 위치에서 선교사 파송국의 지위를 대한민국 기독교 교회는 즐겁고 감사하고 기도하는 자세로 확보하게 되어 그 조그마한 분단국가의 어려운 형편과 처지에서 미국 다음으로 많은 숫자의 선교사들을 온 지구촌 각지에 파송하고 있다.

파송 선교사 중에는 그리스도의 이름을 위하여 순교당한 형제자매들도 있다. 세계에서 일반적으로 우리에게 잘 알려지지 않은 곳을 여행하거나 찾아가려면 대한민국 외교 대사관이나 영사관 아니 재외 공관에 문의하기보다 한국 선교사들이나 기업 파견 근무자에게 물어보는 것이 훨씬 간편하고 확실한 방법임을 경험자들은 잘 알고 그렇게 알려 주고 있다.

한국 기독교 선교단과 기업이 대한민국 세계화의 촉매역할을 훌륭하게 수행하고 있기 때문이다. 그들이 현지 사정을 잘 알고 또 현지 언어를 능통하게 구사하고 있다. 그들의 자녀들이야말로 피선교국 국민의 자녀들보다 더 언어와 관습과 학습에 능통하여 예수 그리스도의 복음을 빼어나게 잘 증거할 뿐만 아니라 음으로, 양으로 세계 평화에 이바지하는 바가 자못 클 것이다.

경제 부흥 성장과 교회 부흥 성장에 보조를 맞추고 짝을 같이하여 외방(外邦) 선교와 기업 확장 투자가 대한민국에서는 거의 단합된 협력 관계로 신장(伸張), 발전하고 있으므로 그 현장에서 신학이 새로운 도전과 참신한 비전을 받게 된다. 유럽의 신학은 고질적인 침체 상태에서 긴 동면을 즐기고 있고 깨어날 줄을 모르기 때문에 신학이 불필요한 휴지 조각만 축적, 낭비하고 있을 따름이다.

신간 신학 서적 중에서 쓸 만한 서적 한 권도 찾을 수가 없고 모두 휴지 조각 투성이다. 왜 그런지조차 알지 못하는 감관역기능에 빠져 있으며 심장형태소의 중추신경 마비로 중병을 앓고 있다.

독일 하면 마틴 루터와 종교개혁과 신학과 철학의 본산이라고 생각한다. 그런데 성경비평이 시작된 이래 독일 목사 중에는 신학자들을 아예 교회와 신앙을 파괴하는 악령의 하수인들로 혹평하는 글들을 읽은 적이 있다. 즉 신학과 신학자들의 무용론을 제기하고 있다.

독일 베를린자유대학교 신학부에서 공부하고 있는 젊은 신학생이 필자의 독일어 박사 논문인 "Dichtungen der Zeit Tukulti-Ninurtas I. von Assyrien"의 마지막 발문(跋文)에 적힌 "Eine wissenschaftlich schoepferische Dialektik"과 영문 저서 *Metatheology*를 읽고 그 소감을 피력한 서신(書信)에서 독일 신학 분위기에서 전혀 경험하지 못한 신앙의 감동과 영감과 은혜로 감격이 넘치게 됐다고 술회하고 있다.

독일 레겐스부르크대학교의 신교(新敎) 신학의 거장 한스 슈바르츠(Hans Schwarz) 교수는 필자의 *Metatheology*에 관한 서평에서 어려워 평가하기 힘들기는 하나 저자의 박학다식이 돋보이면서 비평신학을 극복한 훌륭한 서적("a remarkable book that shows the erudition of the author")이라고 극찬했다.

전자의 박사학위 논문과 독일 교수 자격 논문(die Habilitationsschrift)인 "Die Schicksalsbestimmngen bei den Mesopotamiern, Eine Grundlage fuer die Kulturkritik der antiken Welt"(메소포타미아의 운명론:고대 역사 세계의 문화비평 척도[尺度])는 모두 필자가 한국에 와서 제일 먼저 한국어로 재집필, 출간하여 수입 신학으로 인해 자료가 궁핍한 한국 실정에 신바람을 불러 넣고 한국 기독교 신학에 긍지를 심어 준 역작들이라고 할 수 있다.

한국 목회자들과 신학생들과 성도들은 이 저서들이 어렵다면서도 좋고 신이 난다면서 독후감을 제출하고 강의 소감을 말했다. 또 다른 무엇보다도 특기할 사실은 한국어로 출판된 이 두 저서를 읽으며 그 마음 가운데 각별한 인상과 어떤 불가항력적인 감동 그리고 매력에 사로잡힌 여인이 있었으니 내 필생의 반려(伴侶)가 된 서울대학교 영양생리학 교수 이연숙(李連淑) 박사(Ph.D. from the University of Tokyo)다.

발전하고 성장하는 한국교회에 20여 년 이상 성경 원문, 신학, 종교 철학으로 봉사한 결실을 다듬어 영문으로 출간한 저서가 *Metatheology*인데 그 반향은 예상 이상으로 파장이 큼을 실감하며 하나님께 감사 찬송 드린다.

이 저서에 대하여 프린스턴대학교의 하바드 출신 성경 학자 패트릭 밀러(Patrick Miller) 교수는 "거대한 신학 통합의 기도(企圖)"라고 평가했고, 역시 하바드 출신 미국 교회사 학자 멜리화잇 박사(Rev. Dr. Calvin Sterling de Waal Mealefyte, 웨스트민스터신학교 졸업)는 *Metatheology* 저서야말로 지난 1세기 동안 학수고대(鶴首苦待)하던 기독교 신앙과 신학의 역작으로 기독교와 교회를 죽음의 수의처럼 덮어 질식시키고 있는 잡초들을 제거하고 말씀과 복음의 진면목을 조명하는 보감(寶鑑)이라고 높이 평가했다.

그 결과는 너무나 역연(歷然)하고 자명하다. 필자는 미합중국의 시민이 되고, 딸과 아들은 무난히 미국의 좋은 고등학교를 졸업한 뒤 학업을 계속하거나 직장에 취업이 되기도 했다. 필자는 미합중국의 시민으로 노스캐롤라이나의 중심 요지인 RTP 복판에 13에이커(acres)의 황금, 진주, 보화 같은 땅을 그리스도 예수님으로부터 특별 선사(膳賜)받음으로 그 은혜에 감사하는 그리스도의 추종자들이 믿음 안에서 배우고 닦고 섬기고 받들고 전하고 선을 이루는 득락원의 서식처를 확보하게 된 것이다.

필자가 1980- 2000년대에 한국에서 신학교와 목회자들을 섬기면서 한국교회가 얼마나 기도(祈禱)로 성삼위 하나님께 매달리고 있는지 감탄하면서 섬기고 체득한 것이 많다. 한국 목회자들, 신학생들, 전도사들, 권사들, 집사들, 장로들이 얼마나 기도를 열정적으로 온 가슴을 쏟아 내며 하는지, 이것은 유럽에서는 구경 한 번도 못해 본 일이고 거기에서는 상상조차 할 수 없는 진풍경이었다.

이 기도들은 외면(外面)치레의 쇼가 아니었다. 심장의 깊은 속 복판에서 우러나오는 생수 같은 진국의 기도였다. 사도 바울이 획득한 유럽 선교의 첫 열매는 빌립보 강변의 기도처에서 기도와 말씀으로 루디아 자매의 심장이 열려 맺힌 것이었다(행 16:11-15, 40).

사도 바울의 대부분 서신에 언급되는 그 기도의 내용에서 하늘나라의 밧줄이 지구촌의 심령에 결부되고 있다. 유럽의 바싹 메마른 형식적 기도에는 이 하늘의 밧줄이 끊어져 활력과 소생(蘇生)의 생수 분출이 고갈되었고, 악취만이 풍긴다.

그것도 그럴 것이 기도가 썩은 정치와 부식(腐蝕)한 이권에 흔들흔들 결부될까 말까 하므로, 하늘에 올라가는 기도까지도 인간의 썩은 이권으로 농락하러 들기 때문에, 사도 바울은 기도와 말씀으로 유럽의 복음화를 시작하고 인간 이권의 노리개가 된 점쟁이 여자로부터 종교 이권의 밧줄을 절단하여 성령으로 이 유럽의 부패와 세속화의 진원인 종교 경제 악령을 축출, 축신(逐神)하고, 이러한 부패와 악 속에서 감옥에 갇힌 불쌍한 영혼들의 자유를 성취하는 송가를 부르며 간수장을 비롯해 유럽 자유의 복음화를 착수했다.

한국교회는 매일 새벽 기도, 금요 밤샘기도, 작정 금식 기도 등 이 세계에서 기도를 제일 많이 하는 교회들이며 그러한 목회자와 성도들이기 때문에 기도 만큼은 세계 모범인 것 같고 하늘에서 영원하신 하나님께서 특히 보살펴 주시는 민족과 국가인 것 같다.

기도 많이 하는 신자들은 섬기고 봉사를 잘 하므로 상하(上下) 대인(對人) 관계가 좋고 마음이 넓게 열려 있다. 그래서 그런지 이제 한국은 폐쇄적인 민족이 아니라 다민족 국가가 벌써 됐다고 말한다. 다른 나라의 민족들이 한국에서 일하여 돈 벌고, 결혼하여 정착하고, 번 돈을 자기 나라 부모들에게 송금한다고 한다.

예수 그리스도를 섬기는 곳과 그러한 나라가 천국은 아니지만, 한국은 지상에서 그래도 독재 무신론 국가보다는 낙원과 같은 나라이지 않은가 생각된다. 이러한 점에서 북한과 남한은 너무나 큰 대조가 된다.

예수님을 잘 섬기는 나라와 그렇지 않은 나라는 날이 가고 해가 갈수록 차이가 두드러지게 나타나는 것 같다. 예수님께서 유럽이 세계 모본이 되는 곳이 되도록 사도 바울에게 특별 지시와 특별 계시로 아나톨리아로부터 마케도니아로 자리를 옮기라고 하신 것이다.

유럽의 마케도니아 빌립보에서 사도 바울과 실라의 첫 선교 활동은 아주 의미심장하다. 이는 교회가 기도와 말씀으로 개척되고, 운명론과 점복술(占卜術)을 타파하며, 죄악의 형벌로 죄수들이 갇힌 감옥 문이 복음송과 함께 열리고 자유롭게 되며, 감옥을 지킨다는 간수와 그 가족부터 예수 그리스도의 이름을 믿고 세례받으며, 로마 시민의 특권이 복음 사역에 동반되고 있다는 사실의 상징적인 의미까지 감안하여 세계 미래의 오감도(烏瞰圖)까지 그려 주고 있다.

나중에 바울이 빌립보교회에 보낸 서신에는 전 세계 종교, 철학, 윤리 총화(總和)의 초월, 상승(上昇)이 예수 그리스도의 성육신과 겸허, 겸비, 순종, 십자가 죽음, 부활, 영광으로 장엄하게 요약되어 있다(빌 2:6-11).

우리는 사도 바울의 서신을 읽을 때마다, 그가 나이가 상당히 많이 들어서 기록했거나 불러 주어서 작성한 서신이겠지만, 그가 언제나 젊은 패기를 가지고 과거에 얽매이지 않고 미래를 향하여 정진하는 생각과 모습을 연상하게 된다. 빌립보서에서 바울은 그리스도인의 행동과 삶은 하나님께서 그 안에 계셔서 마음을 움직이시므로 하나님의 뜻을 받드는 방향으로 이루어진다는 사실을 밝히고 있다(빌 2:13).

또 지난 과거의 신분 또는 자격을 모두 예수 그리스도에 대한 앎을 획득하는 것과 견주어 그것들은 다 부질없는 것으로 헌신짝같이 버린다는 자세를 확실히 하고 있다.

그리스도를 알고 모신다는 것이 이 세계 최고의 자산(資産)과 영예며, 율법으로가 아니라 믿음으로 의를 확보함과 함께 부활의 능력을 인식하고, 그리스도의 고난에 동참하며 그리스도의 죽음과 같은 대열에 참가하여 죽은 자들의 부활에 이를 수만 있다면 그 이상 바랄 것이 없다는 소신을 피력하고 있다(빌 3:6-11). 바울은 이것이 삶의 목표와 행동 지표가 되어 있어서 그리스도 예수님에 붙잡혔지만, 아직도 그것으로 목적 달성을 했다고 자신하지 않고 그리스도를 붙잡기 위하여 끊임없이 질주(疾走)하고 있다고 말한다(빌 3:12).

> 나는 나 자신 목표에 도달했다고 생각하지 않는다. 오직 한 가지, 뒷 것은 잊어 버리고, 앞을 향하여 매진하며, 목표를 향하여 뛰는데, 하나님께서 위로부터 부르셔서 그리스도 예수 안에 있는 자에게 수여하시는 상(賞)을 받으려고 혼신의 달음질/달리기를 하는 것이다(빌 3:13-14).

사도 바울은 완성에 이르는 자들이란 모두 이런 사고방식(phronomen)을 가져야 한다고 역설하고 있다(빌 3:15). 바울은 다음과 같이 잘 살피라고 부탁하고 있다.

성도들에게 자기를 본받으라고 권고하고, 자기처럼 다른 형제자매들이 살고 있는가?

유심히 관찰하고, 바울의 귀감대로 그리스도를 따르며 행동하는가, 하지 않는가?

또한 바울은 그리스도를 받들지 않는 그리스도 십자가의 원수들이 벌써 많이 있다는 것도 상기시키고 있다(빌 3:18). 이 십자가 원수들의 종말은 멸망이며 그들이 받드는 신은 치욕과 수모로 덮인 물욕(物慾, 원문은 '배'[belly/stomach])과 명예욕으로 지상 낙원을 도모하는 자들이다(빌 3:19). 이제 드디어 참 낙원에 대한 언급이 있다. 즉 우리의 시민권(citizenship)은 하늘에 있다(빌 3:20)고 바울은 빌립보교회 신자들에게 일러 주고 있다.

> 우리는 하늘로부터 오시는 우리 구세주 예수 그리스도를 앙망하며 기다리고 있다. 구세주께서는 우리의 비천한 몸을 당신과 같은 영광스러운 몸으로 변형개조(變形改造) 하실 것이다(빌 3:21).

이 세계에서의 삶은 선교사의 삶으로서 안빈낙도(安貧樂道)의 자족하는 삶이고(빌 4:12), 섬기고 봉사하고 후원하고 보살피며 나누는 삶이지 약육강식(弱肉強食)의 냉혈동물이나 식민주의자들의 삶이 아니다.

사도 바울은 유럽의 첫 선교지 빌립보교회에 천국 시민권의 대기 발령을 기다리며 자족하는 선교사의 삶을 귀감으로 권했는데, 오늘날 유럽이 식민지 소유 국가들의 전철을 밟고 있어 정치적이 아닌 참 복음적 선교는 자취와 꼬리를 감추어 가고 있다.

대한민국은 역사상 식민주의 국가가 되어 본 적이 없이 섬기고 받드는 민족으로 자라 온 것을 그리스도 예수께서 미쁘게 보셨는지 의심이나 두려움 없이 피선교국에서 대한민국 선교사들을 환영하고 있고 또 가서 잘 받들고 섬기고 봉사하고 있는 것 같다. 이 분단된 조그마한 국가에서 미국 다음으로 많은 선교사들을 파송하고 있는 것은 21세기 세계의 기적인 것 같다.

사도 바울은 빌립보를 떠나 데살로니가로 간다. 바울은 데살로니가에 유대인들의 회당이 있어 3주 동안이나 이 회당 집회에 가서 예수 그리스도의 십자가 수난과 부활 중심의 성경 강해를 했다. 경건한 신자들과 희랍인 출신의 회당 참석자들 중에서 많은 수가 바울과 실라를 믿고 따르게 됐다.

그 동안 형식적 성경 공부와 전통적 회당 의식에만 치중하던 모임 또는 강론(講論)과 달리 지구촌 역사와 인간 삶의 방향이 전격적으로 바뀌는 우주적 희소식인 복음을 듣고 청중들의 머리와 가슴이 요동되고 술렁이게 됐다. 바울과 실라는 진실로 폭발적인 인기를 독차지하게 됐다. 이것을 못마땅하게 보는 부류의 사람들이 있다.

예수님은 이 땅에 계실 때도 갈릴리 해변가나 예루살렘 성전에서 폭발적인 인기를 독차지하는 인물이셨다. 시기하고 질투하는 무리들은 작당을 하여 온갖 모략중상(謀略中傷)으로 이간질하여 예수님 그룹을 축출, 매장(埋葬), 획책에 전념하는 것이다.

그리하여 바울 일행은 그동안 맺어진 형제자매들의 도움을 받아 베뢰아로 옮긴다. 여기에서 그들은 복음을 잘 전하고 데살로니가 패거리들이 여기까지 추적하여 방해했지만 교회는 이루어지고 새 성도들이 안내하여 아테네에 당도하게 된다. 서구 문명 발생의 중추, 핵심, 요람인 아테네에 바울은 감개무량하여 우뚝 섰다.

바울이 아테네에서 디모데와 실라를 기다리는 동안 이 아테네 전체가 우상들로 백화점과 박물관을 이루고 있는 것을 목격하며, 유일신 하나님의 독생자 예수 그리스도를 알리는 이 바울 자신의 마음이 못내 안타깝고 측은한 연민의 정(情)으로 가득 차게 되는 것을 가늠 수가 없었다.

우리는 그리스의 아테네라 하면 희랍의 문학 일리아드(Iliad)와 오딧세이(Odyssey)를 상기하게 되며, 희랍의 비극과 희극, 소크라테스를 비롯하여 플라톤, 아리스토텔레스와 같은 철인(哲人) 사상가들과 민주주의 정치가 페리클레스(Pericles)를 생각하게 되고, 올림푸스 신전과 관련하여 오늘날도 전 세계가 4년마다 실시하는 올림픽 경기를 말하지 않을 수 없다.

그러나 우리는 예수님을 만나고 예수님을 모시고 사는 사도 바울의 눈에 아테네와 그리스는 인간 득락원의 성취와 우주 세계 진리의 요람이나 산실이 아님을 번연히 인식하고 확인하게 된다. 희랍 문화는 지혜(智慧, sophia)를 사랑(philia)한다는 철학(哲學, philosophia)으로부터 모든 인간 활동이 인간 사색의 평가 과정을 거친 것으로 특색을 이루고 있다.

세계에서 제일 오래된 고대 근동 문명이 희랍 사고를 거치면서 고답적인 언어와 논리의 섬세하고 정교한 단장(丹粧)을 하게 된다. 여기에서 두드러지게 구분할 것은 고대 근동 문명의 두 정점은 유일신 신앙과 알파벳(the Alphabet)인데 후자는 희랍 문화에서 아기자기한 이원론적 갈등, 대립, 타협의 무수한 변증법적 언어, 문예, 과학, 예술을 생산하여 서구 문명의 낙원 없는 구조를 입체적으로 조형(造型/形)했다.

전자의 경우 희랍의 지성 아니 인간 지성은 계시를 수용하지 않기에, 세속화한 서구 지성과 감관역기능의 문맹(文盲)은 유일신 신앙의 테두리 밖을 맴돌면서 불가지론(不可知論, 행 17:23)의 늪에서 지금까지 가공(可恐)하고 잔인하며 영원히 투시할 수 없는 운명론의 채찍을 맞으며 그것에 무자비하게 시달리고 있다.

사도 바울은 회당에서 다이에스포라의 부류들, 또 이들과 함께 한 예배자들을 상대로 그리스도 예수님에 대한 복음을 전하고 아테네 광장에서 만나는 사람들과 대화하고 토론했다(행 17:17). 또 에피쿠로스 철학파와 스토아 철학파 사람들과도 만나 대화를 나누었다. 이리하여 사도 바울의 만남은 전 세계 종교 철학을 총망라하는 부류와 그들 종교 철학 사상과의 대담판(大談判)이 된다고 할 수 있다.

이 시기는 알렉산더 대왕의 국제화(Hellenism) 시대를 무려 300년이나 거친 뒤이기 때문에, 고대 근동뿐만 아니라 인도와 중국의 사상과 문화까지도 접한 시대 상황에서 바울의 강연은 세계사적인 철학 종교 대결의 내용을 다루고 있다고 말해도 과언이 아닐 것이다.

고대 페니키아(Phoenicia)의 무역상이 전달한 셈족어 페니키아 알파벳은 지중해를 건너 그리스 대륙에서 문화의 꽃을 피웠다고 말할 수 있겠으나 유일신 신앙의 예수 그리스도 구원 복음은 사도 바울이 비로소 여기에 심었다고 할 수 있다. 아테네의 지성인들은 유대인들을 늘 만났고 그들의 회당도 보았겠지만 그들에게서 유일신 신앙을 배우지 못한 것 같다. 아테네뿐만 아니라 헬레니즘 문명권에 흩어져 있는 다이에스포라의 유대인 부류들은 기독교 선교의 방해 역할을 하는 존재로 신약성경은 다각적으로, 다방면으로 해설하고 있다.

오늘날에도 신약성경의 해명 기록은 유대인과 기독교 선교와의 관계에서 그대로 거의 일호(一毫)의 차착(差錯) 없이 적용되고 있는 것 같다. 신약성경은 오늘날도 너무 명약관화(明若觀火)한 증거 기록이며 사도 바울의 선교 여행과 그 후 예루살렘에서부터 가이사랴(행 23:23)를 거쳐 결국 로마 황제에게 상소하여 로마까지 가는 동안 총독들과 아그립바 왕 앞에서 자신을 변호한 내용을 살펴보면 극히 의미심장한 사실을 터득하게 된다.

먼저 바울은 자신이 정통 유대인이며, 바리새 교육을 철저히 받고 그에 맞는 죽은 자들의 부활을 신봉하며, 기독교도들을 무참이 박해했고, 유대인 모두가 기다리는 메시야 강림에 대한 소망을 가진 자로서, 예수는 메시아가 아니라고 굳게 믿고 다메섹의 기독교 교도들을 체포, 투옥, 처벌하러 가다가 도상(途上)에서 예수님을 만났다고 고백했다(행 9:1-30; 22:3-21; 26:9-23).

그가 메시아 예수 그리스도를 만남으로 유대인과 유대인 아닌 세계 모든 인류 전부에게 구원과 부활의 인생 최대 최고의 복음, 희소식을 전한다고 거침없이 자신 있게 설파했다.

그런데 유대인들이 무슨 영문인지 바울을 미워하여 예루살렘에서 잡아 죽이려고 드는 것을 로마 군대 지휘자가 질서를 지켜 보호하므로, 바울은 도중에 위기가 잠복하고 있었으나 로마 군대의 엄호로 안전하게 로마까지 가서 자유 안전 상황 속에서 복음 전하고(행 28:23-31) 황제에게도 복음을 대담하게 전한 것으로 여겨진다. 바울이 적격 로마 시민으로 태어났다는 사실이 유대인의 손으로부터 그가 보호받게 된 기묘한 법적 보장이었던 것 같다.

결국, 예수 그리스도와 아버지 하나님의 섭리로 바울의 선교는 엄청난 위기와 난관을 돌파하며 유럽을 완전히 풍미하고 이제는 세계 선교가 완성 단계에 돌입(突入)하고 있는 것 같다.

또 한편 유대인들은 예수 그리스도를 십자가에 못 박고 스데반과 바울 이하 사도들과 기독교도들을 박해한 것에 대한 응징 때문인지, 또는 로마 정부 자체가 관찰할 때 유대인들이 로마 질서에 동화하지 않고 황제 특히 네로 황제의 실각, 폐위, 참사(慘死)와 같은 저주를 기원해서인지, 아니면 신명기서의 예언 성취인지 유럽에서 유대인들의 비극적 불행과 고난과 역경은 이루 말할 수가 없다고 한다. 독일의 한 기독교 신학자는 유대인들의 선택과 구약성경의 예언은 불행과 불운의 연속을 예시해 주고 있다고 했다.

기독교도들은 로마의 원형극장에서 사자들에 물려 죽으면서도 네로 황제를 저주하지 않고 그 영혼의 구원을 위하여 기도했다고 한다. 신약성경의 기록에 예수님과 스데반은 죽으면서 죽이는 자들의 죄를 용서해 주시라고 기도했다.

사도 베드로와 사도 바울의 서신에서 예수님을 믿고 따르는 성도들은 왕조나 정부나 시정(市政)의 지배 계층에 복종하고 그들을 위하여 기도 드리라고 하고, 불순한 난동을 부리지 않도록 각별히 경계하고 있다. 미워하거나 박해하는 자들을 곧 원수들을 사랑하고 그들을 위하여 기도하고 도우라고 권고하고 있다. 그래서 결국 예수님의 사랑이 유럽의 동토에 사랑의 햇살을 비추게 한 것이라고 믿어진다.

그런데 유럽의 역사에서 기독교도들 또는 기독교 교회들이 예수님을 십자가에 못 박은 유대인들을 박해하고 어려움을 준 사례들도 많고 또 유대인들을 도와 준 사례들도 많다.

알버트 아인슈타인(Albert Einstein)의 짧은 전기(傳記)에서 그가 어릴 적 독일에서 어느 교회 학교에 다닐 때 자기 학급에 유대인이라고는 자기 하나뿐인데 학급 학생 모두가 자기를 십자가에 예수님을 못 박은 유대인이라고 어떻게나 심한 구박과 학대와 박해와 차별을 했던지 학교를 중퇴하고 독일 국적을 포기한 뒤 스위스로 갔다는 글을 읽은 적이 있다.

카를 마르크스(Karl Marx)는 유대인인데 어릴 적 부모들이 집에서는 유대인이라는 신분을 감추지 않았지만 밖에 나가서는 기독교인 행세를 하는 이중적 행동에 울분이 나서 그가 성장하여 공산주의 논리를 전개하며 "종교/기독교는 아편"이라고 선언했다.

마르크스의 혁명 사상을 구약성경 예언자 계열의 세속적 형태라고 보고, 공산주의는 무산 계급인 프롤레타리아의 혁명으로 기독교 자본 계급을 괴멸시키는 데 초점이 맞춰진 것으로 고찰하고 있는 종교학자가 있다(A.C. Bouquet).

1991년 필자가 러시아 상트페테르부르크(Saint Petersburg, 레닌그라드)의 러시아 정교회 묘지에 갔을 때 군복을 입은 공산주의 혁명군 여러 장성의 동상(銅像)들이 있었다. 필자는 안내하는 메소포타미아 역사학자에게 이 동상들이 어떤 사람들이었느냐고 물었더니 그들은 모두 유대인들이라고 대답했다.

러시아 공산주의 혁명군 지도자 대부분이 유대인들이었다는 것이다. 기독교 제정 러시아에서 유대인 차별 정책을 써서 그들을 등용하지 않았기 때문에 혁명의 선봉에 섰다는 것이다. 그러나 러시아에서 유대인들이 공산주의 체제를 이어 가지 못하고 오히려 러시아 정교회 신학교 출신 슬라브족 스탈린이 소비에트 연방의 기반을 굳게 다졌다고 말했다.

필자는 이 역설적인 역사 사실을 듣고 미묘한 감회에 사로잡힐 수밖에 없었다. 러시아 공산당에 당한 발틱 해협 기독교도들의 박해, 피살, 순교는 로마의 네로보다 더 지독하고 악랄하고 전율적으로 소름이 끼치는 것이었다고 보고되어 있다.

20세기에 일어났던 사건 중에는 인간의 평범한 상식으로는 헤아리기 난삽한 수수께끼 같은 탕자(蕩子)의 사건들이 빈발했다.

따라서 우리는 이제 21세기의 의의 깊은 길목에서 지난 시간을 되돌아보며 지난날 일어났던 일들을 회고하고 반성하며 회개하는 마음으로 예수님과 사도 바울을 배워야 할 것으로 여겨진다.

바울이 아테네에서 에피쿠로스 철학자와 스토아 철학자들과도 논쟁했는데(행 17:18), 그들은 바울의 주장, 진리가 무엇인지 바로 파악하지를 못한 듯하고, 바울의 복음은 우주 최고, 최상(最上)인 오직 예수 그리스도와 부활이어서 희랍 종교, 철학, 사상, 논리에는 생소한 것일 수밖에 없었던 듯하다.

먼저 바울의 지혜와 논리와 사상이 얼마나 뛰어나고 고차적이면서 인간 생애에 절실한 것인지 유럽을 비롯 전 지구촌에 바울은 극도의 도전적인 수사학적 질문을 던지고 있다.

아테네에서 멀지 않고 바로 가까운 헬레니즘의 문화 센터인 고린도의 성도들에게 보낸 서신을 열람해 봐야 한다.

지혜인이 어디 있느냐?
학자가 어디 있느냐?
이 시대의 논리정연한 달변가가 어디 있느냐?
하나님께서는 세계의 지혜를 백치화(白癡化/白痴化)하시지 않으셨느냐?
(고전 1:20).

그리스도의 이성(*noun Christou*)의 소유자(고전 2:16)는 인간의 눈과 귀와 마음으로 보거나 듣거나 상상하지도 못한 영적 지혜 속에 있다(고전 2:6-16).

바울은 아레오파고의 대선언에서 세계 종교사 일람(一覽)을 제시하고 그리스의 종교도 그 전철을 답습하고 있다고 지적했다. 즉, 우상 숭배의 틀을 벗어나지 못하고 있는데, 한 가지 기특한 것은 그 수많은 신 가운데 인간이 그리고 우리가 또 내가 알지 못하는 신(*agnostoi theoi*, 행 17:23)이 있다고 수긍한 것과 그 신의 숭배를 위하여 제단(祭壇, *bomos*)을 만들어 놓았고 그 단(壇)에 "알지 못하는 신에게"라고 인각(印刻)하여 놓았다는 것을 언급했다.

이와 관련된 바울의 주장, 논리는 로마서 1:18-23 등을 살펴볼 필요도 있다. 에피쿠로스의 쾌락설(快樂說, hedonism)은『길가메쉬 서사시』(이사야서와 고전 15장 참조)에까지 소급되고 제논에서 비롯된 희랍의 스토아 사상은 동양의 중국과 인도 종교 철학과 진배 없다고 단적으로 논급할 수 있다.

 이 기회에 『길가메쉬 서사시』의 한 장면을 인생 쾌락주의의 근거를 살피면서 참고할 필요가 있다. 고대 메소포타미아 문학 서사시가 아주 고상하고 품격이 있으리라는 기대와 달리 세속적이고 쾌락지향적인 숙명주의 사상을 노출하고 있다.

"이제, 권주(勸酒)하는 여인이여, 내 너의 얼굴을 보았도다.
내가 그렇게 저어하는 죽음을 보고프지 않노라!"

권주하는 여인은 길가메쉬에게 말하기를
"길가메쉬여, 어디로 달려가시나이까?
당신이 찾는 삶은 찾지 못 하시리이다.
신들이 인류를 창조했을 때에
인류에게는 죽음을 할당하고
생명은 자기들 손에 담아 갔나이다.
오! 길가메쉬여, 당신의 속(腹)이 진미(珍味)로 가득하여지이다.
낮과 밤으로 당신은 환락에 젖으시고
매일같이 연락(宴樂)의 향연을 베푸소서!
밤과 낮으로 춤과 놀이!
당신의 의복을 정결히 하시옵고, 머리를 감으시고,
물로 목욕하사이다!
당신 손에 안긴 어린애를 보소서.
당신의 아내가 당신의 무릎 위에서 즐기게 하소서!

인간의 일은 바로 그런 것이외다!"(『길가메쉬 서사시』 10 II 12 – III 14[장국원, 『세계 운명학의 발단과 그 전개』, 80]; 사 22:13; 고전 15:32 참조).

사도 바울이 아테네에서 만난 그리스의 철학자들은 쾌락(快樂, hedone)과 덕성(德性, arete)의 양대 분파로 나뉜 에피쿠로스 철학자와 스토아 철학자들인데 전자는 무신론적 행복론을 주창하며 공포와 전율을 배제하고 용기를 강조하며, 후자는 금욕과 절제 위에서 엄격한 도덕론을 주창하고 신들을 부정하지 않고 숭배하며 그리스의 만신전을 옹호한다. 바울은 그러기에 그리스의 문화, 종교, 철학, 학문의 한계와 천박성을 가늠하고 신화와 철학을 멀리하라고 그의 서신들에서 권고했다(골 2:8; 딤전 1:4; 4:7; 딤후 4:4).

유대인들이나 희랍인들에게 바울은 그들의 근본적인 약점과 오류를 간단명료하게 지적했다. 그는 유대인들은 이적을 구하고 희랍인들은 지혜를 구하지만 우리는 십자가에 못 박히신 그리스도를 선포한다 하고 이 십자가에 못 박히신 분은 유대인들에게 신앙장애요소인 걸림돌이고 희랍인들에게는 우둔(愚鈍)의 바보짓이지만 선택되어 부르심을 받은 우리에게 십자가에 못 박히신 그리스도는 능력(dynamis)이시고 슬기로운 지혜시라(고전 1:22-23)고 역설하고 설파했다.

왜 그러한가?

소크라테스는 '네 자신을 알라!'(gnothi seauton!)고 말했지만 그리스도의 십자가 주변에서는 '네 자신을 구원하라!'(soson seauton!)고 했다.

어느 것이 우리 생애의 과정에 중요하고 필수적인가?

어느 것이 우리 인간 운명 해결에 절대적으로 중요한 사안인가?

세계에서 제일 오래된 언어 문학 수메르어 문헌에서 수메르어 šà의 심장 형태 기능 마지막 기원(祈願)은 'Ki šà gi gi' 로서 진노한 신의 마음을 달래어 화해시키고 인간과의 관계 회복에 있음을 깨닫게 됐다.

전 세계 신전(神殿)들에서 거행하는 의식(儀式)의 목적이 신의 노여움을 가라앉히는 데 있었다면 이것은 '네 자신을 구원하라!'의 사안이지 '네 자신을 알라!'의 지적 사색, 탐구, 모색은 아니다. 아담과 이브가 선악과를 따 먹고 에덴 동산 낙원에서 축출된 후 분만한 가인과 아벨이 하나님께 제사 드린 행위가 하나님의 진노를 가라앉히는 제사의식이었다.

가인은 농산물로 제물을 드렸으나 아벨은 양(羊)으로 제사를 드렸다. 아벨의 제사는 하나님께서 가납(嘉納)하셨으나 가인의 것은 반기지 않으셨다. 믿음으로 아벨은 가인보다 더 나은 제물을 하나님께 드림으로 의인이라는 낙인(烙印)을 받았는데 하나님께서 그의 제물에 대하여 인증하셨기 때문이며 그는 죽었으나 그의 언어는 살아서 지금도 신앙의 효력을 증언하고 있다(히 11:4).

세상 죄를 지고 가는 하나님의 어린양을 증거한 세례 요한(요 1:29, 36)을 주목하며 아벨이 이미 십자가에 못 박히신 그리스도 예수님에 대한 신앙으로 양 제사를 드렸음을 우리는 알게 되고 구약성경의 일관된 주제는 우리 죄인을 위하여 성육신 예수 그리스도의 십자가 구속사(救贖史, die Heilsgeschichte)로 일관되어 있음을 인식하게 된다.

이것이 바로 실락원의 현실에서 득락원의 안배 섭리가 예정됐음을 깨닫게 되는 역사 재창조의 창세기 첫 복음이다. 형 가인은 아우 아벨을 시기하여 죽였는데 십자가의 사건과 일맥상통(一脈相通)하는 심장형태(心臟形態)의 강퍅완고(剛愎頑固)가 빚어내는 신앙장애요소인 걸림돌의 비극사(悲劇史)로 보인다.

창세기 14장에는 역사상 최초의 중동전(中東戰)이 기록되어 있으며 여기에서 핵심적으로 중요한 내용은 아브라함과 멜기세덱이다. 아브라함은 오늘날 21세기에 중동과 세계의 조상이며 멜기세덱은 우리 인류 구원의 성자(聖子) 대제사장 예수 그리스도를 예표한다(히 7-10장). 아브라함의 일생에서 영원히 잊을 수 없는 결정적 구속사 계기는 이삭을 데리고 모리아 산으로 가서 있었던 일이다.

아브라함이 하나님께 믿음으로 외아들 이삭을 제물로 바치려고 할 그 찰나에(창 22:10-14; 히 11:17-19) 하나님의 천사가 아브라함을 부르시고 이삭을 아끼지 않은 그 믿음의 순종을 가상히 여기셔서 이삭을 아끼고, 아브라함은 고개를 들고 숫양 한 마리가 뿔이 수풀에 걸려 있는 것을 보고, 이 숫양을 아들 대신에 번제로 드렸다(창 22:13).

그리고 아브라함은 그리스도의 날을 보리라고 기대하며 즐거워했고, 마침내 보고 기뻐했다고 예수님께서 친히 말씀하셨다(요 8:56). 기독교 구약성경의 제사 제도 전체가 예수 그리스도의 십자가를 예표한다. 출애굽 사건의 중심은 예수 그리스도의 어린양 피가 구속과 구원의 보증이 되어 있다는 것이다.

예수 그리스도는 유월절 양으로 제사 드려진 것이다(고전 5:7). 하나님 외에 죄를 용서할 자가 없다(창 50:19; 막 2:7)는 인간 죄악사(罪惡史)의 현실 앞에 "인자(人子)가 지구상에서 죄를 용서할 권세가 있다"(막 2:10)는 인간 최고 열망의 복음이 선포됐다. 예수 그리스도는 하나님의 아들이시다(요 1:34, 49; 10:36; 11:4, 27; 20:31; 행 8:37; 9:20; 고후 1:19; 갈 2:20; 히 4:14; 요일 3:8; 4:15; 5:5, 10-13, 20).

죄 문제의 해결에 조명등(照明燈)이 켜졌다. 예수 그리스도의 성령이 임하시면 양심의 어두운 그늘과 무거운 죄의 짐이 모두 씻겨 가고 샛별이 가슴 속을 밝힌다(벧후 1:19; 계 2:28; 22:16). 중풍병 환자의 신경과 근육이 탄력을 얻어 걷고(막 2:10; 마 9:6; 눅 5:24), 모태로부터 절름발이로 태어난 자가 걷고 뛰고 나를 듯이 달린다(행 3:8).

아브라함이 이삭을 순종의 제물로 바치려고 했을 때 천사가 말리고, 대신 수풀에 뿔이 걸린 숫양 한 마리를 발견한 아브라함은 이 숫양을 번제로 드렸다(창 22:13). 기독교 구약성경에 이삭의 행적은 두드러지게 나타나는 것 같지 않아도 믿음의 아버지 아브라함에게 절대 순종한 아들 이삭의 신앙은 그 어떤 치적보다도 하늘의 평가가 높은 것이다.

하나님께 대한 반역과 불순종과 실전과 패배를 거듭하여 최후에 비참한 몰락에 처한 사울 왕에 대하여 사무엘 선지자는 다음과 같이 선언했다.

> 하나님께서는 하나님의 말씀에 순종하는 것이 제사보다 낫고 말씀을 따르는 것이 숫양의 기름보다 나으며, 거역하는 것은 점을 치는 죄와 같고, 고집을 부리는 것은 우상을 섬기는 죄와 같으니, 하나님의 말씀을 버리셨기 때문에 하나님께서도 사울 임금을 버려 왕이 되지 못하게 하셨다 (삼상 15:22-23).

이삭은 바로 아버지와 하나님의 뜻에 순종하는 모범으로 길이길이 아브라함의 하나님, 이삭의 하나님, 야곱의 하나님께서 늘 생존, 예정, 섭리하시는 역사 속에 은혜로 높이 기억되게 됐다.

예수님께서 부활의 사실과 실재를 확인하여 말씀하실 때 "너희는 아직도 하나님께서 너희에게 하신 말씀을 읽어보지 못했느냐?"라고 하셨다. 하나님께서는 "나는 아브라함의 하나님이요, 이삭의 하나님이요, 야곱의 하나님이다"라고 말씀하셨다. "하나님께서는 죽은 사람의 하나님이 아니라, 살아 있는 사람의 하나님"이신 것이다(마 22:31-32).

나와 인류의 죄를 짊어지고 십자가에 달리신 하나님의 아들 예수 그리스도를 예표하는 이 숫양의 번제(창 22:13)는 아브라함과 이삭의 순종 신앙이 중추, 핵심 내용이 된다.

이 숫양은 나 개인과 인류 전체가 저지른 모든 자가당착의 모순과 반역과 허물과 죄를 짊어진 희생양, 염소(scapegoat, 레 17:7-26)며 실락원에서 득락원으로 통하는 길(*he hodos*)과 진리(*he aletheia*)와 생명(ηϵ ζοϵ, 요 14:6)이다.

아브라함이 이 기적의 십자가 역사를 충심으로 기대했고, 믿고 또 믿음 가운데 실제 숫양을 보고 환희에 가득 찼으며(요 8:56), 이 역사는 영원에서 영원으로 인간의 상상을 초월하는 신비로 이어지는 영원한 현재(*EGO EIMI before Abraham*, 요 8:58)이다.

그러므로 길과 진리와 생명의 우주적 수수께끼 열쇠가 십자가로 풀린다는 이 엄청나고 엄연한 사실은 표적을 구하는 세계의 실리주의자들과 지혜를 추구하는 심리적 망상가들에게는 장애물이요 우둔의 치욕이지만, 부르심을 받은 신앙인들에게는 영원을 획득한 힘의 원천이며 만유의 통찰력과 형안을 갖춘 예지(叡智)의 척도가 된다(고전 1:24).

사도 바울은 역사의 역설적 실제를 의미 있게 서술(敍述)한다.

> 하나님의 어리석은 것(단수 중성, *to moron*)이 사람들(남성 복수)보다 더 슬기롭고, 하나님의 약한 것(단수 중성)이 사람들(남성 복수)보다 더 강하다 (고전 1:25).

이제 고린도전서 1:26-2:5을 의기양양(意氣揚揚)하게 낭송하기를 바란다. 사도 바울이 아테네교회에 보낸 서신은 아직 알려지지 않은 대신, 고린도전서와 후서는 우리가 믿음과 순종과 감사함으로 살필 때, 아테네뿐만 아니라 유럽 전체 아니 세계 전체에 보내는, 영원을 향한 낙원으로의 입장표(入場票)고, 현실 세계에 대한 조명의 거울이며, 일상생활의 좌우명이며, 개척적 선구자의 안내 지침이며, 하늘 인격 인물의 투시도로 이를 읽힌다. 그래서 성도는 확신과 희망과 겸양의 미덕을 갖추어 섬김의 발길을 다듬어 나가게 되어 있다.

고린도 인물들이 유럽 기독교 역사에 기여한 바가 크다고 보고 사도행전 17장의 아레오 파고 선교 내용의 더욱 구체적인 해명을 여기에서 탐색할 수 있을 것 같다.

사도 바울이 아나톨리아(지금의 터키)의 한 교회 아마도 에베소교회에서 심령 부흥회를 하는 동안 그리스의 고린도교회 소식을 들은 것 같다. 소식에 의하면 이미 바울 자신도 예상했듯이 고린도교회에 파벌이 있다는 사실이다. 이 교회 분쟁은 상당히 심각한 수준인데 사도 바울이 어떻게 이에 대해 대처하는지 우리는 아주 신중히 주목해야 한다.

> 내가 글로에의 가정 식구들에게서 들은 바에 의하면 너희 가운데 파벌이 조성되어 있다고 하는데 너희 각 사람이 서로 달리 '나는 바울 편이야,' '나는 아볼로(Apollo) 편이고,' '나는 게바(베드로) 편인데,' '나는 그리스도 편이지'라고들 말한다는데 그리스도께서 갈라지셨느냐?
> 바울이 너희를 위하여 십자가에 못 박혔느냐?
> 너희가 바울의 이름으로 세례받았느냐?(고전 1:11-13)

이렇게 사도는 묻는다. 바울은 철두철미(徹頭徹尾) 예수 그리스도 중심으로 문제 해결에 나서지 전혀 인간 중심이나 바울 자신의 입장을 옹호하려고 하지도 않는다. 바울은 우리가 위에서 살펴보며 감개무량할 수밖에 없었던 그리스도의 십자가(*ho stauros tou christou*)를 말하며 자기는 그리스도의 십자가 복음을 전하라고 부르심을 받은 사람이라고 한다(고전 1:17-23).

고린도교회 신자들 가운데서 바울은 "예수 그리스도 곧 십자가에 못 박히신 이분 외에는 아무것도 알지 않기로 작정하였노라"(고전 2:2)라고 말했다. 여기에 유럽 선교의 성공 비결이 담겨 있다. 그뿐만 아니라 유럽의 미래가 여기에 달려 있다.

이제 미국과 세계의 미래가 여기에 달려 있다. 십자가에 못 박히신 그리스도의 복음이 살아 있는 곳에는 지금 육신의 양식(糧食)과 영생의 보장이 있으나, 그리스도 대신 핵을 떠드는 곳에서는 먹을 것이 없어 필사적인 목불인견(目不忍見)의 도피 행렬이 줄을 잇고 있다.

사도 바울은 고린도교회에 보낸 서신에서 자기를 만나기만 하면 죽이려고 하는 자들이 득실거리는 예루살렘의 기아 해결을 위하여 모금(募金)의 큰 캠페인을 전개했다(고전 16:1-4). 그는 교회 개척과 목양의 과정을 통해 자비량으로 섬기며 그리스도 예수님의 복음 안에서 고린도교회 신자들을 아버지가 친자식을 낳아 기르듯이 했다(고전 4:15). 그러나 그는 그것을 자랑이라고 말하지 않는다. 그것마저도 그리스도 사랑의 인격이 없으면 아무 소용이 없다고 말했다(고전 13:3).

사도 바울은 올림픽 경기의 마라톤과 권투 시합에서 월계관을 타려고 사생결단(死生決斷) 연습하며 자기 관리하는 선수처럼(고전 9:24-27) 예수 그리스도의 시험에 낙제하지 않으려고 부단한 노력을 아끼지 않는 충성스러운 머슴, 일꾼이다(*hyperetes*, 고전 4:1-2).

사도 바울이 예수님 닮는 삶을 추구하면서 제기한 득락원 입장자(入場者)의 프로파일(profile)이 경탄스럽게 소개(紹介)되고 있다. 누가 예수 그리스도 안에 있으면 새로운 창조 인물(*Kaine ktisis*, 고후 5:17)로 옛것은 다 지나가고 모든 것이 새롭게 됐으며, 할례와 무할례의 자격이나 경력을 초월한다(갈 6:15).

기만과 사기의 욕구에 따라 부패해지는 옛사람을 벗어 버리고, 마음의 영이 갱신되며 하나님에 의해 진리의 의와 거룩함으로 창조된 새 인물상(人物像)이 등장한다(엡 4:24). 마음에 샛별이 뜨고(벧후 1:19) 행위와 동작과 처신에서는 사랑의 송가(고전 13장)가 메아리친다.

이 그리스도 예수님의 사람은 인물 추천서의 범주와 그 필요성을 탈피하여 그 인간상 전체가 추천장인데 인간 인격이 사람들 마음속에 각인되고, 타의 인식과 인증(認證)이 펜이나 종이와 잉크로 되지 않고 살아 계신 하나님의 영으로 사람들 가슴 속에 생생하게 작용한다(고후 3:1-3).

지연, 학연, 혈연을 위시하여 부패 인간의 악취가 풍기는 모든 공적, 사적 이해관계와 모략중상과 인간성 말살, 인간 공모 유괴, 인신매매로 얽히고 설킨 지구촌의 추천문화(推薦文化)를 탈각(脫殼)한 하늘 인물은 득락원 입장을 획득한 것이다.

사도 바울의 복음 선교에서 유럽과 세계가 득락원 건설의 참된 꿈과 희망과 계획의 오감도를 창안할 수 있게 됐다고 말할 수 있을 것 같다.

세계 문화 분석의 기본 강령으로 사도 바울은 "문자(文字, to gramma)는 죽이고 영(靈, to pneuma)은 살린다"(고후 3:6)고 말했다. 신전 문화와 인간 삶 상호 관계의 법전화(法典化), 이 두 가지로 크게 세계 문화는 요약되는데 그 집대성을 기독교 구약성경의 모세오경에서 발견한다. 그러나 구약성경 역사와 모세오경의 시대가 바뀌고 신약성경의 시대가 도래(到來)하면서 모세의 얼굴을 가렸던 수건 너울(to kalumma, 고후 3:13-16)은 우리가 예수 그리스도께 지향할 때 제거된다.

그리스도께서는 영(靈)이시니 그리스도의 영이 계신 곳에는 자유(eleutheria)가 있고 문자와 수건, 너울의 복잡다단(複雜多端)한 신약성경 이전의 제의(祭儀) 규정과 제약은 우리의 삶에서 지양된다.

구약성경 이전 또는 동시대적인 고대 근동 아니 세계 오대양 육대주의 문화 양상은 모두 피조물 신격화의 다신교적 신전 문화와 법전화의 문자 범주에 속하며 운명의 강박관념(强迫觀念) 아래 공포와 전율과 불안 속에서 삶을 영위한다.

그러나 성육신하신 성자 예수 그리스도께서는 문자 유산을 남기지 않으셨다. 이분의 언어(ho logos)는 성령으로 전달되고 성령의 영감으로 증거, 기록 또는 선포(宣布, kerygma/kerusso)된다.

이분께서는 창조와 진리와 생명(生命)의 전지전능, 무소부재하신 영(靈)이시므로 시공을 초월하여 인간 생명과 심장과 양심과 영혼과 의지와 사유와 감관(感官)에 초월적으로, 기적적으로 계시, 통신전달(通信傳達), 각성촉구(覺醒促求) 하신다(마 10:20과 그 평행 구절 참조). 세계 역사의 마지막 순간까지 우리와 함께 하신다(마 28:20, metatheology).

우리는 현대의 세계 교육제도와 교과과정에 따라 세계사와 문화 과학을 배우고 있으나 기실은 이미 죽어 버린 과거 역사의 무모한 잔재를 다루느라고 귀중한 시간을 낭비하는 경우가 많다.

그래도 기독교가 있는 곳에서는 시간 낭비보다 창조적인 기획과 고안과 설계와 세계 구원적인 작업이 성취되고 있다. 문자는 죽이되 영(靈)은 살린다(고후 3:6)는 사도 바울의 선언은 지금 우리에게 과거지향적인 사유와 생활 태도를 과감히 지양하고 불식하며 미래지향적인 창조와 건설과 성취의 전진을 추구하라는 감동적인 종용이다. 창조자 하나님과 직접 기도, 교제, 교통, 경험하기 때문이다.

성령과 은사의 분할(分割) 활동은 개인 소질과 인격의 효율적인 신장, 발달이며 창조영(創造靈)의 균등 관리(管理) 지혜로 효능의 알찬 결실을 기약한다(고전 12장).

예수 그리스도의 성령 안에 있다는 것 자체가 우리의 득락원 입장을 말하며 사도 바울은 실제로 하늘 낙원에 입장한 장면의 환상(고후 12:2-5)을 본 것에 대해서 형용할 수 없는 자긍심을 가지고 있다. 그러면서도 동시에 바울은 죽은 자들의 부활과 생존자들의 휴거(携擧)가 어우러진 교향협주곡을 들려 주고 있다(고전 15장).

예수님께서 사마리아의 수가 마을 우물가에 앉으셔서 물 기르러 나온 여인에게 마실 물을 달라고 하시면서 영생(永生)의 생수(요 4:10)와 득락원의 비밀(요 4:15-18), 그리고 메시아의 대화 언어 계시(요 4:25-26)를 넌지시 밝히시는 일화를 살필 필요가 있다.

이 우물은 야곱이 자기가 가장 사랑한 아들 요셉에게 준 땅에서 가까운 곳에 있는 야곱의 우물이라는 곳이다(요 4:5-6). 세월이 흘러 야곱이 생존했던 때는 예수님 생존 시기에서 무려 1,700년 또는 1,800년 전쯤 거슬러 올라가야 한다.

그동안 역사의 굴곡이 복잡다단하게 전개되어 이곳 사마리아 사람들과 유다 땅이나 예루살렘 거민들 사이에는 지역감정이 우심(尤甚)하게 팽배해 있었다. 유대인들이 사마리아 사람들과 만나서 서로 대화도 하지 않거나 대화를 꺼리는 국면에까지 접어들어 있었기 때문이다(요 4:9, 20). 복음은 사회 개혁이고 세계 평화다. 예수님께서는 지연과 혈연에 제한되시거나 결속되시지 않는다.

예루살렘과 유대인과 구원은 구속사의 과정을 통과하기는 하지만(요 4:20-22), 메시아 시대부터는 영(靈, *pneuma*)과 진리(眞理, *aletheia*)가 세계와 우주를 풍미하고 장악한다(요 4:23-26, 28-30, 39-42). 사마리아 수가 마을의 여자는 물동이를 버려 두고 마을에 들어가서 "내가 한 일을 모두 알아맞히신 분을 뵈었으니, 그분께서 메시아 그리스도신 것으로 믿습니다"(요 4:28-29)라고 전달했다.

마을 사람들이 이 여자의 말에 나와서 직접 예수님을 뵙고 그분과 직접 말씀을 나눈 뒤 여인의 추천에 따라 예수님을 믿기보다 예수님의 언어, 인격, 인품, 존재 전체에서 이분이야말로 진정 세계의 구세주이심을 인정, 확인하게 됐다고 고백했다(요 4:42).

예수님과의 해후와 대화는 면접자의 시각, 청각 등 오관육감(五官六感)과 심장과 뇌신경과 말초신경과 존재 전체를 진동, 경외하게 한다. 제자들을 부르실 때 그들은 고기잡이 기구 모두를 다 버리고 뒤따랐다(마 4:18-22; 16:16-19; 요 6:68-69; 요일 1:1-3 등; 참조. 고후 3:1-3, 6). 배신자 한 명을 제외하고는 모두 지구촌 득락원 건설의 핵심 구성원들이었다.

세례 요한은 예수님을 만나 예수님의 지구촌 사명 전부를 아주 간단히 요약하여 선포하기를 "세계의 죄를 지고 가는 하나님의 어린양"(요 1:29, 36)이라고 했다. 신약성경 마지막 요한계시록도 같은 저자의 뜻과 성경의 같은 맥에 따라 하나님의 어린양이 등장하며 영원의 낙원을 인수하고 어린양의 혼인식이 거행된다(계 19:6-13).

요한계시록에 어린양의 언급이 무려 28차례나 되는 것을 보며 감격에 사로잡히지 않을 수 없다. 요한계시록 7장에 보면 바다를 포함(包含)한 지구촌 전체의 위급한 파국 상황이 네 천사의 장악으로 언급되고 있고(1-2절), 죽음의 위기로부터 구원의 선발을 받은 기독교 구약성경 야곱의 열두 아들이 대표되는 열두 지파가 언급되고, 각기 12,000명씩 지파 인원이 뽑혀 총 144,000에 이른다.

이 뽑힌 특수 인원이 누구인가?

그들의 이마에 하나님의 종들이라는 낙인이 찍힌 자들이다. 그들의 인격신분(人格身分)과 신앙 자세를 추론해야 한다. 그들은 회개하고 죄용서의 은혜를 입은 요셉과 그 형제들의 심장형태론적(心臟形態論的) 인격변화(人格變化)의 존재들이다.

어린양의 피로 결혼예복을 세탁한 자들이다(참고. 창 37-50장; 마 22:11-14; 계 7:9, 14-17; 19:7-8). 세계의 죄를 짊어진 어린양이 144,000과 전 세계에서 어린양의 혼인식에 초청받은 귀빈들의 중심핵이 되는 주인공이다. 그들은 더 굶주리지 않고 목마르지 않으며 어린양의 돌보심으로 생명수를 마시며 눈에서는 모든 눈물이 닦인다(계 7:16-17).

유럽에서 예수 그리스도의 복음이 자리 잡히는 선교 활동이 어떻게 성취됐는가에 대한 고찰에서 마케도니아로부터 빌립보, 데살로니가, 베뢰아 등에서 교회를 개척하고 그리스의 아테네에서 참 하나님과 심판과 부활을 선포한 뒤 고린도에 가 오래 머물면서 정성껏 목양하여 교회가 성장했다(행 16:9-18:18).

따라서 마케도니아와 그리스에서 믿게 된 성도들이 로마에 가서 교회를 개척했기에 바울이 황제에게 상소한 시민의 자격으로 레기온과 로마에 당도했을 때 예수 그리스도를 믿는 믿음의 형제들이 소식을 듣고 마중 나와 만나서, 바울은 감개무량하여 하나님께 감사드리고 용기를 얻었던 것이다(행 28:14-16). 기실 이 로마 가톨릭교회의 성도들은 이미 사도 바울의 로마서를 받아 읽은 뒤일 것이다.

바울은 서구 문명의 요람인 그리스와 아테네를 염두에 두고 고린도교회 목양과 고린도서신 작성을 한 것으로 추론되는데 로마서는 한 걸음 더 나아가 유럽 전체와 지구촌 모두를 겨냥하여 예리한 통찰, 분석과 고상하고 거룩한 인간 행위 지침 또 관리 요법을 전수하여 준 것 같다. 예수 그리스도와 나 개인 자아와의 관계가 건실하게 확립되게 되어 있어 그 심오하고 생동적인 가치는 필설로 형용할 수 없다.

예수님께서는 그 믿고 따르는 제자들이 예수님과 복음을 부끄러워하면 예수님께서도 하나님과 천사들 앞에서 그들을 인정하고 소개하시기를 부끄러워하시리라고 말씀하셨다(막 8:38; 눅 9:26; 마 10:32-33).

사도 바울은 복음과 그 능력을 부끄러워하지 않는다고 명쾌히 로마서에서 선언했다(롬 1:16). 그리고 이어서 바울은 유럽과 전 세계 시민들에게 자기가 예수님을 믿고 함께 하는 이유가 예수님께서는 믿음과 소망과 사랑의 주체(롬 8:35 참조)이시기 때문이라고 알뜰하고 깊이 있게 갈파했다.

의인은 믿음으로 의롭게 되어서 구원을 받는데 그것은 전적으로 하나님의 사랑과 은혜 안에서의 일이지 인간의 존재 가치나 자격 또는 공적(功績)에 기인하지 않는다는 것을 후련하게 해설했다. 인류 역사와 문화의 소산은 법의 수립과 그 전통이지만 죄악 인간은 법과 더불어 하나님 앞에 설 어떠한 명분과 자격과 능력을 구비하지 못하고 있다. 이것이 바로 인간 전통의 무능이다. 우리는 현대 세계에서 수천 년 문화와 역사의 전통을 자랑하던 민족과 국가가 무참히 붕괴함을 본다.

고대 유럽에서 팍스 로마나(*Pax Romana*)의 대제국이 칼과 창과 화살도 들지 않은 기독교도들 앞에서 투항(投降)하고 만 사실을 상기한다. 로마서의 위력(偉力/威力)은 복음의 믿음과 은혜 위에서 마틴 루터가 조그마한 칼 한 자루 없이 유럽 전체의 기강을 바꾸는 대혁명이 성취됨을 본다.

루터가 개혁에 나서기 전, 수도원에서 죄 문제로 난행(難行), 고행하며 씨름할 때 추운 겨울 거의 벌거숭이, 나신(裸身)으로 자기의 가슴에 맺힌 죄 의식을 불식시키고자 악전고투(惡戰苦鬪)할 때 양심 속에서 자아를 누르는 그 미세한 죄의 가책은 우주보다 더 무겁게 존재 전체를 중압적으로 누르고 있다고 죄의 무게(*pondus peccati*)를 토로했다.

그러나 루터가 바로 로마서 1:17의 "의인은 믿음으로 살리라"라는 은혜의 말씀에 입각하여 죄 용서와 양심의 자유를 예수 그리스도 안에서 확보하자 유럽의 면목(面目)이 뒤바뀌고 말았다. 복음의 능력(*dynamis*, 롬 1:16)과 믿음의 효능은 전능자의 팔을 움직일 뿐만 아니라 인간 존재 개인의 인격구조 전체를 개조하고 지구촌의 양상을 뒤바꾼다.

그런데 사도 바울은 지구촌의 행태가 하나님의 크신 분노를 촉발하고 있다고 진단하고 있다(롬 1:18). 지구촌 주민의 심장형태가 강퍅하고 완고해지고 감관역기능 도착(倒錯) 상태에 빠져 있어서 사유 둔화, 착란, 인식 불능, 마비로 가치 평가 기준의 전도(顚倒), 상황 인식 분석의 차질이 빚는, 영원자(永遠者)의 진노 자극과 촉진에 급급할 따름이다. 그 결과는 명약관화하다.

피조물 신격화로 일그러진 지구촌 만신전의 자화상이다. 인간의 존엄성은 유린되고 진리와 진실은 허위와 가식으로 퇴화했으며 성도착(性倒錯)의 무질서가 세계를 어지럽히고 있다. 탐욕, 악독, 잔혹, 모략중상, 비방의 기형적 인간상(人間像)이 유발, 야기하는 형형색색(形形色色)의 범죄백서(犯罪白書)와 악행목록을 사도 바울은 신랄하고 정확하게 열거, 나열하고 있다(롬 1:18-32).

이 백서와 악행목록을 초월한 어떤 무죄 결백의 의인이나 성자(聖者)는 인간 지구촌에 없다(롬 3:9-12).

그래서 바울은 "오 인간이여!"(롬 2:1, 3)라고 애처롭게 사람을 부르고 있다. 타인을 판단, 심판하면서 자기도 같은 짓을 하는 인간을 부르면서 이 인간 하나하나 개인이 모두 하나님의 심판을 모면하고 피할 줄 아느냐고 사도 바울은 로마를 향하여 수사학적 질문을 하고 있다(롬 2:3).

이제 로마를 위시하여 유럽과 세계 전체의 공통적인 죄인 양상을 지적하며, 권력, 재력, 가계, 신분, 전통, 기만, 사기, 술수가 쓰는 온갖 미봉책의 부질없는 허구성을 노정하며, 인간과 세계 위에 드리워 있는 하나님의 진노를 선포한다(롬 2:5, 8; 1:18). 법과 계명을 가르친다고 하는 스승이 똑같은 범행을 저지르고 있다(롬 2:17-24). 법을 배우지 않았다고 핑계를 대는 인간에게 양심이 엄정한 정오(正誤)의 판가름을 시행한다(롬 2:12-16). 할례가 심판의 면죄부가 결코 아니다(롬 2:25-29).

사도 바울의 이 세계와 인간 현황 분석은 로마서를 기록할 당시의 유럽과 세계에만 적용되지 않고 오늘날에도 추호의 차착 없이 그대로 적용될 뿐만 아니라 오히려 더 큰 심각성과 악랄한 교활, 술수, 잔혹한 위선의 가면, 사기의 무도회와 창극 무대를 설치, 운영까지 하고 있다.

지식과 정보 수집이 간편하고 용이하여 졌다고 자부하지만 인간성의 부패와 탐욕의 창궐로 무수한 피해자가 속출하고 있다.

인간 바탕과 마음 모습이 근본적으로 바꾸어지는 역사의 일대 변혁이 기다려지고 있다. 사도 바울의 서신은 20세기 전 유럽을 바꾸기 시작했듯이 지금 21세기에는 심기일전(心機一轉)하여 세계의 사기, 범죄, 마술이 탄로되고 회개, 정결, 청결의 천국 세례 위에 성령 충만의 인성 변화를 성취할 것이다.

100세 할머니가 일생 내내 이 종교 저 종교로 끌려 다니다가 마지막으로 예수님 이야기를 들은 뒤 예수님을 마음에 받들게 되어 삶의 묘미를 찾고 든든한 소망을 품고 동네를 다니며 슬퍼 우는 불쌍한 사람들을 말로, 먹을 것으로, 또 입을 것으로 돕기 시작하며 하늘 이야기를 들려주었다. 할머니는 글도 모르지만 말할 줄 알고, 들을 줄 알며 기도하고 생각할 줄 아는 단순한 노인 아낙네다. 예수님의 사랑과 은혜에 감사하여 즐거움으로 살게 되니 저절로 세상을 살고 사람을 돕는 지혜가 분수(噴水)처럼 마음속 깊은 데로부터 솟아난다.

동네 사람들은 할머니는 법이 없어도 살 분이고 법이 필요 없는 분이라고들 말한다. 몇 천 년 전통의 법이 이 할머니에게는 무용지물이다. 그리고 할머니는 동네 파출소장이 잘못하면 가서 나무란다. 또 군수에게 가서도 군민에게 사랑과 온정으로 아니면, 정직과 질서로 다스리지를 않으면 꾸중하기도 하고 은근하게 타이르기도 한다. 파출소장이나 군수나 모두 이 할머니를 좋아하고 존경하고 하시는 말씀을 잘 듣고 실천한다. 그 어떤 위인이나 학식 있는 사람도 이 할머니 앞에서는 할 말이 없고 가르쳐드릴 학과목도 없다.

할머니에게 이렇게 저렇게 하시라고 하거나 가르치려고 하면 청천벽력(晴天霹靂)과 같은 음성으로 야단치기 때문에 감히 사기꾼이나 협잡꾼이 접근도 못 한다. 그래서 파출소장과 군수는 그 어떤 사기 협잡꾼도 이 할머니에게 접근하지 못하도록 포고령(布告令)을 내렸다. 이 할머니는 판검사보다 사리가 밝으셔서 마을 동네와 군(郡) 거리의 문젯거리를 예방 또는 미리 다 해결하신다. 할머니는 사랑이 많으시고 인정에 넘치시고 친절하시고 또 부지런하시다.

그래서 사도 바울은 예수님께서 사람 마음에 살며시 자리 잡으시면 그 사람에게는 법의 종지부를 선언하게 하신다고 일러 준다(롬 10:4). 법은 살아 있으나 인류가 모두 예외 없이 범법자가 됐다. 범법자가 아닌 의로운 사람이 하나도 없다. 그리고 이 범법자들을 용서할 사람도 없다. 모두가 천벌을 받게 되어 있다.

고구려에 가도, 신라에 가도, 만주에 가도, 중국에 가도, 일본에 가도, 독일에 가도, 영국에 가도, 이탈리아에 가도, 프랑스에 가도, 미국에 가도, 남미, 중미, 캐나다, 러시아, 아프리카에 가도 사람은 다 예외 없이 천벌을 받게 되어 있다. 법 앞에 만인이 평등이고, 천벌 앞에 만인이 범법자로 평등하다. 물론 하나님의 심판 앞에서 받을 형벌의 경중이 갖는 차이는 엄청나고 가공할 만하다. 그런데 여기에서 구사일생(九死一生)으로 소생할 길이 있다.

할머니는 100세에 그 길을 찾았다. 죄에 대한 진노와 범죄로 인한 형벌로부터 구원받고 자유의 몸이 되는 길이 이 세상에서 꼭 한군데 있다(요 14:6; 롬 3:21-26). 예수 그리스도와 그 십자가(롬 3:25, *hylasterion*, 화목제물)에 있다. 법은 엄정하고 무섭지만 십자가의 은혜와 사랑은 한량없이 넓고 깊고 크다. 이 은혜와 사랑이 연령(年齡)에 관계 없이 새 사람을 창조한다(고후 5:17; 갈 6:15).

사도 바울은 믿음이 무엇인지를 아브라함과 사라의 예를 들어 말한다. 믿음과 은혜는 서로 아름답고 거룩하고 창조적으로 결부되어 있다. 아브라함 하면, 현재 전 세계가 아브라함 후손으로 역사 흐름의 물결이 굽이치고 있는 것 같은 느낌을 받는다. 세계 인구의 중요한 대다수가 아브라함을 조상으로 여기는 기독교도, 무슬림들, 유대인들이다. 그런데 아브라함은 메소포타미아 우르 제3왕조(아마도 B.C. 2112-2004) 시대의 인물로 갈대아(바빌로니아/메소포타미아, 창 11:28, 31) 우르에서 하란을 거쳐 가나안으로 유입했다.

우르 제3왕조 메소포타미아 배경에서 본다면 여기는 달신(月神) 난나르를 섬기는 다신교적 만신전과 운명/숙명(宿命, *NAM.TAR/NAM.KU$_5$*) 사상의 지구라트 신전 문화가 지배적이었다. 이 문화 종교적 환경과 배경으로부터 세계 구원을 위한 예수 그리스도 어린양의 십자가와 부활 경륜이 아브라함의 선택과 함께 유일하신 하나님의 착안으로 독특하게 기획됐다(요 8:58). 우르 제3왕조 사람들은 상상할 수도 없었던 미래 세계사의 하나님 설계 구도였다.

하나님께서는 무(無)에서 유(有)를 창조하시고 죽은 자들을 살리시고 부활시키시는 분이시다(롬 4:17).

왜 아브라함을 하나님께서 선택하셨을까?

아브라함은 인간 바람의 최고 정상 영역을 능가하고 초월하는 희망과 소망의 약속, 말씀을 믿고 그 믿음 소망에서 동요가 없기 때문이다. 100세 된 남자와 90세 된 여자가 아들을 보게 된다(창 17:15-21; 롬 4:18-22). 아브라함이 믿으므로 하나님께서 그 믿음을 의로 여기셨다(창 15:5-6).

제9장

운명과 신앙

우리는 '예수님께서 내 영혼과 함께 하시는 신학'(Metatheology)의 처음 서두를 개진하면서 자아와 하나님과의 불가분리적이고 불가피하며 필연적인 관계를 이야기했다. 즉, 사색하는 인간이 인간 자아를 보다 정직하고 깊고 진지하고 심오하게 심사숙고(深思熟考)할 때 자아는 결국 진정 하나님과 저촉되고 있거나 오히려 하나님께서 인간 개인 자아를 이미 다루고 계시다는 것을 도저히 부인할 수 없다는 자각의 사실을 밝힌 바 있다.

우리는 흔히 생각하며 묻기를 왜(warum) 우리가 존재하며, 우리의 존재는 어디에서(woher) 기원했고, 또 어디로(wozu) 우리 존재가 지향하여 나아가고 있는지 의문을 제기한다. 이러한 의문들은 인과율의 논리 과정 속을 헤맨다. 안타깝고 아쉽게도 인간 편에서 아무리 탐색해도 이 인과율의 의문과 해명 노력의 연쇄 과정에 어떠한 궁극적 안착점을 발견하지 못한다.

다만 불가해한 의문의 X 앞에 설 수밖에 없다. 이 X 앞에서 사색하는 인간이 취할 수 있는 방도는 세 가지밖에 없다.

① 피조물을 신격화(die Kreaturvergoetterung)한다.
② 범신론(汎神論, pantheism)에 빠진다.

③ 만유일자(萬有一者)에 귀의한다.

다른 말로 표현하면 인간 자아가 운명과 숙명의 지배 아래 있다고 총괄하여 말할 수 있기도 하다. 운명과 숙명의 포괄적 개념 확장을 아래에서 확인하게 될 때 그렇다고 볼 수있다.

이 세 가지 사유 양식이나 종교 형태는 일견 서로 다른 것처럼 보인다. 그러나 범신론은 고대사의 용어가 아니고 근대 문학과 철학의 낭만주의 표현일 뿐 기실(其實)은 자연신론적 다신교의 피조물 신격화와 하등 다를 바 없다. 만유일자에의 귀의는 인도의 힌두교와 중국의 노장 사상(老莊思想)에서 발전한 것 같다. 양자(兩者)에 공통 요소가 있는 것 같다.

먼저, 자연신론적 다신교의 피조물 신격화는 세계사 전반에 편만한 지구촌의 공통 종교 현상이다. 그중에서도 고대 근동이 유별나게 다신교와 자연신, 또한 신들의 싸움과 쟁탈전(*theomachia*)으로 악명이 높다 해도 과언이 아니다. 앞에 말한 이 세 가지 사유 양식이나 종교 형태 전체에 공통적인 요소가 있다면 그 모두가 세계의 범주 안에 제한되어 그 법의 제약과 지배 아래 있을 뿐 위로 하늘과 자유의 은총을 향수(享受)하고 있지 않다는 것이다. 즉, 운명과 숙명의 총괄적 지배 밑에 있다는 것이다.

고대 근동이 세계사에서 가장 오래된 문명의 요람이라고 20세기에 들어와서 사가(史家)들이 아무 이의 없이 말하고 있는데 내용인즉 이 고대 근동은 역사·지정학적으로 성경의 땅이고 성경의 배경을 이루고 있다.

신격화한 우상신들이 고대 근동의 수많은 도시 국가들이 받들던 수호신들이었으며 이 신들이 인간 개인 자아와 사회를 지배했다고 말하고 있다.

지혜문학과 신정론(神正論, theodicy, 호신론[護神論]/신의론[神義論])이 없었던 것은 아니지만 고대 근동의 문헌들에서는 희랍적 의미의 세련된 분석적 철학은 찾아볼 수 없고 신화(神話)들은 다수 있는데 여기에서는 신들이 도시 국가와 인간사에 모순된 신권 정치를 행사하고 있는 것으로 파악되고 있다(함무라비/피 법전의 서장과 종장을 참고).

신들의 주요 신권통치적 기능과 인간 세계사 관여는 운명, 숙명, 저주의 형식으로 문헌에 파다하게 고증되고 있다. 상류층의 신들이 하류층의 신들에게 운명을 결정하는 일도 적지 않게 고증되고 있다. 따라서 희랍의 세련된 철학 위에 운명과 숙명의 신 모이라(Moira)가 제우스보다 더 상위를 차지하여 좌정해 있었다는 것을 상기한다면 인간 자아와 세계사의 굴곡 현상이 어떻게 전개됐는지 손쉽게 파악 이해할 수 있을 것이다.

다시 말하지만, 고대 근동의 신들이 수행한 주요 과제와 기능은 주요 상위신(上位神)들이 다른 신들과 인간 존재와 대상 세계의 생물과 무생물의 운명과 숙명을 결정하는 일로 숱한 문헌에 고증되고 있다. 우리는 여기에서 운명과 숙명이 어떻게 다른지 살펴볼 필요가 있다.

흔히 운명(運命, destiny)에 대해서는 부정적인 수식어가 선행하지 않는 한 긍정적인 의미가 함축되어 있는 것으로 보고 숙명(宿命, fate)은 부정적, 비관적, 비극적, 절망적 요소가 내포된 것으로 상정하는 경향이 있는 것 같다.

또 숙명은 비인격적 개념으로 보는 것 같기도 하다. 그러나 엄밀히 고찰하여 볼 때 운명과 숙명의 구별이 뚜렷하게 있지 않다. 이 세계에 절대적인 동의어란 없다고 말한다. 어느 정도의 뉘앙스(nuance) 차이는 있다고 말한다. 우리는 운명과 숙명을 동의어로 보고 문맥에 따라 취향에 맞는 어휘를 사용하면 될 것 같다.

고대 근동에서는 운명과 숙명 그리고 그 반대의 부정적 결정인 저주를 신들이 장악하고 있는 것으로 믿고 있었으며 운명은 신격화되기도 했다.

운명을 초월하신 우주의 창조자와 통치자이신 하나님께서 계시하시기 전에는 마(魔)의 괴수(魁首)와 그 부하들이 피조물 신격화의 위장(僞裝) 속에 세계와 인간과 자연계의 운명을 농락했다.

지금도 예수님만 모시지 않는, 즉 우리 신학(metatheology)을 결여하고 있는 데에서는 어디에서나 한결같이 마의 괴수와 그 부하들이 기기묘묘(奇奇妙妙)한 방법으로 온갖 술수를 부려가며 운명농락(運命籠絡)을 획책 도모하고 있다. 물론 그 실속은 빤히 환하게 들여다 보이는 유치하기 짝이 없고 치졸한 하늘 아래 땅 위의 수법이다.

프리드리히 니체(Friedrich Nietzsche)가 숙명의 어떤 고등(高等) 기만 술책에 빠졌는지 우리는 이제 곧 간파할 수 있다. 그는 말하기를 "신은 죽었다. … 우리는 그를 암살했다"(Gott ist tot … Wir haben ihn ermordet)라고 오만방자(傲慢放恣)하게 말하고, 이제는 안하무인(眼下無人) 아니 안하무신(眼下無神)하게 초인(超人, der Uebermensch, Superman)을 부르짖었는데 나중에 숙명의 사랑(amor fati)에 귀의했다.

이 말은 그가 신을 완전히 버리지 못하고 숙명의 신, 숙명의 여신을 내적으로 숭배하고 경배했다는 웃지 못할 모순과 자가당착(自家撞着)을 노정한 것이 된다. 희랍 종교에서는 숙명(moira)을 신격화하여 주신(主神) 제우스(Zeus)보다도 상위(上位)에 신분을 상승시켜 숭배했다.

니체는 젊은 날에 독일의 대학교에서 라틴 문학과 희랍 문학을 공부하던 서양 고전 학도였다. 그는 스물두 살 때 두 개의 박사학위를 취득도 하지 않고 바젤대학교의 정교수로 초빙받아 임명됐다. 두 개의 박사학위란 다음과 같다.

첫째, 대학교 입학 후 최소한 열 학기 그러니까 5년을 공부한 다음 박사 논문(die Promotionsschrift)를 제출하여 취득하는 박사학위이다.

둘째, 그다음 정교수의 조교를 6년간 할 수 있는데 이 기간에 독자적으로 논문 제목을 선정하고 독자적으로 자료를 수집, 연구, 정리, 집필하여 제출하고 독자적으로 자기 연구 논문을 방어함으로써 학계의 권위적이고 독보적인 위치를 확보하는 소위 독일의 대학교 교수 자격 논문(die Habilitationsschrift)이 있어야 한다.

프리드리히 니체는 이 둘을 다 건너뛰고 스물두 살에 정교수(Professor Ordenarius)가 됐다. 그의 스승 리츨(Ritschl)이 바젤대학교에 프리드리히 니체를 추천하여 그렇게 된 것이다. 리츨 교수는 니체가 어느 학기 중에 그렇게 길지도 않은 연구 논문을 써서 발표하는 것을 듣고 감탄한 나머지 니체는 정교수가 되기에 필요 충분 이상의 자격을 갖춘 학자라고 단정했다. 독일에서는 니체가 천재라고 했다.

니체는 천재로서 오만방자한 나머지 신의 서거(逝去)와 암살을 피력하고 '힘에의 의지'(der Wille zur Macht)로 초인의 이상을 제창했다. 니체의 이 '힘에의 의지'가 아돌프 히틀러(Adolf Hitler)의 정치 이데올로기가 됐다.

독일의 두 천재가 독일을 승전 국가로 만든 것이 아니고 치욕적인 참패 국가로 만들었는데, 둘 모두가 성(姓)은 다르지만 이름은 같다. 하나는 프리드리히 델리취(Friedrich Deliztsch)이고 다른 하나는 프리드리히 니체다.

델리취(Deliztsch)는 당대 세계 굴지의 근동, 특히 메소포타미아의 언어 문학 학자로 독일 황제에게 편지할 때마다 서두에 "바빌로니아의 마르둑 신이 독일과 황제를 보호하여 주옵소서"라는 기도문으로 시작했다. 그는 바빌로니아의 부질없는 운명신 마르둑에 홀렸고 제1차 세계대전에서 마르둑은 기척도 없었다.

제2차 세계대전에서 니체가 사랑하며 숭배한 숙명의 신 모이라(Moira)는 히틀러의 마지막 운명을 못 본 체 외면했다. 그 숱한 천재 인물들이 마의 괴수가 사주(使嗾)하는 숙명의 농락에 처절한 희생객(犧牲客)이 되어 영원을 상실한 채 역사의 뒤안길로 사라졌다.

운명과 숙명은 고대 그리스의 호머 서사시로부터 근대의 윌리엄 셰익스피어를 거쳐 현대 문학과 예술 작품에 이르기까지 왕왕 자주 언급되고 있다. 고대 근동 문화와 유럽, 아프리카, 인도, 북미와 남미, 중국, 한국 등 전 세계 역사, 문화, 예술, 문학에서 언급되지 않은 곳이 없다.

스피노자와 임마누엘 칸트를 위시하여 마르틴 하이데거에 이르기까지 시간과 공간을 초월하여 철학에서 논급되고 있다. 하지만 그 누구도 이 문제를 체계적으로 연구하여 그 해결책을 제시한 논문을 작성한 이가 없다. 따라서 이제 고대 근동의 운명과 숙명에 대해서 필자가 오래 연구한 연구 주요 내용을 여기에 소개하는 것이 마땅할 것 같다.

고대 메소포타미아의 수메르어(Sumerian)로 운명을 '남.타르'(nam.tar)라고 하는데 이 낱말의 언어문법적 고찰 해석을 시도한 결과 그 의미는 대체로 이러하다.

'남.타르'의 '남'(nam)은 '아-나-암'(a-na-àm), 즉 '존재하는 것' 또는 '그것이 무엇인가?'에서 기원하고 유래됐다고 보는 데에 오늘날 대부분의 수메르어 학자들의 의견이 같이하고 있다.

특별히 아담 팔켄슈타인(Adam Falkenstein, 하이델베르크대학교)은 추론하기를 중성 의문대명사 '아-나'(a-na)와 보어부가적(補語附加的)인 '-암'(-àm)의 결합으로 '그것이 무엇인가?'(What is it?) 또는 '존재'(what is)를 뜻하며, 이것이 추상 명사를 만드는 접두사 '남-'(nam-, 소유형식[所有形式]의 총화[總和])

으로 단축, 응고된 것으로 여긴다.

　에싸드(Edzard, 뮌헨대학교) 역시 '남-'(nam-)이 "추상 명사를 이루는 실질상 명사접두어(名詞接頭語)"로 보고 부연하기를 "이것은 기술적(記述的, deskriptiv) 의미의 문법에서 하는 말이지 역사적(historisch) 의미의 문법에서 하는 말은 아니다"라고 말한다.

　벤노 란스버거(Benno Landsberger, 라이프니츠 & 시카고대학교)는 아담 팔켄슈타인의 스승으로서 추상 명사를 이루는 '남-'(nam-)이 '아-나-암'(a-na-àm, '그것이 무엇인가?')에서 유래했으며, "한 물체(Ding)가 외부세계에 작용하는 전체 양상"으로 추정하여 팔켄슈타인이 바로 이 란스버거의 학적 견해를 답습한 듯하다. 킨아스트(Kienast, 프라이부르크대학교)는 '남'(nam)을 본질(Wesen)이라고 번역하고 있다.

　팔켄슈타인과 마찬가지로 크레허(J. Krecher, 뮌스터대학교)는 '남-'(nam-)이 '아-나-암'(a-na-àm)에서 유래했고 '운명'을 뜻하며 부인 여자들의 말씨인 수메르어 에메살 방언에서는 '나-앙'(na-áng)으로 되어 있다고 했다.

　한 걸음 더 나아가서 반 다이크(van DijK, Vatican), 뢰머(W. Roemer, Holland), 알스터(B. Alster, Denmark)는 '남-'(nam-)을 '메'(me)와 동일시하는 데에 의견을 함께 하고 있다. '메'(me)가 문법적으로 수메르어 문헌 원전들에 '-암'(-àm)과 비슷하게 3인칭 단수 보어로 사용된 예는 비일비재하다. '메'(me)는 통상 '신력'(神力, goettliche Kraefte)으로 번역되고 있는바 신의 본체, 속성이나 그 파생물을 지칭한다고 볼 수 있으며 '남-'(nam-)과 '메'(me-)가 다 근원적으로 '아-나-암/메'(a-na-àm/me)에서 유래했다고 말할 수 있겠다.

　이들은 존재를 뜻하는 보어로써 추상 명사를 형성하는 역할을 하고 있는데 일례를 들면 독일어에 의식(意識)이란 낱말 'Bewusstsein'에서 존재를 뜻하는 보어 동사 'sein'이 형용사 'bewusst'에 접미어로 결합하여 '알고 있는 것' 곧 '의식'(意識)이라는 추상 명사를 만들어 주고 있는 것과 흡사 비슷하다. 이는 가령 한국어에서 '~ 것'의 문법적 역할과 비슷한 것 같다. '노래하는 것,' '사랑하는 것,' '아름다운 것,' '기쁜 것' 등에서 모든 동사와 형용사가 명사를 형성해 주는 접미요소(接尾要素)인 '~ 것'과 결합하여 추상 명사가 되는 것과 견줄 수도 있다.

수메르어 '–타르'(-tar)는 아카드어(Akkadian)의 '파라수'(parāsu), 즉 '베어 내다,' '짜르다,' '짤라 내다,' '분리하다,' '결정하다,' '서로 붙은 것을 분리하다'에 해당한다. 그리하여 킨아스트는 '남.타르'(nam-tar)를 운명이라 설명하고 이 운명(Geschick)은 '잘라 준 것,' '베어 준 것,' '할당,' '몫'의 뜻과 대응되는 것으로 보고 있다.

팔켄슈타인은 '남.타르.라'(nam-tar-ra)를 접미음(接尾音) '–아'(-a)와 함께 보통의 분사 형식으로 간주하고, '남.타르.라.암'(nam-tar-ra-àm)의 마지막 음이 생략된 형식과 동일시하여 '운명이 결정되다'(das Schicksal wird entschieden)로 번역하고 있다.

어떤 독일 학자는 '남.타르'(nam-tar)를 견강부회(牽强附會)식으로 '약속하다'로 번역한 실례도 있으나 의미와 내용상 '운명을 결정하다'는 '약속하다'와 뜻이 서로 다르지 않으며 후자는 문맥에 부합하지도 않고 오히려 아주 어색한 경우가 비일비재(非一非再)하다. 남타르 신으로 의미 발전 및 확대의 경우를 감안하여 '약속하다'는 '남.타르'(nam-tar, 운명)의 어휘 번역에서 배제하는 것이 지극히 자연스러운 것으로 여겨진다.

한 걸음 더 나아가 철학적 그리고 신학적 견지에서 반 다이크는 다음과 같이 서술했다.

한 동일한 위치에서 인간들은 예속된 신들과 같이 운명결정 곧 '남.타르'(nam.tar = *a-na-me/tar)로 인해 운명을 결정하는 위대한 신들에 의존하고 있다. 운명결정 '남.타르'(nam.tar)는 생명력(Lebenskraft)과 삶의 결정에 대한 하사, 분배할당(分配割當)이다.

첫째, 생명력의 분할이다.

둘째, 우연(偶然)으로 신들의 자의와 임의성(任意性, die Willkuer der Goetter)을 들 수 있다.

이 신들의 변덕, 그 자의와 임의성은 왕, 국가, 민족 등의 선택 사상을 유발했다.

이제 종합적인 관찰에 근거하여 필자의 운명에 대한 정의(定義)를 제시한다. 우선 '남'(nam)은 '메'(me)와 동일 개념으로 존재(存在, Sein), 본질(本質, Wesen), 신력과 운명 그 자체로 볼 수 있다. 글자 하나로 표현한다면 동양의 중국전통에서 '명'(命)이라 할 수 있을 것이다.

한문에서는 '명'(命)이 그에 선행하여 부가되는 '천'(天), '생,' '운'(運), '운'(殞)의 접두어와 결합으로 세계와 인간 존재에 가장 중요한 어휘인 '천명'(天命), '생명', '운명'(運命, 존재 현실), '운명'(殞命, 존재 상실, 죽음) 등의 조어(造語)를 갖추고 있고 메소포타미아 수메르 운명과 개념상의 근사성(近似性)과 상관치(相關値)를 암시하고 있는 것 같다.

수메르어의 구문론에서는 북서(北西) 셈족어 언어 현상(North-Western Philology)에서와는 다르게 동사나 술어가 뒤에 위치하는 관계로 이 '남'(nam)에 동사 '타르'(tar)가 결합한다.

수메르어 '-타르'는 앞에 언급한 대로 아카드어의 '파라수'(parāsu, 베어 내다, 짜르다, 잘라 내다, 분리하다, 결정하다, 서로 붙은 것을 분리하다)에 해당한다. 따라서 '남'(nam)은 '-타르'와 결합하여 궁극 존재로부터의 분리, 이 세계에 던져진 인간 실존의 피투상황(被投狀況), 인간의 기본 존재 상황, 현실과 실존 그 자체, 그리하여 운명/숙명, 분수(分數), 몫의 의미로 쓰이게 된다.

다른 말로 포괄적인 표현을 한다면 '남.타르'(nam.tar)는 '현실(Wirklichkeit)을 규정하다,' 즉 '우주와 세계와 나(我)와 나(我)의 본질, 속성, 환경, 그 부수상황(附隨狀況)들을 규정, 결정하다'라고 정의(定義)할 수 있을 것이다.

'남.타르'(nam.tar)는 메소포타미아 수메르어의 언어 구조상 세 가지 분사 형식을 취하고 있는 것을 볼 수 있다. 분사는 문법 기능상 명사, 형용사, 동사 역할을 한다.

제1형식: 주어 + 목적어 + 보어.

그 예(例)는 다음과 같다.

'닌 딩기어엔-릴-긴$_x$ 남-타르-레-(레)-데': 엔릴처럼 운명을 결정하는 여신.
'닌-기르-수$_키$-아 남-타르-레': 기르수 성에서 운명을 결정해 주는 여신.
'딩기어닌-우르타 압수-에리두-가 안-다 남!-타르-라': 에리두 성의 압수에서 아누 신과 함께 운명을 결정해 주는/준 닌우르타.
'엔-지(드) 남-타르-라': 운명을 결정해 주는/준 올바른 엔제사장(난나르 신).
'시이그$_4$-남-타르-라 우$_3$-숩-바 갈$_2$-라': 기와 모양으로 있는 운명의 기와 또는 운명의 결정을 받은 기와.

제2형식: 주어 + 목적어 + 술어 + 소유격 수식어(所有格修飾語)

그 예는 다음과 같다.

'키 남-타르-라 아-아-딩기어엔-릴-라-케$_4$': 아버지 엔릴 신의 운명결정을 받은 장소.

제3형식: 주어 + 관계명사절의 목적어 + 종속문장의 주어 + 종속문장의 술어

그 예는 다음과 같다.

'에$_2$-닌누 식$_4$-지 딩기어엔-릴$_2$-에 남-두$_{10}$-가 타르-라': 엔릴이 좋은 운명을 결정하여 준 좋은 기와 모양인 에닌누 신전.

수메르어로 쓰인 대부분의 종교 문학 작품 원전에 고증된 '남.타르'(*nam.tar*)의 문법 형식은 모두 위에 예거(例擧)한 세 가지 부류에 속한다고 말할 수 있다. 제1형식이 대체로 가장 많으며 신들의 수식 명사로 사용되고 있다.

운명이라는 말 '남.타르'(*nam.tar*)의 연상 영역은 의미론적으로 고찰할 때 고대 메소포타미아 문헌에서 현실 자체의 범위처럼 넓고 깊고 크다. '남.타르'(*nam.tar*)의 의미론적 관련 영역은 심지어 역사 이전으로부터 세계 창조, 그리고 인간 출생으로부터 세계 종말과 인간의 사망에 이르기까지 뻗치고 있으며, 모든 부수적 상황을 결정 또는 규정하고, 운명결정의 존재론적 개념으로부터 객체의 명칭에 이르기까지 뻗치고 있다.

특히 의미론적으로 반의적 의미 개발이 수메르어에서 우리의 시선을 끈다. 이것은 '남.타르'(*nam.tar*)의 설형 문자 '타르'(*tar*) 기호를 '쿠$_5$'로 읽어야 하는 문맥의 당위적 사안에 기인한다. 이때 '남-쿠$_5$'(*nam-ku$_5$*)는 '남.타르'(*nam.tar*)의 뜻과는 정반대의 동자이의어(同字異義語)로서 '저주', '저주하다'를 의미한다.

수메르어의 이 두 기호 글자는 운명과 저주의 의미 영역을 포괄하면서, 존재 현실 전체가 당면한 위기를 관장하고 있기에, 이 앞에서 인간은 막대한 호기심과 막중한 불안감에 압도되어, 위협적으로 엄습하는 생의 우려를 불식시킬 수가 없다.

'남-타르'/'쉼투'(*nam-tar/šimtu*)와 동의어로 '메'(*me*), '기슈-후르'(*giš-hur*), '에슈-바르'/'카-아슈-바르'(*eš-bar/ka-aš-bar*)와 '이님'/'두$_{11}$-가'(*inim/du$_{11}$-ga*) 등을 들 수 있는데 순서적으로 이 어휘의 의미들은 신력, 청사진(靑寫眞), 결정 및 언어(말씀)/표현의 뜻을 지니고 있다.

이 어휘 모두가 결정자의 의지와 관련을 두고 있다. 이 모든 표현의 배후에는 무엇인가/누구인가 전체의지(Ganzheitswille)가 작용하고 있는 것이다. 결정자의 의지는 자의적, 임의적 그리고 변덕일 수 있다는 데에 결정을 받는 피결정자의 못내 안타까운 불안과 염려와 걱정, 근심, 오뇌(懊惱)와 번민이 있다.

키-샤$_3$-기$_4$-아-무 나$_2$-암-타르 비$_2$-입-시$_3$-게비$_3$-입-훌-에(*ki-šà-gi$_4$-a-muná-am-tar b-ib-sì-gebÌ-ib-hul-e*).

(닌마흐 여신이 엥키 신에게 말하기를) 내 마음 내키는 대로 나는 운명을 좋게(吉運)도 또 나쁘게(惡運)도 결정할 수 있다(C. Benito, Enki and Ninmah, 55 행 [行]).

운명결정자 아니 운명결정신의 이러한 임의적 기호(嗜好)와 변덕에 따라 운명이란 낱말 '남-타르'/'쉼투'(nam-tar/šimtu)가 인격화되는 현상이 수메르어 문헌에서 파다하게 관찰된다. 이 운명이란 낱말 '남-타르'/'쉼투'(nam-tar/šimtu) 앞 머리에 신이라는 수메르어 접두한정사 '딩기어'(dingir)를 부착하면 메소포타미아 만신전에 속한 신들의 성별(性別)에 따라 운명의 남신 또는 운명의 여신이 된다.

먼저 운명이란 낱말 '남-타르'/'쉼투'의 주체인 신들의 자의와 임의와 변덕 또는 진노는 인간의 존재와 심혼(心魂)에 불안과 염려와 걱정, 근심, 오뇌, 번민을 안겨 주기 때문에 신들의 자의와 임의와 변덕을 달래고 그 진노와 화해하기 위한 제의(祭儀)와 신전 문화(神殿文化)가 메소포타미아에서는 집대성됐다.

이것이 필연 바로 종교의 발생임과 동시에 종교의 존립 근거가 된다고 보아야 한다. 메소포타미아의 무수한 기록 문헌에서 고증된 근거 위에서 제기한 이 종교 발생설은 역사상 최초의 학문적 기여와 공헌이며 이집트를 비롯한 전 세계 오대양 육대주의 종교 문화 전반에 대한 관찰 비교 평가 기준이 된다고 설득력 있게 주장할 수 있다. 필자의 수메르 심장형태론을 살펴 고찰하면 더 밝히 이해할 수 있을 것으로 여겨진다.

이와 연관하여 운명의 신격화와 남신과 여신 숭배의 전개는 종교 발생설과 동시에 신학(神學, Theologie)과 악마학(惡魔學, Daemonologie)의 기록문헌적 유래를 밝히는 데 절호의 자료 근거가 된다. 남성적 운명의 신들과 여성적 운명의 신들이 메소포타미아 문헌에 많이 고증되고 있다. 이 남성적 운명의 신들과 여성적 운명의 신들이 인간 현실의 어둡고 괴롭고 부정적인 측면을 관장한다고 볼 때 악마의 탈을 쓰고 있는 것으로 믿었던 것으로 여겨진다.

그리하여 재앙과 질병과 죽음과 지옥의 귀신들로서 마희(魔戱)를 부리게 된다. 남타르 귀신은 수메르어 점토판 문헌에 벌써 일찍부터 고증되고 있고 후기에도 언제나 불운의 맥락에만 나타나고 있다.

반 데우 레우(G. van der Leeuw, *Phaenomenologie der Religion*[Tuebingen 1977₄])와 루돌프 오토(Rudolph Otto, *Das Heilige*[Muenchen: Biederstein, 1947₂₈)의 종교현상학적, 그리고 종교철학 내지 종교심리학적 종교 발생설과 메소포타미아의 운명론은 차원을 달리한다. 메소포타미아의 운명론은 문헌 기록에 근거한 학설이고 전자 계열은 인류학과 사변적 철학, 심리학에 근거한 것으로 학적 타당성의 객관적 기반이 부실하다.

다시 말해서 역사 학문의 방법론상 문자 기록을 도외시한 객관적 연구란 타당성이 없는 것이며 마나(*Mana*)와 본체적인 것(*das Numinose*) 또는 거룩한 대상(*das Heilige*)은 인류학자와 종교철학 내지 종교심리학자들의 사변적, 추상적 고찰이다.

'남-타르'(*nam-tar*)와 '쉼투'(*šimtu*)의 메소포타미아 운명론은 세계 최초 설형 문자로 기록된 문헌적 고증을 수집, 분류, 분석, 검토, 체계, 정리한 근거 위에 철학적, 심리학적, 종교학적, 신학적 사변과 추리를 다각도로 도모할 수 있는 객관적이고 보편타당성을 지닌 연구 과제가 되어 필자가 이 과제("Die Schicksalsbestimmungen bei den Mesopotamiern, Eine Grundlage fuer die Kulturkritik der antiken Welt"[Münster, 1978)를 독일의 대학교 교수 자격 논문(Habilitationsschrift)으로 수행하여 성취한 행운과 영광을 안고 있다.

'남-타르'와 '쉼투'의 운명론은 앞에 말한 대로 고대 메소포타미아의 문헌상에 전현실(全現實)을 침투, 지배하고 있는 것으로 고증되고 있다. 운명은 비단(非但) 메소포타미아 사람들의 존재와 정신 심리를 점유하고 있었을 뿐만 아니라 고대 이집트, 그리스, 유럽, 인도, 중국, 한국, 일본, 아니 오대양 육대주에 걸친 전 세계 인구의 존재 심리를 압박, 지배했던, 아니 현재도 하는 것이다.

> 자유를 구가하고 향유한다는 그리스 사람들은 숙명(宿命, moira)의 노예였다 (참조. Friedrich Nietzsche의 '아모르 파티'[amor fati]).

　기독교의 포교, 전래로 운명과 죽음으로부터 우리를 영원히 구원하신 예수 그리스도의 은혜와 사랑과 소망 가운데 있는 사람이 아니면 십중팔구(十中八九) 운명과 숙명의 지배를 의식적, 무의식적으로 받고 있다. 모든 미신과 유사 종교, 사이비 이단, 사교들은 운명과 숙명의 덫과 함정을 차려 놓은 밥상이므로 특히 경계와 주의를 가지고 살펴야 한다. 이러한 문제들을 피상적이고 격화소양식(隔靴搔癢式)의 천박한 자세와 태도, 관찰로 간과하거나 묵과해서는 안 된다.

　메소포타미아의 수메르어 문헌에 운명과 저주는 인간 존재의 탄생 이전으로부터 인간 호흡의 최후 종식 순간에 이르기까지 매 순간 걸음걸음마다 불가항력적 압제 세력으로 동반, 수행(隨行), 미행하는 것으로 고증되고 있다. 이것은 물론 고대 메소포타미아에서만 그랬던 것이 아니고 기타 고대 근동과 지구촌 전체 또 현대 세계에서도 마찬가지 사실이다.

　인간은 신들의 운명결정과 삶의 저주에 애석히 처절하게 내맡겨 있다. 빈부귀천(貧富貴賤)의 차별이 궁극적 행복 지수가 아니며, 인간 모두가 운명과 저주의 공통 원흉(元兇)과 그의 공통 무기인 우수(憂愁)와 비애와 죽음의 지배 아래 궁극적으로 포박되어 있다는 데에 비극과 삶의 속절없는 탄식이 있다.

　메소포타미아에서 운명 문학이 세련되게 발달했다. 운명과 저주의 신들도 각양각색(各樣各色), 다종다양(多種多樣)하게 피조물신격화(被造物神格化, die Kreaturvergoetterung)의 우상 숭배 기치 아래 동원되고 있다.

그러나 이 절망적인 지구촌의 운명 통치 밑에 하나의 희망과 자유와 승리의 함성이 메아리치는 곳이 있다. 헬라어에서 파생되어 영어로 표현한 'Metatheology'를 서술하자면 다음과 같다.

우리 '예수님께서 내 영혼과 함께 하시는 신학'이라는 메타(μετά)신학(Metatheology)에서 헬라어의 전치사 '메타'(μετά, meta)는 헬라어 문장에서 소유격 명사류와 같이 쓰일 때 '함께,' '더불어'를 뜻한다. 이 말은 전치사 '메타' 다음에 소유격 명사나 소유격 정관사, 소유격 형용사, 소유격 분사가 있는 경우를 말한다.

이 용례는 구신약(舊新約)성경 전체에 많이 고증되고 있는데 제반 인간 및 사회관계뿐 아니라 인간과 사물 대상과의 관계와 특히 하나님과 인간의 운명과의 관계에서 극도의 중요성을 띠고 나타난다.

이 고찰은 필자가 구신약성경을 히브리어(Hebrew & Aramaic)와 헬라어로 수십 차 정독한 체험에 근거한 것이다. 그러므로 철학에서 물리학/형이하학(physica/physics)을 초월한 형이상학(metaphysica/metaphysics)을 말할 때 형이상학의 접두전치사 '메타'의 용례와는 다르다.

후자의 경우 '메타' 다음에 대격(對格)/목적격 명사나 대격/목적격 정관사, 대격/목적격 형용사, 대격/목적격 분사가 뒤따를 수 있다. 그러므로 우리 메타(μετά)신학(Metatheology)은 시종일관 철두철미 성경적이며 인간 운명의 결정적 방향을 제시하고 있고 인간 소망과 행동의 안정적 추(錘)를 장악하고 있다.

그러면 먼저 신약성경의 마태복음 1:23에서 히브리어 '임마누엘'의 헬라어 번역(엠마누엘, Εμμανουήλ)이 소개되고 있으며 그 의미는 '하나님께서

우리와 함께(메타) 하심'(Μεθ' ἡμῶν ὁ Θεός)이다. 이것은 '우리와 함께' 예수
님께서 세계사의 일대 전환을 성취하신다는 사실을 예고하고 있고, 역사는
그 종말까지 예수님께서 '우리와 함께' 영존/항존하시는 것이다.

ἰδοὺ, ἐγὼ μεθ' ὑμῶν εἰμι πάσας τὰς ἡμέρας ἕως τῆς συντελείας τοῦ αἰῶνος.

… surely I am with you always, to the very end of the age(마 28:20).

그러므로 우리 '예수님께서 내 영혼과 함께 하시는 신학'이라는 메타신학(Metatheology)은 우주사(宇宙史)와 세계사 전체가 예수님의 휘하에 있음을 자각, 인식하며 성경에 고증된 '메타'의 실제 관계 양상을 고찰한다.

운명과 저주의 문헌사적 고찰을 정확한 연대기적 고증으로 시행하기는 쉽지 않다. 어떤 의미에서는 인류 역사 자체가 전반적으로 운명과 저주의 역사로 점철되어 왔고 현재도 기독교의 영향이 미치지 못한 곳에서는 그 구슬픈 그늘에 있다고 봐야 할 것이다. 운명과 저주에 대한 기록 문헌이 세계 문명사상 가장 오래된 메소포타미아 문헌에 경악을 자아내리만큼 다수 고증됐다는 사실을 인식할 때 이것은 놀라운 관심과 흥미의 대상이 아닐 수 없다.

우리의 운명론("Die Schicksalsbestimmungen bei den Mesopotamiern, Eine Grundlage fuer die Kulturkritik der antiken Welt"[Münster, 1978])에서는 메소포타미아의 운명과 저주(*nam.tar/nam.tar.ra*//*nam.ku₅*) 문헌 고찰을 통시적(通時的, diachronic) 또는 공시적(共時的, synchronic) 분류로 안배(按排)하지 않았다.

왜냐하면, 운명과 저주의 전개는 인간의 탄생 이전으로부터 생명의 마지

막 호흡이 단절될 때까지 불가항력적 강박(強迫)으로 인간 실존의 움직임 하나하나와 인간의 행동거지(行動擧止) 모두와 관여되어 문헌 기록이 고증되어 있는 까닭이다. 시대적 변천이 운명과 저주의 기본 틀을 바꿀 수 없었기 때문일 것이다.

이것은 비단 고대 메소포타미아와 여타(餘他) 고대 근동 지역에만 국한된 운명과 저주 상황이 아니라, 과거와 현재의 세계 모든 지역 그리고 서력(西曆) 기원 이후 기독교의 영향이 미치지 못한 곳에서는 어디에서나 한결같이 운명과 저주는 인간의 존재 위에 필연적인 죽음의 수의를 걸쳐 놓고 있기 때문일 것이다(이 수의는 부활 승천하신 예수님의 복음이 전달되는 곳에서는 제거된다).

성경에서는 세계와 인간의 이 보편적 운명 상황을 어떻게 다루고 있는가?

인간은 변장한 악마의 삼중 사기와 유혹, 즉 경제, 예능, 지성의 욕구 충족을 미끼로 창조자 의식과 피조물 인식의 양심 구조를 유린당하여 고귀한 자유를 남용한 채 생명의 상실과 함께 죽음의 저주와 영어(囹圄) 속으로 처절히 전락했다. 인간 원죄의 타락 상황 전개가 예고됐다(창 3장).

그러나 지구촌 저주의 극치인 황무한 사막의 핍절과 금식의 사각지대에서 예수 그리스도께서는 악마의 삼중 사기와 유혹, 즉 경제, 예능 문화, 지성과 권력의 욕구 충족을 단호하게 격퇴하여 운명과 저주 정복의 새로운 차원을 도입하시고 창조자 하나님과의 절대적인 관계 회복에 대한 양심선언을 제고(提高)하셨다(마 4:1-11; 눅 4:1-13).

수메르 시대(the Sumerian period) 이후 메소포타미아 판도에서는 아카드어 문헌에 수메르어 번역 모방이 나타나는 것을 볼 수 있다. 아카드어로 '운명을 결정하다'의 표현이 '쉼탐 쉬아무(뭄)'(*šîmtam šiāmum*)으로 문법상 중복 부정법(tautological infinitive)이 사용되고 있는 것을 볼 수 있다. 그런데 아카드어 동사 '쉬아무(뭄)'(*šiāmum*, 결정하다)에서 수메르어의 저주에 해당하는 '*nam.ku₅*'와 같은 아카드어 단어는 파생, 유래하지 않기 때문에 저주를 뜻하는 아카드어는 동사 '*arāru(m)*,' 즉 '저주하다'에서 명사 '*erretu(m)*'('저주')을 조어(造語)로 번역, 제시하고 있다.

메소포타미아의 운명결정 개념을 토킬드 제이콥슨(Thorkild Jacobsen)이나 푸를라니(G. Furlani)와 같은 학자들은 동사인 '칙령을 내리다,' '절대 권위로 준엄한 명령을 내리다,' 또는 명사인 '법' 또는 '신의 법령 선포'로 이해하고도 있다.

아카드어의 운명결정 용어 '쉼투(툼)'(*šimtu[m]*)은 이집트 함족어(Hami-to-Egyptian)의 공통 어휘 '쇠이'(*šy, š.w, š.yt*)와 평행을 이루어 문헌 고증되고 있는 것 같다. 셈족어와 이집트 함족어의 어휘 비교에서 탈순음화(脫脣音化)의 현상이 규지(窺知)되고 있는 것 같다. 이집트 함족어의 '쇠이'는 '결정하다,' '운명을 결정하다,' '운명결정,' '운명'을 뜻한다. 이집트 함족어의 동사 '쇠이'는 셈족어 아카드어 동사 '쉬아무(뭄)'(*šiāmum*)과 셈족어 히브리어 '심'(*šim*)의 입술음(脣音)인 미음(ㅁ = *m*)이 탈락한 것이다.

그런데 메소포타미아의 '남-타르'/'쉼투'(*nam-tar/šimtu*)와 이집트의 '쇠이'(*šy, š.w, š.yt*)는 양자 간에 인간의 존재와 삶과 죽음을 둘러싸고 문헌 고증상 수많은 유사 평행 현상을 보인다. 이집트의 운명 '쇠이'는 메소포타미아의 '남-타르'/'쉼투'와 마찬가지로 삶과 죽음, 행운과 불행을 포괄하며 인간 존재 전체에 작용하고 있다. 나아가서 이집트의 운명 '쇠이'는 또 메소포타미아의 '남-타르'/'쉼투'와 마찬가지로 숙명의 신들과 숙명의 여신들로 신격화되거나 귀신과 악령들로서 공포의 대상이 됐다.

운명과 숙명의 신격화는 그리스와 히타이트(Hittite) 신화에서도 고증될 뿐만 아니라 심지어 현대 세계 각종 문학에서도 운명의 신과 운명·숙명의 여신은 자주 자연스럽게 고증되고 있다. 니체와 스피노자가 제창한 숙명의 사랑(*amor fati*)을 감안할 필요가 있다.

운명 문제는 인간 죄악과 불행과 비극과 죽음의 공통으로 불가피한 구조적 본질이기 때문에 인류 역사 속에서 제반 상이한 문화 유역을 따라 근사한 생활 조건과 환경과 상황에 따라 문자 기록상으로도 비슷한 표현과 문맥을 시사했다.

여기에서 특히 우리의 관심과 시선을 끄는 것은 서구의 문화 연구 유산을 고찰하면서 중국의 운명관 전개를 별견(瞥見)하는 것이다. 중국의 '명'(命) 개념이 전개하고 있는 언어 현상과 문헌 고증은 근동의 메소포타미아와 유사한 것에 놀라움을 금할 수 없게 한다.

'명'(命)의 긍정적 측면으로는 위로부터 하늘이 우주와 세계를 지배한다는 천명사상(天命思想)을 비롯하여 인간 사회 현실의 규범과 법칙, 왕권에 입각한 군주의 법령이 모두 '명' 개념에서 파생되고 있다. '어명'(御命), '조명'(詔命), '흠명'(欽命), '칙명'(勅命)이 '천명'(天命)을 받드는 군주의 법 제정권을 입증하는 것이며, 명령하는 하늘의 의지와 하늘을 받드는 왕의 의지에 기초한다.

명령을 발하는, 즉 '신명'(神命/申命) 하는 '당신'(Du/Thou)과 명령을 받드는 '나'(자아[自我, Ego/Ich])의 '서명'(胥命), '수명'(受命/隨命), '복명'(復命), '반명'(返命) 하는 태도와 자세에서 '명'에 대한 기복 있는 관계가 조성된다.

'당신'(Du)을 표상하는 하늘의 결정에 따라 생명을 비롯하여 출생과 탄생의 '진명'(進命)과 그에 부대되는 '명'(命)의 짧고 긴 것(단명[短命], 수명장수[壽命長壽])과 '보명'(保命)과 관계된 '명운'(命運), '운명'(運命), '정명'(定命), '숙명'(宿命), '제명'(制命)에 따라 세계에서 인간 생활 현실이 복잡다단(複雜多端)하게 이루어진다. 운명과 삶은 미래에 대한 불안과 상관되는 현실이기 때문에 '추명'(推命)과 '점복'(占卜)의 온갖 기법이 고안되어 인간 의식을 혼란하게 하고 합리적 삶의 질서를 문란하게 한다.

고대 메소포타미아에서도 그랬지만 동양의 중국과 그 인접 국가들에서도 주역식(周易式) 운명 감정, 토정비결(土亭秘訣), 사주관상(四柱觀相) 등 다양한 점성술, 점복술이 흥행하여 오고 있다.

그러나 운명결정의 부정적 측면으로 죽음을 뜻하는 운명(殞命)은 저주의 정점을 시사하고 있다. 메소포타미아의 운명 '남.타르'(nam.tar)와 저주 'nam-ku₅'는 동자이의어(同字異義語)인데 중국의 삶이 포함되는 존재 현실인 운명(運命, Yun-Ming)과 존재의 종언을 고하는 죽음의 저주 현실인 운명(殞命, Yun-Ming)은 공교롭게도 동음이의어(同音異義語)이다. 중국의 운명 언어 발전 양상도 메소포타미아의 수메르어처럼 흥미진진하다.

고대 근동은 주지되다시피 그 문화 문명이 세계 최고(最古)의 문자 발명으로 시작하고 있는바 그것은 메소포타미아의 설형 문자와 이집트의 상형 문자이다.

고고학적 노력으로 메소포타미아의 토판과 석판에 새겨진 수많은 문헌이 발굴 발견 출토됐고 이집트의 경우 석판이나 파피루스에 기록됐다. 그 문헌 중 상당수가 해독, 출판됐다. 메소포타미아의 수많은 토판들은 주로 행정, 상무(商務), 법률, 서신, 종교 문예 작품들이다. 기록 유물의 95퍼센트는 전자에 속한 문서류이고 후자인 종교 문예 작품들은 주로 신화들을 말하며 여기에서는 신들이 역사 무대에 등장하여 말하고 행동한다.

메소포타미아가 기록 보존으로 남긴 유명 법률 문서로 우르남무 법전(法典, 수메르어)과 함무라비 법전(아카드어)이 있으며 소수의 단편 법전들이 있다. 특히 법전들의 서장(序章)과 종장(終章)은 종교 문헌적 성격을 띠고 있고 종장에는 신들의 운명결정과 저주가 선포되어 있다.

　신화들에서 인간과 신들이 만나고(해후[邂逅]) 대화하는데, 여기에 처절한 비극적 무질서(chaos)가 심장형태론적으로 전개되고 있다. 신들은 자기네들이 창조한 사람들에게 임의와 자의와 변덕으로 운명을 결정한다고 공공연하게 선포한다.

　　　ki-šà-gi₄-a-mu ná-am-tar bí-ib-si-ge bì-ib-hul-e.

　　　[여신이 말하기를] 내 마음이 내키는 대로 운명결정을 좋게도 나쁘게도 해　　　주리라(Carlos A. Benito, *Enki and Ninmah*, 55행).

　닌마흐 여신이 창조한 인간들은 모두 연민을 자아내게 하는 기형(畸形), 불구의 사람들이다. 이들에게 엔키 신이 결정해 주는 운명들은 음악, 주술(呪術), 후궁(後宮), 왕궁들인데 서로 조화를 이루지 못하는 불균형을 보여 주고 있다. 그래서 메소포타미아의 문예 창작에 엄청나게 큰 기대를 걸었는데 이 신화들의 신들은 고상하지도 않고, 거룩하지도 않고, 지혜의 계시도 없으며, 인간 세속적이고 저열하며 무모한 인간 자아의식의 하찮은 독백에 불과하다.

　문자의 발명이 인간 정신이나 인간 운명을 개선 향상한다고 생각한다면 그것은 크나큰 오산(誤算)이다. 고대 근동의 거의 기적적인 문자 간소화인 우가릿 알파벳 30자로 쓰인 신화 가운데 신들의 폭식(暴食), 폭주(暴酒), 폭음(暴飮)으로 대변(大便)의 추태를 보여 주고 있는 것은 환멸의 고배(苦杯)를 하소연하게 할 뿐이다. 문자의 발명은 인간의 성(性)도덕과 윤리를 고결하게 향상하지도 않고 도리어 말하기 부끄러운 성도착의 추악상에 대한 기록을 접하게 만든다(장국원, 『세계 운명학의 발단과 그 전개』, 60-80 참조).

　의욕과 야심에 찬 학도들이 이렇듯 세계에서 제일 오래된 문자 언어 문헌에서 미증유(未曾有)의 심오한 진리와 새로운 역사 사실들을 탐구하기 위하여 설형 문자와 상형 문자로 된 기록 유물들을 해독하기 위한 학구적 노력에 심혈을 기울여 왔다. 그러나 고대 근동의 신화들에서 심오한 철리(哲理)나 숭고한 종교 사상들이 밝혀진 것 같지는 않다.

　메소포타미아 신화들에서 인간 종족 번식을 위한 욕구와 세속적이고 야비한 성행위들이 수치스럽지도 않은 듯 버젓하게 기록되어 나타난다. 종족 번식 욕구와 본능은 인간이 하나님과 하늘과 영원으로부터 소외, 분리된 후 인간 자아가 자신을 시간과 공간의 한계를 넘어서 영원으로 신장(伸張), 확대하여 보려는 노력에 기인하고 있다고 할 수 있을 것이다. 하늘과 땅의 분리는 고대 메소포타미아 신화들에서 유치하게 이야기되는 데 하나님과 하늘로부터의 소외를 말하면서 인간의 죄 기원을 넌지시 언급하는 것 같기도 하다.

　따라서 인간의 모든 노력과 정성은 하늘과 땅의 연합에 경주(傾注)되고 있는 것 같기도 하다. 인간 삶의 필요에서 이 노력을 보살핀다면 하늘에서 비가 풍족히 내려 풍성한 수확을 기약하고자 온갖 종교 의식을 수행하는 것을 예(例)로 들 수도 있다.

　그러므로 신화에서 남신과 여신의 성관계는 죄짓고 영원을 상실한 인간 자아가 자손만대(子孫萬代), 영원히 자아를 연장, 확대하려는 종족 번식 욕구와 족보 문화 발족일 뿐만 아니라 하늘과 땅의 교접(交接)으로 비를 내려 주시라는 농경 정착 사회의 종교 의식에 대한 은유일 수 있다. 몇 가지 수메르어 신화를 인용하면 다음과 같다.

(엔릴 신은) 서둘러 하늘을 정말 땅으로부터 분리했다.

(엔릴 신은) 서둘러 땅을 정말 하늘로부터 분리했다.

하늘이 땅으로부터 확고히 분리된 후 …

하늘신 안이 하늘을 갖고

엔릴 신이 땅을 차지했을 때 …

어머니신(母神)이 솟아났다.

나의 왕 '안'(하늘의 신)은 아름다운 땅과 교접했다.

내 주(主)의 씨앗, 그 빛나는 씨앗이 제 태중에 있나이다.

'신' 신(달의 신 = 월신[月神])의 씨앗, 그 빛나는 씨앗이 제 태중에 있나이다.

임금님 전하(殿下)의 씨앗은 하늘로 갈지어다, 제 씨앗은 땅으로 갈지어다.

메소포타미아 신화에서 신들의 교접은 신들의 탄생을 말하는 신창성설(神創成說)과 동식물의 기원이 된다고 여기고 있다. 예를 들어 엔키 신은 번번이 닌후르상 여신과 포옹하고 입 맞추고 교접을 하고 후자는 닌무 신, 닌쿠르라 신, 웃투 신을 분만하고, 야생 양(羊)과 여러 가지 식물(植物)을 낳는다. 신들이 갖추고 있는 남성생식기의 생물학적 기능이 유프라테스강과 티그리스강의 농업 수로 관개에 비유되고있는 것도 경악을 자아내게 할 만큼 음탕하고 저질적인 것 같다.

남녀 성관계에 대한 기록은 기독교 구약성경에도 상당히 중요하게 취급되고 있다. 아담과 이브가 창조된 후 제일 처음으로 저지른 행동이 선악과를 따먹은 것(창 3장)인 반면에 죄를 지은 관계로 에덴 동산에서 축출된 후

첫 번째 기록된 행동들이 아담과 이브의 성행위였으며 그 결과 가인과 아벨이 태어났다(창 4:1-2).

한글 성경에서는 '동침(同寢)하다'는 말로 성행위를 번역했는데 이것은 '알다'라는 히브리어 동사 '야다'(yada')에 대한 완곡(婉曲) 번역 표현이다. 한글 개역성경에서 이 기독교 구약성경 번역 전통에 따라 신약성경 번역에서도 헬라어의 '알다'라는 '기노스코'(ginosko) 번역을 '동침'으로 완곡 번역 표현했으나(마 1:25) 새번역성경의 신약성경 번역에서는 보다 이해하기 쉬운 '잠자리를 같이하다'는 완곡어법을 사용했다.

이렇게 하여 인류가 범죄한 후 종족 번식의 역사가 시작됐음이 알려졌다. 그런데 성경에서는 똑같은 부모에서 태어난 두 아들이 하나는 은총을 입고 다른 하나는 인정을 받지 못하는 대조적인 구별이 인식되고 있다(창 4:2-5; 히 11:4). 우리의 상식적인 성윤리와 도덕으로는 이해할 수 없는 사건들이 연출되고 있지만 종족 번식의 이유에서 역사를 기록하고 있기도 하고 구원사 내지 구속사적 견지에서 정당화 또는 순화(醇化)되기도 하는 것 같다(창 19:31-38; 29:16-30:24; 38:13-30; 삼하 11:2-12:25; 마 1:3-6). 성경의 로맨스들은 유별나게 독특하기도 하다.

세계 문학사나 미술사 아니 예술사 전반을 고찰하건대 그 대부분이 이성 간의 사랑과 성적 관계를 주제로 다루고 있다. 이성 간의 사랑과 성적 관계가 포함되어 있지 않으면 희곡, 소설, 연극, 연속극, 영화 등에 대한 흥미를 유발하지 못한다는 것이 상식으로 되어 있는것 같다. 이것은 시공을 초월하여 인간 자아의 종족 번식 욕구가 지닌 족보 전통의 필연적 구성 요소인 것 같다. 이것이 바로 자아의 생물학적 제국주의이다.

또 한편 성경의 예언서에는 신앙적 불성실, 불순종, 탈선, 배반이 한 분 하나님께 대한 충성에서 이탈하여 간음한 것으로 여기고 이에 대한 준엄한 경고와 질책과 심판으로 가득 차 있다. 족보 전통에 포함된 에로스와 성 문제는 하늘과 분리된 지구 인간의 자아 상황이다. 에로스와 성문제가 바탕이 되어 있는 족보 전통의 인간 종족 번식 역사는 세계 최고(最古)의 수메르 문학으로부터 구약성경에 이르기까지 삶과 영원에 득달(得達)하지 못하고 지구촌에 얽매인 운명 역사이다.

이에 반하여 예수 그리스도의 탄생과 삶에는 새로운 차원이 드디어 계시되고 있다. 예수 그리스도의 출생에는 에로스와 성관계가 포함되지 않은 성령의 잉태, 분만, 탄생이 역사의 기적으로(마 1:18-25; 눅 1:34-38), 세계 족보 문학과 예술사에 새로운 전환점으로 계시되고 있다.

이 전환점이 또한 '예수님께서 내 영혼과 함께 하시는 신학'(Metatheology)의 새로운 출발점이 된다(마 1:23). 예수님께서는 복잡다단한 이 세계 족보 전통의 미로로부터 결혼 부부의 어떠한 성관계가 없는 부활의 하늘 세계로 우리의 시야와 관심을 전환시키고 계신다. 부활에서는 시집가고 장가가지도 않으며 하늘의 천사들과 같으니라(마 22:30).

예수님께서는 하늘 나라를 위하여 결혼하지 않은 사람들에 대해 언급하셨다(마 19:12). 예수님께서는 대부분의 가르침에서 지구촌이 아니라 하늘 나라를 주제로 다루고 계신다. 기독교 교회는 세습제나 후계자의 제도에 묶여 있지 않다. 보이시지 않는 성령님께서 시공을 초월하여 예수님의 합법적 후계자시면서 '예수님께서 내 영혼과 함께 하시는 신학'(Metatheology)의 대행자로서 활동하신다(요 14:26-27; 15:26; 16:13-14). 사도 바울이 이 새로운 역사의 한 중요한 본보기인 것 같다.

사도 바울은 예수님의 지상 생애 동안 예수님과 시간적으로나 공간적으로 함께 하지 않았으나 예수님과 시간적으로 또한 공간적으로 함께 한 어느 제자보다 더 가까웠던 것처럼 보인다(갈 1:12, 17; 2:6, 11-14; 벧후 3:15-16).

바울은 하늘나라와 예수 그리스도의 복음을 위하여 결혼하지 않은 채 머물렀고(고전 7:7-8, 32, 35, 40) 그의 어떠한 생물학적 자녀나 그 후계에 대한 언급이 없으며 믿음 안에서 함께 한 동역자에 대한 언급들은 디모데를 비롯하여 있다.

기독교 이방 선교는 예수님과 실생활을 같이한 다른 어떤 제자보다도 바울에 의해서 확고히 닻을 내리게 된 것으로 기록에 나타난다. 바울이 사도행전에서 차지하는 비중이 가장 크고, 그의 고귀한 서신들이 신약성경의 부피를 많이 차지하고 있다. 신약성경은 하늘 언어로 기록된 하늘의 책이며 여기에서는 새로운 창조와 새로운 자아와 새로운 인물을 다루고 있다.

> 누가 그리스도 안에 있으면 새로운 창조 인물이다. 옛 것은 지나가고 보라! (모든 것이) 새롭게 되었도다(고후 5:17).

선택 민족의 징표로 고집하고 준수하던 할례나 무할례에 무슨 의미가 있지를 않고 새로운 창조 인물 탄생이 세계사의 신기원(新紀元)에서 삶의 참다운 가치와 영원의 격조를 형성하는 것이다(갈 6:15; 엡 2:15; 4:24). 사도 바울은 이 세계사의 신기원 속에 있는 형제자매들을 1인칭으로 받들어 다음과 같이 말한다.

> 우리는 그리스도 예수 안에서 선한 일을 하도록 창조된 하나님의 작품 인물들이며 그 선한 일들은 하나님께서 미리 준비하신 것들이다(엡 2:10).

> [의복의] 생베 조각을 낡고 헌 옷에 대고 깁는 사람이 없듯 … 또 새로운 포도주를 낡고 헌 가죽부대에 담는 사람도 없다. … 새 포도주는 새가죽 부대

에 담아야 한다(막 2:21-22; 마 9:16-17; 눅 5:36-39).

필자의 소견으로 판단하건대 신약성경은 문화적으로나 종교 신학적으로 고대 근동과 구약성경을 조명할 뿐만 아니라 고대 세계사 전체를 조명하고 현대와 미래와 영원의 좌표가 되기에 신약성경 관찰을 20세기에 유행한 비평론과 주해풍조를 방법론적으로 채택하는 것은 먼저 학적으로 21세기의 벽두에 전혀 온당하지 않다고 말할 수 있다. 학적으로 그릇되고 실제에 부합하지 않기 때문에 서구 사회의 기강이 해이되고 개인 신앙과 교회가 파국을 겪고 있는 것이다.

그렇다고 해서 필자가 비평 방법을 알지 못한다는 말은 전혀 아니고 알고 있지만 그 허점과 오류를 지실(知悉)하고 그것이 비창조적이고 부질없으므로 미련 없이 방기(放棄)해도 된다는 것이다.

앞에서도 말했듯 신약성경은 새 창조와 새로운 창조적 인물을 말하고 있다(고후 5:17; 엡 2:10, 15; 4:24; 골 3:10; 2:8-15). 인간 실존 운명의 최대 난제와 번민이 예수 그리스도와 신약성경에서 해결과 안정을 찾는다.

따라서 필자의 과제는 고대 근동을 비롯한 세계사 전반(全般)과 구약성경을 신약성경에 기술된 대로 예수 그리스도의 오감도/조감도 밑에서 조명을 받고 관조하는 것이다. 어느 구신약성경의 특정 연구 방법론을 답습하지는 않고 있고 히브리어, 아람어, 헬라어 원문은 충실히 연구, 검토했다고 할 수 있다.

필자는 서구 학계에서 여태까지 고대 근동과 구약성경과 신약성경을 총망라한 종합적 연구를 시도한 학자를 만난 적이 없고 또 그러한 학자에 대하여 들은 적도 없다. 많은 학자들과 학도들이 필자를 구약학자, 히브리어와 셈족어 학자로 착각하고 있는데 기실 필자는 수메르어 아카드어, 여러 셈족어, 함족어, 인구어, 아시아어 등 언어학자로만 머물지를 않고 항용(恒用) 예수 그리스도와 신약성경이 필자 본연의 주 전공이며 필자의 인생에서 가장 큰 비중을 차지하고 있다.

세계사의 최대 웅장한 문헌 도서의 수집 도서관이나 박물관의 전시 진열품들은 실상 인간과 자아와 운명 문제와 지구촌 생태 환경의 번뇌를 일러주고 있다(*topos gaios*, 롬 8:22-23). 기록 문헌과 전시 진열품이 안고 있는 내적 동경과 침묵의 하소연과 웅변, 절규는 누구인가 또는 무엇인가 위로부터 지구로 내려오기를 갈망하고 있는 것이다(*topos ouranios*).

> 위에서 오시는 분은 만유 위에 계신다. 땅에서 난 사람은 땅에 속하여서 땅의 것을 말한다. 하늘에서 오시는 분은 만유 위에 계시고 자기가 본 것과 들은 것을 증언하신다 …(요 3:31-32).

고대 근동 시리즈

1. 이스라엘의 역사
레온 J. 우드 지음 | 김의원 옮김 | 신국판 양장 | 560면

2. 고대 근동 문자와 성경
장국원 지음 | 신국판 | 208면

3. 이스라엘의 종교
리차드 S. 히스 지음 | 김구원 옮김 | 신국판 양장 | 512면

4. 고대 근동 역사
마르크 반 드 미에룹 지음 | 김구원 옮김 | 신국판 양장 | 480면

5. 페르시아와 성경
에드윈 M. 야마우찌 지음 | 박응규 외 2인 옮김 | 신국판 양장 | 688면

6. 이집트와 성경 역사
찰스 F. 에일링 지음 | 신득일, 김백석 옮김 | 신국판 양장 | 184면

7. 고대 이스라엘 역사
레스터 L. 그래비 지음 | 류광현, 김성천 옮김 | 신국판 양장 | 440면

8. 고대 근동 문화
알프레드 J. 허트 외 2인 편집 | 신득일, 김백석 옮김 | 신국판 양장 | 552면

9. 이스라엘의 성경적 역사
이안 프로반 외 2인 지음 | 김구원 옮김 | 신국판 양장 | 656면

10. 성서 고고학
에릭 H. 클라인 지음 | 류광현 옮김 | 신국판 양장 | 216면

11. 고대 이스라엘 문화
필립 J. 킹,로렌스 E. 스태거 지음 | 임미영 옮김 | 크라운판 양장 | 592면

12. 고대 근동 사상과 구약성경
존 H. 월튼 지음 | 신득일 옮김 | 신국판 양장 | 520면

13. 고대 근동 문학 선집
제임스 프리처드 편집 | 김구원 외 5인 옮김 | 크라운판 양장 | 1024면

14. 고고학으로 읽는 성경
임미영 지음 | 신국판 변형 | 408면

15. 이스라엘과 고대 근동의 점술
강승일 지음 | 신국판 양장 | 360면

16. 고대 이스라엘 문화와 구약성경
수잔 니디치 지음 | 곽계일 옮김 | 신국판 양장 | 288면

17. 고대 이집트와 구약성경
존 D. 커리드 지음 | 신득일, 김백석 옮김 | 신국판 양장 | 390면

18. 고대 근동 문화와 성경의 권위
존 H. 월튼 지음 | 신득일 옮김 | 신국판 양장 | 440면

19. 고대 근동 문헌과 구약성경
크리스토퍼 B. 헤이즈 지음 | 임요한 옮김 | 신국판 양장 | 744면

20. 고대 근동과 성경의 우상
한민수 지음 | 신국판 양장 | 432면

21. 고대 근동과 이스라엘 종교
패트릭 D. 밀러 지음 | 김병하 옮김 | 신국판 양장 | 528면

22. 고대 근동과 이스라엘 정치
노만 K. 갓월드 지음 | 윤성덕 옮김 | 신국판 양장 | 544면

23. 고대 근동과 구약 문헌사
콘라드 슈미트 지음 | 이용중 옮김 | 신국판 양장 | 480면

24. 이스라엘의 선지자
레온 우드 지음 | 김동진 옮김 | 신국판 양장 | 546면

25. 이스라엘의 통일왕국사
레온 우드 지음 | 윤종훈 옮김 | 신국판 | 480면

26. 신의 얼굴을 그리다
강승일 지음 | 신국판 양장 | 304면

27. 구약성경 주변 세계 탐구
빌 T. 아놀드 외 편집 | 임요한 옮김 | 신국판 양장 | 720면

28. (고대 성경 해석가들이 본) 모세오경
제임스 쿠걸 지음 | 김은호, 임승환 옮김 | 신국판 양장 | 776면

29. 모세오경의 문화적 배경
G. 허버트 리빙스턴 지음 | 김의원 옮김 | 신국판 무선 | 412면

30. 고대 근동과 구약의 양자신학
노남근 지음 | 신국판 양장 | 224면

31. 16명의 왕을 통해서 본 이스라엘 왕정사
박성혁 지음 | 신국판 양장 | 400면

32. 고대 근동 역사와 예수님의 구원 섭리
장국원 지음 | 신국판 양장 | 256면

33. 고대 근동 문화와 구약의 배경
조나단 S. 그리어, 존 W. 힐버, 존 H. 월튼 지음 | 우택주, 김은호 옮김 | 신국판 양장 | 844면

34. 유대인의 역사적 과정
정연호 지음 | 신국판 양장 | 근간

35. 구약과 고대 근동의 역사
정연호 지음 | 신국판 양장 | 근간

※ 세트 구입 문의: 031-942-8761, 031-923-8763